미국적인 너무나 미국적인

# 영어회화 이디엄

**미국적인 너무나 미국적인 영어회화 이디엄**

**지은이** 김아영, Jennifer Grill
**초판 1쇄 발행** 2020년 1월 3일
**초판 9쇄 발행** 2024년 6월 3일

**발행인** 박효상   **편집장** 김현   **기획 · 편집** 장경희, 이한경
**디자인** 임정현   **본문 · 표지디자인** 고희선
**마케팅** 이태호, 이전희   **관리** 김태욱

**종이** 월드페이퍼   **인쇄 · 제본** 예림인쇄 · 바인딩

**출판등록** 제10–1835호   **발행처** 사람in   **주소** 04034 서울시 마포구 양화로 11길 14–10 (서교동) 3F
**전화** 02) 338–3555(代)   **팩스** 02) 338–3545   **E-mail** saramin@netsgo.com
**Website** www.saramin.com

책값은 뒤표지에 있습니다.
파본은 바꾸어 드립니다.

ⓒ 김아영, Jennifer Grill 2020

ISBN
978-89-6049-822-8 13740

**우아한 지적만보, 기민한 실사구시  사람in**

IDIOMS

Hits

ENGLISH
CONVERSATION

김아영, Jennifer Grill 지음

미국적인 너무나 미국적인

영어회화 이디엄

사람in

마흔 둘에 낳은 필자의 늦둥이는 감기에 자주 걸려 고생하는데, 그러다 보니 항생제 처방을 받는 일이 종종 있다. 어느 날 진료를 마친 의사는 아이에게 Amoxicillin이라는, 내겐 생소한 이름의 항생제를 먹이라고 했다. 아이를 데리고 병원을 나서는데 간호사가 뒤쫓아 나오면서 처방전을 쥐어 주며 이렇게 말했다. "Amoxicillin을 하루 두 번 열흘 동안 먹이세요." 처방전을 들고 약국에 갔더니 약을 주면서 약사가 또 말했다. "Amoxicillin은 이 나이 대 아이에게는 조금 독하니까 한 번에 2ml만 주세요." 그 말을 듣고 약병을 보니 Amoxicillin 5ml라고 되어 있었는데, 아마도 그래서 약사가 한 번 더 내게 복용량을 상기시켜 준 모양이었다. 이쯤 되니 필자는 쓸데없이, 정말 본의 아니게, 이 항생제 이름과 친숙해지게 되었다. 그리고 몇 시간 후, 아이의 상태가 궁금했던 남편이 전화해서는 무슨 약을 처방 받았는지 물어봐서, "Amoxicillin이라는 항생제야."라고 대답했다. 그날 세 번이나 들었던 그 항생제 이름 Amoxicillin을 내 입으로 직접 발음하던 바로 그 순간, 필자는 이 단어를 완전하게 내 것으로 습득하게 되었다.

제약회사 영업 사원도 아닌 필자가 굳이 알 필요조차 없는 이 항생제 이름을 습득하게 된 경위로 이 책의 머리말을 시작하는 이유는, 바로 이 과정이 우리가 외국어를 배울 때 새로운 단어와 이디엄을 습득하게 되는 열쇠를 담고 있기 때문이다. 이런저런 상황에서 몇몇 사람들이 단어나 이디엄 사용하는 것을 여러 번 들어서 익숙해졌을 때쯤 자기 입으로 직접 말해 보는 것, 사람들은 외국어의 단어와 이디엄을 바로 이런 과정으로 습득하게 된다. 그리고 이 분야의 많은 연구 결과 역시 이 사실을 입증해 준다.

그런데 문제는, 미국 사회에서 미국인들과 섞여 살면 단어와 이디엄을 이런 식으로 습득하게 될 기회가 자주 주어지겠지만, 한국에서 영어를 공부하는 입장에서 이런 과정을 자연스럽게 겪는다는 건 결코 흔치도 않고 쉽지 않은 일일 것이다. 그래서 필자는 독자들이 미국에서 이디엄을 습득하는 것과 최대한 비슷한 과정을 거칠 수 있도록 이 책에 있는 각각의 레슨을 구성해 봤다.

총 25개의 레슨 안에 Jennifer Grill박사와 나는 미국인들이 일상생활에서 흔히 쓰지만 한국에서 혼자 공부하면서는 다소 접하기 힘든 이디엄을 최대한 담고자 했다. 그리고 해당 레슨에서 가르치는 이디엄이 들어간 이런저런 상황별 대화문을 눈으로 보고 귀로 들으면서, 문맥 안에서 자연스럽게 그 이디엄과 친숙해지도록 기획했다. 마치 미국에서 생활하다 보면 벌어지는 다양한 상황을 실제 겪으면서 그 이디엄이 쓰이는 다양한 대화를 들어보는 것처럼 말이다. 그렇게 미국인 성우들이 녹음한 대화를 여러 번 들어보고 사용하는 방법을 익히다 보면, 이 책에 나오는 이디엄이 독자님의 말과 글 속에도 자연스럽게 녹아들 것이다.

이 책을 통해 한국의 독자들이 진짜 미국 영어를 접해 보기를 기대한다.

플로리다에서 저자 김아영

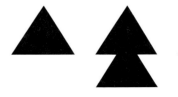

이디엄은 개별 단어의 뜻으로는 유추하기 힘든, 고유의 관용어를 말합니다. 이런 이디엄은 해당 언어의 문화를 고스란히 담고 있기에 그 문화에 빠져 생활하지 않고는 자연스레 습득하기가 쉽지 않죠. 그런데도 우리가 이런 이디엄을 공부해야 하는 것은 원어민들과의 커뮤니케이션 때문입니다.

우리는 이제 뜻만 통하면 되던 예전의 커뮤니케이션이 아니라 이민, 유학, 연수, 여행으로 원어민들의 이너 서클로 들어가 속말을 주고받아야 제대로 커뮤니케이션이 된다고 생각하는 시대에 살고 있습니다. 속말을 주고받을 수 있다는 것은, 상대방이 하는 말을 제대로 이해하고, 거기에 깔린 속뜻과 뉘앙스를 이해한다는 것인데, 원어민이 아닌 이상 제대로 캐치하기가 쉽지 않습니다. 그중 한 원인이 바로 그들이 쓰는 이디엄을 제대로 모르기 때문이기도 합니다. 우리가 아는 단어 뜻의 조합으로는 도저히 생각해 낼 수 없는 이디엄은 원어민과 비원어민을 가르는 중요한 가늠자이기도 합니다.

## 미국 구어체 영어에서 자주 쓰이는 이디엄 130여개

그래서 원어민의 속말을 제대로 알아듣고 우리의 속말을 정확히 전할 수 있게 미국 구어체 영어에서 정말 자주 쓰이는 이디엄 130여개를 간추렸습니다. 그리고 그것을 25개 레슨으로 나누었고, 각 레슨마다 5-6개의 이디엄을 배울 수 있습니다. 저자는 플로리다 주립대에서 학생들을 가르치는 Jennifer Grill 박사님과 김아영 선생님인데, Jennifer Grill 박사님이 한국인은 절대 알기 힘든 미국인의 특징과 문화가 담긴 이디엄을 담당했고, 김아영 선생님은 한국인이기에 훨씬 더 잘 알아들을 수 있는 재치 있는 설명으로 이디엄 책에 생기를 불어넣습니다.

## 해당 이디엄이 들어간 자연스러운 구어체 회화 지문이 세 개씩!

기존 이디엄 책이 이디엄-예문의 1대1 구조로 되어 있는 반면, 이 책에서는 구어체 영어에서 자주 쓰이는 이디엄의 특성을 최대한 살려, 이 5-6개가 모두 들어간, 그러면서도 내용 흐름이 자연스러운 구어체 회화를 수록했습니다. 한 레슨당 이런 대화가 세 개가 있는 것이니, 학습자들은 적어도 이런 5-6개의 이디엄을 최소 세 번 반복하는 셈이지요.

### 개별 이디엄을 최소 여섯 번 접하게 되는 구조!

이 책은 단순히 회화 지문과 이디엄만 제공하는 것으로 끝나지 않습니다. 회화 지문이 끝날 때마다 개별 이디엄의 뜻 설명과 예문을 제공합니다. 회화 지문이 세 개이니 서로 다른 이디엄 예문이 세 번에 걸쳐 나오게 되죠. 즉, 이디엄 한 개당 세 개 회화 지문에 나오는 것+세 번 설명 부분에 나오는 지문 총 합쳐서 여섯 번을 접하게 됩니다. 눈으로 보고 귀로 들으면서 한 이디엄을 여섯 번 정도 접하게 되면, 그리고 자기가 스스로 소리 내어 말해 보게 되면 완전히 자기 것이 되지 않을까요?

### 어학 외적인 부분까지 습득할 수 있게 하는 세심한 배려!

이디엄의 개별 뜻을 전달할 때도 처음 예문 제시일 때는 한글 뜻만, 두 번째 예문 제시일 때는 영어 뜻으로, 세 번째 예문 제시일 때는 영어와 한글 뜻 둘 다 제시하여 원어민 감각으로 의미를 이해하도록 했습니다. 또 이런 예문 제시 페이지에는 학습자들이 알아두면 좋을 미국 문화 관련 포인트나 문법, 어휘, 발음 포인트를 함께 제시해 이디엄과 떼려야 뗄 수 없는 어학 외적인 부분까지 다 커버할 수 있도록 했습니다.

### 듣기에 도움이 되는 빠른 속도의 음성 녹음 파일

영어 학원 원어민 선생님의 영어가 잘 들리는 이유는 한국인들이 알아들을 수 있게 천천히 말하기 때문인 것, 아세요? 하지만, 그런 배려를 모든 사람에게 기대할 수는 없습니다. 우리는 원어민들이 평소에 말하는 속도대로 듣는 훈련을 해야 합니다. 그래서 이 책의 음성 파일은 원어민들이 평소에 자신들이 실제로 말하는 속도로 녹음되어 다른 음성 파일에 비해 다소 빠른 편입니다. 처음에는 잘 들리지 않을 수도 있지만, 책을 보면서 계속 듣다 보면 그런 속도에 익숙해질 것입니다.

## 마음 내키는 곳에서 시작해도 OK!

사실, 이 책은 반드시 처음부터 차근차근 봐야 할 책은 아니에요. 페이지를 휙휙 넘기다 사진이 예뻐서, 혹은 어느 한 구절 말이 마음에 확 닿아서 멈췄다면 그 페이지부터 시작해도 좋습니다. 단, 회화 뒤 페이지에 나오는 이디엄 표현 설명 페이지도 빠뜨리지 않고 반드시 확인해 주세요. 그런 다음 해당 레슨의 다른 유닛도 꼭 같이 보기를 권합니다. 그렇게 하면 해당 레슨의 이디엄 을 최소 여섯 번은 보는 셈이니까요.

## 실력별 활용 가이드

**나는 중상급이다**  QR코드를 찍어 음성 파일만 듣고 내용을 1차 파악합니다. 그 다음에 영어 지문→한국어 지문으로 확인하는 것을 권합 니다.

**나는 중급이다**  한글 해석을 읽으면서 영어 음원을 같이 들으세요. 그런 다음 다시 음원을 들으면서 영어 지문을 확인하세요. 훨씬 이 해가 잘 될 것입니다.

**나는 구어체 영어 마니아다**  중급이라고 할 수는 없지만 구어체 영어에 대한 학습 욕구가 끓어오르는 독자들은 한글 해석과 영어 지문을 하나하나 대 조하며 읽는 것을 권합니다. 그런 다음 음원을 들으면서 확 인해 주세요.

## 반드시 소리 내어 읽는다!

여러분이 어떤 실력에 속하여 학습 방법을 달리하든, 꼭 권하고 싶은 건 소리 내어 읽기입니다. 두뇌는 시각에 잘 속는 녀석입니다. 눈에 익숙하니 두뇌는 이건 자기가 알고 있다고 생각하죠. 하지만, 실제로는 두뇌가 아는 게 아닙니다. 입 근육을 활용하고 귀를 통해 들었을 때 비로소 두뇌가 자기 것으로 만들 수 있는 것입니다. 이런 과정을 도외시하면 이 책을 눈으로 백 번 읽 어도 입에서 나오지 않을 겁니다.

### 원어민이 녹음한 음성 파일을 듣는다. 하루에 세 번씩!

여러분이 소리 내어 읽는 것만큼 중요한 것이 원어민은 실제로 어떤 속도로 어떻게 발음하는지 듣는 것입니다. 영어는 우리 모국어가 아니라서 원어민보다는 천천히 말하게 됩니다. 천천히 말하는 것은 문제가 되지 않으나 빨리 발음하는 원어민의 말을 알아듣는 건 해결해야 할 과제죠. 이것은 많이 듣고, 특정 발음은 어떻게 하는지 그 유형을 터득하는 수밖에 방법이 없습니다. 하지만 하루는 열 번 듣고, 다음 날은 안 듣고 하는 것은 권하지 않아요. 가랑비에 옷 젖는 전략으로 한 유닛당 한 번씩 총 세 번을 매일 꾸준히 듣는 걸 목표로 해보세요. 딱 한 달이면 무리 없이 다 들을 수 있습니다.

### 한글만 보고 영어 문장으로 말하기/단어 바꿔 응용해 보기

여러 번 읽고 들어서 자신감이 생길 때쯤 각 유닛의 한글 해석만 보고 영어를 말해 보세요. 한글 해석만 보고도 영어가 자연스럽게 나온다면 각 문장을 단어를 바꿔 응용해 보는 것도 영어가 느는 좋은 방법입니다.

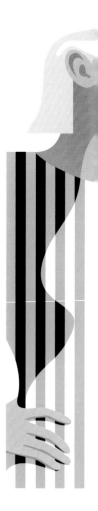

**LESSON 1**

영어로 말하고 싶은, 또는 못 알아들을 것 같은 예문에 체크해 보세요.

베스: 샘, 우리 빈털터리야! 우리 은행 계좌 잔고 봤어?

샘: 아니, 못 봤어. 네가 '빈털터리'라고 하는 건 도대체 얼마나 돈이 없다는 말이야? 우리가 정말 돈이 하나도 없단 소리야, 아니면 매일 스타벅스 가는 건 그만해야 한다는 말이야?

베스: 스타벅스 매일 가는 걸 그만해야 한다는 쪽에 더 가까운 것 같아. 정말 난 우리가 재정 상태를 제대로 파악해야 할 것 같아. 그러니까, 우리가 곧 새 차를 사자고 줄곧 말해 왔지만, 계속 이런 식으로 돈을 쓴다면, 새 차를 사는 건 불가능해.

샘: 중고차는 어때?

베스: 중고차도 마찬가지야! 샘, 내가 하고 싶은 말은, 우리가 예산 내에서 돈을 써야 한다는 거야.

샘: 진짜 고물차는 어때? 그런 건 우리도 살 수 있지 않을까?

베스: 샘! 우리가 저축할 수 있는 방법을 찾도록 나 좀 도와줘. 우리가 돈을 계속 쓰는 걸 막는 쉬운 방법이 뭘까? 그러니까, 가장 달성하기 쉬운 목표 말이야. 샘, 어디 가?

샘: 그걸 알아내려면 나 카페인이 좀 필요할 것 같아. 나 스타벅스에 가는데, 뭐 좀 사다 줄까?

베스: 쎄-앰!

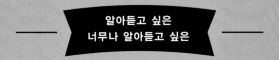

MP3 001

# **English** CONVERSATION

**Beth:** Sam, ❶ **we're broke**! Have you seen the balance in our bank account?

**Sam:** No, I haven't. When you say "broke", how broke are we? Like we ❷ **don't have two nickels to rub together**, or we just need to stop the daily ❸ **Starbucks run**?

**Beth:** More like we need to stop the Starbucks run. I think we really need to ❹ **get a grip on** our finances. You know, we've been saying that we want to buy a new car soon, but if we keep spending money like this, a new car will be impossible.

**Sam:** What about a used car?

**Beth:** Or even a used car! Sam, my point is, we need to stick to a budget.

**Sam:** What about ❺ **a real clunker**? Can we afford that?

**Beth:** Sam! Help me figure out how we can save money. What are the easy things that we can stop spending money on— ❻ **the low-hanging fruit**? Sam, where are you going?

**Sam:** I think I need some caffeine to figure this out. I'm running to Starbucks. Can I bring you something back?

**Beth:** Sam!

---

**balance** 잔고
**like** 가령, 예를 들어

13

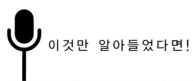 이것만 알아들었다면!

MP3 002

## 1 To be broke

Since I lost my job, I have not had enough money; I'm broke. 내가 직장을 잃은 이후로 계속 돈이 충분치가 않네. 난 빈털터리야.

빈털터리다,
돈이 없다

## 2 To not have two nickels to rub together

My paycheck comes in three days, but until then, I don't have two nickels to rub together.
3일 후에 급여가 들어오는데, 그때까지는 난 정말 돈이 하나도 없어.

아주 가난하다,
돈이 없다

penny는 1센트,
nickel은 5센트,
dime은 10센트 동전인데,
penny, dime을 써도
같은 뜻이다.

## 3 To go on a Starbucks run

I'm going on a Starbucks run;
does anyone want anything?
나 지금 스타벅스에 가는데, 뭐 마시고 싶은 사람?

go on 외에 do,
make와도 쓰이며,
Dunkin' Donuts나
McDonald's 등 다른
상호를 써도 된다.

스타벅스에 가서
커피 등을 사다

## 4 To get a grip on

I have so many projects at work that I don't know what to do first. I need to get a grip on my work and organize my time.
직장에 프로젝트가 너무 많아서 뭐부터 먼저 해야 할지를 모르겠어.
일단 내가 할 일을 잘 파악하고 시간 관리를 해야겠어.

(힘든 상황이 닥쳤을 때)
침착하게 문제를
파악하고 해결 방법을
찾기 시작하다

## 5 A clunker

My first car was a real clunker. It only cost $500, leaked oil everywhere, and had no radio or air conditioner.
내 첫 번째 차는 정말 고물차였어. 500불 밖에 안 했는데, 여기저기 오일이 새고 라디오나 에어컨도 없었어.

고물차/고물 기계

## 6 Low-hanging fruit

I really want to lose a lot of weight. I know that I need to change my diet and exercise a lot, but it's so hard to do. I don't want to lose my motivation, so I'm going after the low-hanging fruit: for now, I will drink more water and less soda.
나 정말로 살을 많이 빼고 싶어. 식단을 바꾸고 운동도 많이 해야 하는 걸 알지만, 그건 하기 너무 힘들어. 그래도 (살 빼려는) 동기를 잃고 싶지는 않으니까, 가장 달성하기 쉬운 것부터 할래. 우선은 물을 더 많이 마시고 탄산 음료를 덜 마시려고 해.

가장 풀기 쉬운 문제/
달성하기 쉬운 목표

부사 Even은 무언가 평범한 상황이 아닐 때 사용하는 단어입니다. 예를 들어, Beth가 "Or even a used car!"라고 말하는데, 그녀는 새 차든 중고차든 구매하는 것 자체가 현재 재정 상태로는 정상적인 일이 아니라는 사실을 강조하기 위해서 이 단어를 사용했지요. 또 다른 예로, "I am so broke that I can't even afford a used car."(난 너무 돈이 없어서 중고차조차 살 형편이 안 돼.)와 같은 문장이 있습니다. 여기서도 even은 이런 일반적이지 않은 상황을 더욱 강조해 주는 역할을 합니다. 다시 말해, 이 문장은 even을 빼도 의미가 달라지거나 하지는 않지만, even이 돈이 조금 밖에 없는 상황을 좀 더 강조해 주는 역할을 합니다.

## CULTURE POINT

미국인들은 자동차를 정말 좋아합니다. 좋아하는 만큼 차를 사는 횟수도 여러 번인데, 미국인들이 생애 첫 번째 차로 별로 비싸지 않은 차를 사는 건 참 흔한 일입니다. 미국은 뉴욕 같은 대도시를 제외하고는 대중교통이 그다지 발달하지 않아서 많은 중소 도시나 작은 마을에서는 교통수단으로 차가 필수입니다. 그래서 미국에서는 10대들도 차가 있는 경우가 많고요, 경제적 여유가 있는 가족이라면 차를 세 대 이상 가지고 있는 경우도 흔합니다. 하지만 차가 여러 대 있다는 건 유지비 등이 많이 든다는 뜻이지요. 그런 상황에서 중고차는 사람들이 형편이 허락하는 내에서 차를 사야 할 때 선택의 폭을 더 넓혀 줍니다.

LESSON 1

앨런: 스티브, 나 지금 도넛 가게에 가는데, 내가 뭐 좀 사다 줄까?

스티브: 물어봐 줘서 고맙긴 한데, 지금 내가 돈이 하나도 없어.

앨런: 걱정하지 마. 내가 너한테 도넛이나 커피 정도는 사 줄 수 있어.

스티브: 고마워, 앨런! 나 커피 한 잔 마시고 싶어. 지금 정말 빈털터리거든.

앨런: 문제없어, 스티브. 그런데, 너 괜찮아?

스티브: 괜찮아. 다음 급여만 받으면 괜찮을 거야. 내가 2년 전에 중고차를 하나 샀는데, 수리를 좀 해야 하는 차라는 건 알고 있었거든. 그게 좀 고물차라서. 난 당장 비용이 덜 나가는 것만 좀 고치면 차가 당분간은 괜찮을 거라고 판단했지.

앨런: 해결하기 쉬운 것부터 말이지?

스티브: 바로 그거지. 그래서 내가 엔진 오일을 갈아주고 새 타이어로 바꿨거든. 한 2년 정도는 차가 정말로 잘 달렸는데, 몇 주 전에 차에 큰 문제가 생기기 시작했어. 그리고 지난번 수리비가 오천 달러가 나왔지 뭐야.

앨런: 오천? 와!

스티브: 그러게. 하지만 새 차를 사는 건 훨씬 더 비쌀 거고. 그래서 일단 현 상황을 한번 해결해야겠다고 결정했어. 그래서 평소보다 일을 몇 시간씩 더 하고 할 수 있는 모든 곳에서 아끼는 중이야.

앨런: 세상에, 난 네가 그런 일을 겪고 있는지는 전혀 몰랐어. 잘 들어. 내가 너한테 커피하고 도넛 사 줄게. 넌 그 정도는 누릴 자격 있어!

스티브: 정말 고마워, 앨런. 다음 급여 받으면 내가 다음 주에 도넛 살게.

MP3 003

**Alan:** Steve, ❶ **I'm going on a doughnut run**. Can I bring you anything?

**Steve:** Thanks for asking, but I ❷ **don't have two dimes to rub together**.

**Alan:** Don't worry about it. I can get you a doughnut or some coffee.

**Steve:** Thanks, Alan! I'd love a cup of coffee. ❸ **I'm so broke** right now.

**Alan:** No problem, Steve. But, is everything okay?

**Steve:** Yeah, once I get my next paycheck, I should be okay. I bought a used car two years ago and knew it would need some repairs; it's a bit of ❹ **a clunker**. I figured if I took care of the inexpensive things, the car would be okay for a while.

**Alan:** ❺ **The low-hanging fruit**?

**Steve:** Exactly, so I had the oil changed and got some new tires. The car ran pretty well for a couple years, but a few weeks ago, I started having major problems with it. This last repair was five thousand dollars.

**Alan:** Five grand?! Wow!

**Steve:** I know, but a new car would be even more expensive. I decided I had to ❻ **get a grip on** the situation, so I've been working extra hours and saving everywhere I can.

**Alan:** I had no idea that you were dealing with this. Listen, I'm getting you coffee and a doughnut. You deserve it!

**Steve:** I appreciate that, Alan. After my next paycheck, I'll ❼ **do the doughnut run** next week!

---

**once** 일단 ~하면
**grand** 1000달러
**You deserve it!** 너 그럴 만한 자격 있어.

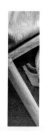   

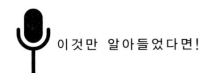

이것만 알아들었다면!

MP3 004

### 1

# To make a Starbucks run:
## To go out and buy Starbucks

Tom is making a McDonald's run, should he bring you some French fries?
톰이 지금 맥도널드에 가는데, 너한테 프렌치프라이 좀 사다 주라고 할까?

### 2

# To not have two nickels to rub together:
## To be poor

When I was a student, I had a part-time job that paid very little money. I didn't have two nickels to rub together.
학생이었을 때, 나는 돈을 진짜 적게 주는 아르바이트를 했어. 그땐 정말 가난했지.

### 3

# To be broke:  To have no money

She'd like to buy a new car, but she doesn't have enough money; she's broke.
그녀는 새 차를 사고 싶어 하지만, 지금 충분한 돈이 없어. 빈털터리거든.

### 4

# A clunker:  Usually referring to a car or machine that is old and in bad condition

Our lawn mower is a real clunker; it's 20 years old, and we have to fix it every time we use it.
우리 집 잔디 깎는 기계는 정말 고물이야. 20년 됐는데, 쓸 때마다 고쳐야 한다니까.

### 5

# Low-hanging fruit:
## The easiest problems to solve or goals to attain

We want to sell our house, but we need to make some complicated repairs. First, however, we'll handle the low-hanging fruit: wash the windows and cut the grass. These tasks are easy to do.
우리 집을 팔고 싶지만, 좀 복잡한 수리를 여기저기 해야 해. 하지만 우선 해결하기 쉬운 것들부터 하려고 해. 창문을 깨끗하게 닦고 잔디를 깎는 거지. 이런 것들이야 하기 쉬운 일이니까.

### 6

# To get a grip on:
## To gain some control over a situation or emotions

I was so stressed about my job that I could not sleep. I realized that I had to get a grip on myself.
나 일 때문에 너무 스트레스를 받아서 잠도 못 잤어. 침착하게 문제를 파악해야겠다고 깨달았지.

Pretty는 주로 beautiful과 같은 의미의 형용사로 쓰이지만(That's a very pretty shirt! 그거 진짜 예쁜 셔츠네!), 일상 회화에서 quite의 동의어인 부사로도 아주 많이 쓰입니다. 앞의 대화문에서 스티브가 말한 "The car ran pretty well for a couple years."를 보세요. 이 문장에서 스티브가 "The car ran quite well for a couple years."라고 해도 그 의미는 같습니다. 다만, quite를 쓰면 pretty를 쓸 때보다 조금 더 격식을 갖춘 문장으로 들린다는 차이가 있습니다.

## **CULTURE** POINT

미국인들은 아침 식사나 간식으로 커피와 도넛을 아주 흔하게 먹습니다. 도넛은 효모 빵 반죽으로 만들며, 보통 동그란 모양으로 잘라서 가운데 구멍을 만들어 튀깁니다. 미국인들에게 가장 인기 있는 도넛은 glaze라고 불리는, 설탕을 휘저어 만든 액을 입힌 것입니다. 계피 가루나 설탕 가루 섞은 것을 입히거나 아주 작은 초콜릿 조각을 입히기도 하는데, 이런 것들은 sprinkles라고 하지요. 어떤 도넛은 안에 크림이나 과일을 넣기도 하는데, 이렇게 도넛 속에 들어가는 것을 fillings라고 합니다. 미국 어느 슈퍼마켓이나 편의점에 가도 도넛을 팔지만, 그럼에도 불구하고 도넛만 파는 가게가 따로 있을 정도로 미국인들은 도넛을 일상적으로 먹습니다. 도넛이 몸에 좋지 않은 음식이라는 것을 알면서도 너무 맛있어서 어쩔 수 없이 그냥 먹는 거랍니다.

**LESSON 1**

애나: (사무실 복사기 앞에 서서) 에잇, 이 복사기 정말 고물이야! 맨날 종이가 걸린다니까!

마이크: 맞아. 그게 엄청 오래된 거거든. 회사에서 진짜 새것 하나 사 줘야 해.

애나: 대체 왜 안 사는 거지? 이 복사기에 걸린 종이 빼내느라 내가 매일 한 시간은 낭비하거든. 정말 내가 매일 매일 이 복사기를 고친다고!

마이크: 글쎄, 내 소식통에 따르면, 지금 회사가 돈이 정말 하나도 없어.

애나: 정말? 누가 그렇게 말해?

마이크: 요전 날 사장님하고 부사장님이 하시는 대화를 우연히 들었거든.

애나: 마이크, 너 그거 엿들은 거야!

마이크: 그래, 내가 그랬어. 인정!

애나: 그래서, 또 다른 얘기는 없었어?

마이크: 듣자 하니, 우리 빈털터리야.

애나: 하지만 지난주에 수리공이 여기 문이랑 이것저것 고쳤잖아. 그럴 돈은 있는 게 분명하잖아.

마이크: 그거야 풀기 쉬운 문제지. 그런 쉬운 것들을 고칠 만한 돈은 있지만, 새 복사기를 구입하는 것처럼 큰 건 힘들지.

애나: 그분들이 우리 재정 상태에 대한 해결책을 빨리 찾으면 좋겠어. 우리가 직장을 잃지 않아야 할 텐데.

마이크: 긍정적으로 생각해 봐. 우리가 직장을 잃게 되면, 최소한 네가 복사기 고치는 일자리는 잡을 수 있을 거 아냐.

**Anna:** (Standing at the copy machine in her office) Oh, this machine is such ❶ **a clunker**! It always gets jammed with paper!

**Mike:** I know. That thing's a hundred years old. The office should really buy a new one.

**Anna:** Why don't they? I lose an hour every day trying to pull jammed paper out of this thing. Really, I fix this machine every day.

**Mike:** Well, according to my sources the company ❷ **doesn't have two nickels to rub together**.

**Anna:** Really? Who told you this?

**Mike:** I overheard a conversation between the president and vice-president the other day.

**Anna:** Mike! You were eavesdropping!

**Mike:** Yes, I was. I admit it.

**Anna:** So, what else did they say?

**Mike:** Apparently, ❸ **we're broke**.

**Anna:** But last week there was a repairman here fixing some of the doors and stuff. There must be money for that.

**Mike:** That's ❹ **the low-hanging fruit**. They can afford to fix the easy things, but not the big stuff, like buying a new copier.

**Anna:** Well, I hope they ❺ **get a grip on** the money situation. I hope we don't lose our jobs.

**Mike:** Look on the bright side: If we lose our jobs, at least you can find work fixing copy machines.

---

**get jammed with paper** 종이가 걸리다
**one** 앞에 나온 명사를 받는 부정대명사
**overhear** 우연히 듣게 되다
**eavesdrop** 엿듣다
**can afford to+동사원형** ~할 여유가 있다

21

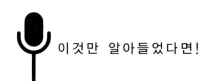

이것만 알아들었다면!

MP3 006

1

## A clunker: Usually referring to a car or machine that is old and in bad condition 고물차/고물 기계

I really wanted a new car, but I have no money right now. All I can afford is a clunker.

정말로 새 차를 사고 싶었지만, 지금 돈이 하나도 없어. 지금 살 수 있는 건 고물차 밖에 없어.

2

## To not have two nickels to rub together:

### To be poor 아주 가난하다/ 돈이 없다

When my grandparents first came to the United States, all they had were the clothes on their backs. They didn't have two nickels to rub together.

우리 조부모님이 처음 미국에 오셨을 때, 가진 것이라곤 입고 있던 옷밖에 없었어. 아주 가난하셨지.

3

## To be broke: To have no money 빈털터리다/돈이 없다

I would love to go to the movies on Friday night, but I'm broke; I don't get paid until next week.

금요일 밤에 영화 보러 가고 싶지만, 내가 돈이 없어. 다음 주나 되어야 급여를 받거든.

4

## Low-hanging fruit: The easiest problems to solve or goals to attain 가장 풀기 쉬운 문제/달성하기 쉬운 목표

I need to save more money so I had to find ways to spend less. One piece of low-hanging fruit was making coffee at home instead of going to a coffee shop.

돈을 좀 더 저축해야 하기 때문에 더 적게 쓸 방법을 찾아야 했어. 가장 실천하기 쉬운 한 가지는 커피숍에 가는 대신 집에서 커피를 만드는 거였지.

5

## To get a grip on: To gain some control over a situation or emotions (힘든 상황이 닥쳤을 때) 침착하게 문제를 파악하고 해결 방법을 찾기 시작하다

Our city has a high unemployment rate. The city government needs to get a grip on our economic situation.

우리 시는 실업률이 높습니다. 시 정부가 지금 경제 상황을 파악하고 해결 방법을 찾아야 합니다.

6

## To make a Starbucks run:

### To go out and buy Starbucks 스타벅스에 가서 커피 등을 사다

Guys, I'm making a lunch run. Does anyone want me to bring something back?

여러분, 저 점심 사러 갑니다. 가는 길에 제가 뭐 사다 줬으면 하시는 분?

스타벅스 자리에
사러 가는 걸 넣어
표현할 수도 있다.

미국인들은 일상 회화에서 축약형(contractions)을 압도적으로 많이 씁니다. 많은 경우, 축약형을 쓰지 않으면 어색하게 들리기까지 합니다. 축약형이란 두 단어가 아포스트로피(apostrophe)로 연결된 것을 말하는데, 보통 동사와 not이 결합할 때, 혹은 대명사와 동사/조동사가 결합할 때 볼 수 있습니다.

**I am = I'm, do not = don't, I have = I've, cannot = can't, he would = he'd**

여기 대화에서 축약형을 아주 흔하게 보게 될 거예요. 영어를 배우는 사람들이 이런 축약형은 격식을 차리지 않는 영어에서만 쓰인다고들 많이 생각하지만, 이는 사실이 아닙니다. 격식을 갖춘 정중한 영어에서도 미국인들은 축약형을 자주 씁니다. 단, 격식을 갖춰야 하는 글쓰기에서는 축약형이 보통 쓰이지 않습니다. 그러니 영어 말하기와 듣기 실력을 향상시키고 싶으면 축약형으로 말하고 알아듣는 연습을 꼭 하세요.

## CULTURE POINT

To eavesdrop은 대화하는 그룹에 속해 있지 않으면서 다른 사람들의 대화를 몰래 엿듣는 행동을 말합니다. 이런 일은 피할 수 없는 상황에서 우연히, 그것도 자주 일어나기도 합니다. 하지만 어떤 사람은 고의적으로 다른 사람의 대화를 엿듣기도 해요. 특히나 흥미로운 주제의 대화라면 더욱 그렇겠죠? 그렇지만, 미국 문화에서는 이 eavesdropping을 굉장히 무례한 행동으로 봅니다. 그래서 마이크가 회사 사장님과 부사장님의 대화를 엿들었다고 했을 때, 애나가 일단 크게 놀란 듯한 반응부터 보이는 것이랍니다.

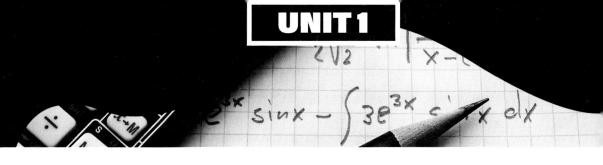

**LESSON 2**

영어로 말하고 싶은, 또는 못 알아들을 것 같은 예문에 체크해 보세요.

딸: 엄마, 이 수학 문제 어떻게 푸는지 알아내려고 하는데, 저한테는 좀 벅찬 것 같아요.

엄마: 미안한데 엄마가 지금 뭐 중요한 일을 하는 중이거든. 빌리가 집에 오면 물어보면 어떨까? 빌리가 수학 천재잖아.

딸: 그러기 싫어요, 엄마. 빌리한테 내가 수학 문제 물어볼 때마다 늘 나를 깔아뭉갠다고요.

엄마: 걔가 왜 그러겠니? 빌리는 네 오빤데.

딸: 오빠가 그런다니까요, 엄마! 요전 날에는 내 친구들 앞에서도 그랬단 말이에요. 저도 이제 더는 못 참아요.

엄마: 알았어. 오늘 빌리 집에 오자마자 다 같이 이야기해서 풀자. 둘이 그런 문제는 해결해야지.

딸: 알았어요. 그런데 엄마 생각에 정말 오빠가 행동을 고칠 것 같아요?

엄마: 얘, 오빠가 고쳐야 할 거야. 엄마가 약속할게.

딸: 고마워요, 엄마. 엄마는 참 정말 훌륭한 어머니세요. 내가 엄마 진짜 많이 존경하는 거, 엄마도 알죠?

엄마: 당연히 알지, 우리 딸. 그렇게 다정하게 말해 줘서 고마워. 사랑해.

# English CONVERSATION

MP3 007

**Daughter:** Mom, I'm trying to ❶ **figure out** how to solve this math problem, but it seems like ❷ **I'm in over my head**.

**Mom:** I'm so sorry, but I'm in the middle of doing something important here. Why don't you ask Billy when he gets home? You know Billy is a genius in math.

**Daughter:** I don't want to, Mom. Whenever I ask Billy a math question, ❸ **he's always putting me down!**

**Mom:** Why would he do that? He's your brother, honey!

**Daughter:** He does, mom! The other day, he even did that in front of my friends, and I can't ❹ **put up with** that anymore!

**Mom:** Okay, as soon as Billy gets home today, let's talk it out all together. You guys should ❺ **work it out**.

**Daughter:** All right…but do you really think he will fix his behavior?

**Mom:** Honey, he will have to. I can promise you.

**Daughter:** Thanks, mom. You are such a great mother. You know I ❻ **look up to** you so much, don't you?

**Mom:** I do, sweetie! Thanks for your kind words. I love you.

25

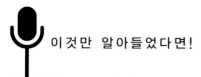 이것만 알아들었다면!

MP3 008

## 1 To figure out

~을 이해하다/알아내다

Rick's wife has filed divorce papers, but he says he still can't figure out why she wants to leave him.

릭의 아내가 이혼 서류를 제출했는데, 릭은 여전히 왜 그녀가 자기를 떠나려는지 이해 못하겠다고 하네.

## 2 To be/get in over one's head

~가 감당할 수 없는 일을 하는 상태에 있다 /버거운 상태에 있다/힘에 벅차다

No worries! If you get in over your head, I will help you out.

걱정하지 마! 네 힘에 벅찬 일이 있으면, 내가 도와줄게.

## 3 To put someone down

~를 깎아내리다/깔아뭉개다

I saw John putting his wife down many times. I feel like he's a sexist guy.

난 존이 자기 부인 깎아내리는 걸 많이 봤어. 그 사람 성차별주의자인 것 같아.

## 4 To put up with

(불쾌한 일 따위를) 참고 받아들이다

Jeremy said he could not put up with his roommate and moved out of that apartment yesterday.

제레미가 자기는 룸메이트를 봐줄 수가 없어서 그 아파트에서 어제 이사 나왔다고 했어.

## 5 To work ~ out

(두 사람 사이의 어떤 문제가) 해결되다

I've also heard Mary and Tom have got a serious marital issue, but I'm sure they can work it out as always.

나도 메리랑 톰 결혼 생활 문제가 좀 심각하다고 들었거든. 하지만 늘 그랬듯이 잘 해결할 거라고 믿어.

## 6 To look up to someone

~를 존경하다/우러러보다

My younger brother looks up to Noam Chomsky so much that he became a linguist himself.

내 남동생이 노암 촘스키를 무척 존경해서 걔 자신이 언어학자가 됐다니까.

In over one's head는 be동사와 함께 to be in over one's head 또는 get과 함께 to get in over one's head라고 쓸 수 있습니다. 차이점은 be동사는 상태동사(state verb)이며, get은 동작동사(event verb)라는 점입니다. 그래서 be in over one's head라고 하면 버거운 상태에 있는 것을 말하며, get in over one's head라고 하면 한 시점에 갑자기 버거워진 사건(event)을 의미합니다.

## CULTURE POINT

미국인들은 다른 사람들을 부를 때 종종 sweetie, sweetheart, honey, 또는 hon이라는 표현을 씁니다. 애인이나 배우자가 아닌 사람에게도 이런 단어를 사용하는 사람들이 많지요. 그런데 흥미로운 건, 이런 달콤한 단어들이 때로 빈정대거나 비꼬는 문맥에서도 쓰인다는 점입니다. 실제로 얼마 전에 겪은 일인데요, 우리 대학 구내 서점 앞에 현금지급기가 딱 한 대 있는데, 그날 따라 앞에 사람들이 많이 줄을 서서 차례를 기다리고 있었습니다. 그런데 한 학생이 뒤에서 기다리는 사람을 배려하지 않고 혼자서 지급기를 아주 여러 번 사용하더라고요. 그 지급기는 한 번에 뽑을 수 있는 금액에 한도가 있는데, 그 학생이 아마도 그날 큰돈이 필요했었나 봐요. 그러자 더운 날씨에 밖에서 오래 기다리던 다른 사람들은 슬슬 짜증이 나기 시작했습니다. 그 학생이 지급기를 여섯 번째 또 사용하려고 하자, 뒤에서 기다리던 한 사람이 화가 난 목소리로 그러더군요. "Come on, sweetheart!(제발, 자기야!)" 물론 이런 문맥에서 타인에 대한 배려심 없는 그 학생이 정말로 sweet해서 하는 말은 아니기 때문에, 여기서 sweetheart는 sarcasm(빈정댐)의 의미로 쓰였다고 봐야 합니다.

**LESSON 2**

그레그: 우리 상사는 정말 불쾌한 인간이야! 지속적으로 우리를 깔아뭉개는데, 나 더 이상은 참을 수가 없어!

팀: 내가 그분 좀 알거든. 난 그분 언제나 좋은 사람이라고 생각했어. 내가 힘이 벅찬 일이 있을 때마다 날 도와주시려고 해. 난 그분이 나쁜 놈처럼 군다는 게 상상이 안 가.

그레그: 그게 정말이야? 넌 그 사람을 어떻게 아는데?

팀: 나하고 같은 교회에 다녀.

그레그: 오, 마이 갓! 그 사람 기독교인이야? 오 주여, 제발 당신을 따르는 자들로부터 절 구해 주시옵소서.

팀: (빈정대며) 웃기시네!

그레그: 기분 나쁘게 하려는 의도는 없었어. 어쨌든, 그 사람이 다른 사람들을 어떻게 대하는지는 내 알 바 아니야. 그렇지만 우리 사무실에서는 아무도 그가 좋은 사람이라고 생각 안 해. 난 그저 그 사람이랑 어떻게 하면 평화롭게 일할 수 있을까 알아내려고 하는 것뿐이야.

팀: 네가 그런 일을 겪고 있다니, 유감이다. 그분이 너한테 한 행동이 정말 잘못된 것 같긴 하지만, 너도 그분의 한 단면만 알고 있는 것 같아. 그분에 대해 네가 모르는 면도 분명히 있어. 내가 하고 싶은 말은, 네가 그분과의 문제를 잘 해결할 수 있을 거라고 확신한다는 거지.

그레그: 알았어, 노력해 볼게. 그렇지만 내가 존경할 수 있는 사람하고 일할 수 있으면 좋겠어.

팀: 글쎄, 그건 모든 사람의 희망 사항이 아닐까.

MP3 009

**Greg:** My boss is such an obnoxious guy! ❶ **He's constantly putting us down**, and I can't ❷ **put up with** that anymore!

**Tim:** I kind of know him, and I've always thought he was a nice guy. Whenever I ❸ **get in over my head**, he tries to help me out. I can't even imagine him acting like a jerk.

**Greg:** Are you serious? How do you know him?

**Tim:** He goes to the same church with me.

**Greg:** Oh, my God! He's Christian? Oh, Lord, please save me from your followers!

**Tim:** (Sarcastically) Hilarious!

**Greg:** No offense! In any case, I don't care how he interacts with other people, but in my office, nobody thinks he's a good person…and I'm just trying to ❹ **figure out** how I can work with him peacefully.

**Tim:** I'm so sorry to hear that you're going through this. What he did to you seems wrong, but it also looks like you know only one side of him, and I believe there's more about him that you don't know. What I'm trying to tell you is I'm sure you can ❺ **work it out** with him.

**Greg:** Okay, I'll try, but I wish I could work with someone who I could ❻ **look up to**.

**Tim:** Well, I guess it's everyone's desire.

---

**obnoxious** 아주 불쾌한
**jerk** 얼간이
**No offense!** 악의는 없어!

29

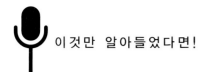 이것만 알아들었다면!

MP3 **010**

### 1. To put someone down: To insult someone

Stop putting me down!
나 좀 그만 깔아뭉개라!

### 2. To put up with: To tolerate

I wouldn't put up with that!
나라면 그걸 참지 않겠어!

### 3. To be/get in over one's head : To have more difficulties than one can manage

I shouldn't have changed my job! Ever since I started working here, I've felt like I am in over my head.
직장을 옮기지 말 걸 그랬어! 여기서 일하기 시작한 이후로 내가 항상 나한테 버거운 일을 하고 있다는 느낌이 들어.

### 4. To figure out: To come to understand

She could never figure him out.
그녀는 그를 절대로 이해할 수가 없었다.

### 5. To work ~ out: To end in a successful way

Anne and Tim got divorced after all because things didn't work out between them.
앤과 팀이 결국 이혼했어. 왜냐면 두 사람 사이의 문제들이 해결되지 않았기 때문이야.

### 6. To look up to someone : To admire

I've always looked up to my mother.
난 항상 우리 어머니를 존경해 왔어.

Greg의 첫 대사에 나오는 "He's constantly putting us down."과 같이 미국인들은 누군가의 행동에 대해 불평할 때, 이렇게 현재진행형 시제를 씁니다. 그의 행동이 실제 말하고 있는 그 순간에 일어나는 일이 아님에도 불구하고 현재진행형 시제를 쓰는 이유는, 그가 그런 행동을 자주 한다는 사실을 강조하기 위한 문법적 장치라고 보면 됩니다. 그래서 이런 문맥에서는, always나 constantly 등의 빈도부사가 자주 쓰입니다.

## **CULTURE** POINT

Greg의 세 번째 대사 "Lord, please save me from your followers!"(주여, 당신의 추종자들로부터 절 구해 주시옵소서!)는 2008년에 나온 영화 〈Lord, Save Us From Your Followers〉에서 가져온 표현입니다. 이 영화는 미국의 일부 극단적 기독교 근본주의자들을 비판하는 내용을 담고 있습니다. 미국에서는 기독교인이면서 예수님의 사랑은 실천하지 않고, 오히려 다른 종교를 가진 사람들에 대한 혐오의 정서를 부추기는 이들을 가끔 볼 수 있습니다. 사실 이런 사람들은 기독교뿐만 아니라 전 세계 어느 종교에서든 볼 수 있지요. 어쨌든, 기독교인이면서 예수님의 사랑을 행동으로 실천하지 않는 사람들을 비판하거나 빈정댈 때 비기독교인인 미국인들이 종종 쓰는 표현이 바로 이 "Lord, please save us from your followers!"입니다. 어느 종교를 믿느냐 보다는 자신의 종교를 어떻게 믿느냐가 훨씬 더 중요한 사실이라는 것은 미국에서나 한국에서나 보편적인 진리인 것 같습니다.

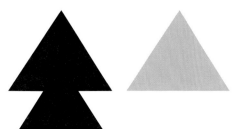

**LESSON 2**

(거실 라디오에서 음악이 크게 나오고 있다.)

짐: (약간 짜증이 나서) 제발, 제발 네 라디오 좀 꺼 줄래? 나 내일 프랑스어 시험이 있어서 공부해야 한다는 거 너도 알잖아!

크리스: (짐을 보고 능글맞게 웃으면서) 야, 짐! 네 프랑스어 실력으로는, 시험은 어차피 어려울 걸. 난 네가 프랑스어를 왜 공부하는지도 이해를 못하겠어. 네가 감당할 수 없는 일은 하지 마.

짐: 지금 봤지? 넌 언제나 이렇게 나를 깎아내리네!

크리스: 아니, 나 그냥 농담했을 뿐이야! 내 말은... 나 너 존경해... 정말 많이!

짐: 그만 좀 해! (집을 나가며) 더 이상은 못 참겠어!

(Chris가 다음 비디오를 유튜브에 올렸다)

크리스: (코를 훌쩍이며) 짐, 나 네가 한 말 생각해 봤는데, 내가 정말 나쁜 놈처럼 굴었다는 걸 깨달았어. 정말 미안해. 그러니까 제발 돌아와, 짐! 돌아와! (비틀즈 노래처럼) 돌아와, 돌아와, 네가 한때 속했던 곳으로 돌아와!

(거실에서)

짐: (집안으로 들어오며) 정말 미안해, 크리스. 우리가 가끔 서로 오해하기도 하지만, 그런 건 함께 해결하도록 하자!

크리스: 당근이지, 친구! 우리가 서로 잘 지낼 수 있다는 거 난 알아.

MP3 011

(The radio plays loud music in the living room)

**Jim:** (Somewhat irritated) Could you please, please turn off your radio? You know that I'm taking this French test tomorrow and gotta study!

**Chris:** (Smirking at Jim) Come on, Jim! With your French ability, it's gonna be hard anyways. I don't even know why you're learning French. ❶ **Don't get in over your head**.

**Jim:** You see that? ❷ **You're always putting me down**!

**Chris:** Hey, I'm just kidding! I mean… I… I ❸ **look up to** you… very much…!

**Jim:** Oh, stop it! (Leaving the house) I can't ❹ **put up with** this anymore!

(Chris has uploaded the following video on YouTube)

**Chris:** (Sniffing) Jim, I thought over what you said and ❺ **figured out** that I was acting like a jerk…and I'm so sorry. So please come back, Jim! Come back! (in Beatles' tune) come back, come back, come back to where you once belonged! 🎵

(In the living room)

**Jim:** (Coming into the house) I'm so sorry, Chris. We sometimes misunderstand each other, but let's ❻ **work it out**.

**Chris:** Of course, man! I know we can get along with each other.

---

**smirk** 히죽히죽 웃다
**anyways** 어차피
**sniff** 훌쩍거리다

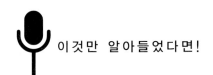

## 이것만 알아들었다면!

MP3 012

**1**

# To be/get in over one's head:

## To have more difficulties than one can manage

### ~가 감당할 수 없는 일을 하는 상태에 있다/버거운 상태에 있다/힘에 벅차다

Sam bought a BMW with his credit card a couple of months ago, and now he's financially struggling. I think he's in over his head.

샘이 두어 달쯤 전에 신용카드로 BMW를 샀는데, 지금 재정적으로 힘들어. 내 생각에 지금 걔가 감당할 수 없는 상태에 있는 것 같아.

**2**

# To put someone down:

## To insult someone ~를 깎아내리다/깔아뭉개다

Do you know what Samantha said at the meeting? She said I don't even know how to speak my own language! She's always putting me down, and I can't put up with that anymore!

사만다가 회의 때 뭐라고 했는지 알아? 나보고 내 모국어도 할 줄 모른다고 말하더라니까. 걔가 언제나 나를 깎아내리는데, 이제 더는 못 참아주겠어!

**3**

# To look up to someone:

## To admire ~를 존경하다/우러러보다

All of us look up to our coach.
우리 모두 코치님을 존경해.

**4**

# To put up with: To tolerate (불쾌한 일 따위를) 참고 받아들이다

I don't know how she puts up with her husband.
난 그녀가 어떻게 자기 남편을 참아내고 사는지 모르겠어.

**5**

# To figure out: To come to understand ~을 이해하다/알아내다

Have you figured out how much we will have to pay him?
우리가 걔한테 얼마를 지불해야 하는지 알아냈어요?

**6**

# To work ~ out:

## To end in a successful way (두 사람 사이의 어떤 문제 등이) 해결되다

His plan didn't work out very well.
그 사람 계획이 잘 안 됐어.

Jim의 첫 번째 대사에 있는 "I'm taking this French test tomorrow and gotta study."에서 gotta는 have got to (~해야 한다/~임에 틀림없다)의 줄임말입니다. 사실 have gotta에서 have가 생략된 이 표현이 정확한 문법 사용은 아닙니다. 그럼에도 불구하고 미국인들이 격식 없는 구어체에서 많이들 이렇게 쓰고 있습니다. 그러니 이 표현은 문어체나 격식을 갖춰야 하는 자리에서는 쓰면 안 되겠죠?

I've gotta finish this assignment within 30 minutes
(= I gotta finish this assignment within 30 minutes.)
나 30분 이내에 이 과제 끝내야 해.

You've gotta be kidding! (= You gotta be kidding!)
(상대방이 농담하는 거라고 거의 100% 확신하면서) 농담하는 거겠지.

# **CULTURE** POINT

Jim의 첫 번째 문장, "Could you please, please turn off your radio?"를 보세요. 사용하면 무조건 공손하게 들린다는 마법의 그 단어, please가 이 문장에서는 완전히 반대로 작용하고 있습니다. Please를 한 번만 써서, "Could you please turn off your radio?"라고 했다면, 그리고 억양(intonation)만 제대로 입혔다면 정중한 부탁으로 들릴 뻔했던 이 문장이, please를 두 번이나 쓰는 바람에 오히려 강압적인 명령조가 되어 버립니다. 이때는 두 번째 please에 강세(word stress)가 들어갑니다.

**LESSON 3**

영어로 말하고 싶은, 또는 못 알아들을 것 같은 예문에 체크해 보세요.

마이크: 저기, 앨리슨 씨, 지난번 회의 때 말했던 그 보고서 다 작성했어요?

앨리슨: 아직이요, 마이크 씨. 하지만 오늘 오후에 할 예정이에요.

마이크: 어, 좋아요!

앨리슨: 제가 여쭤보려고 했는데요, 스티브 씨가 맡으신 새 프로젝트를 제가 도와드리겠다고 해야 할까요? 저도 그런 비슷한 프로젝트를 과거에 해 본 적이 있어서 도와드릴 수 있을 것 같아서요.

마이크: 앨리슨 씨의 친절은 고맙지만, 그 프로젝트는 전적으로 스티브 씨가 해야 할 일입니다. 앨리슨 씨가 도와주겠다고 하면 스티브 씨가 기분이 상할 수도 있을 것 같아요.

앨리슨: 알겠습니다. 괜히 끼어들어서 스티브 씨 기분을 상하게 하고 싶지는 않아요. 그래도 혹시 스티브 씨가 저한테 부탁하시면 기꺼이 도와드릴 의향은 있습니다.

마이크: 제가 스티브 씨와 일할 때가 많으니, 너무 버거워 보이면 앨리슨 씨의 도움을 좀 받아 보라고 제안할게요.

앨리슨: 좋아요! 정말 현명한 해결책인 것 같네요. 감사합니다, 마이크 씨.

# **English** CONVERSATION

MP3 013

**Mike:** Hey, Alison, have you finished writing up the report from our last meeting?

**Alison:** Not yet, Mike, but it's on ❶ **my to-do list** for this afternoon.

**Mike:** Oh, great!

**Alison:** I was going to ask you, should I offer to help Steve with his new project? I've done similar projects in the past and might be able to assist him.

**Mike:** That's nice of you, but that project ❷ **is really his baby**. He might get offended if you offer to help.

**Alison:** I understand. I don't want to ❸ **step on his toes**, but if he asks me, I'll be happy to ❹ **lend a hand**.

**Mike:** I work with Steve a lot, so if it seems that ❺ **it's beyond his compass**, I'll suggest that he ask you for some help.

**Alison:** Perfect! That sounds like a diplomatic solution. Thanks, Mike!

---

**That's nice of you.** 친절도 하셔라.
**offended** 감정이 상한
**I'll be happy to+ 동사원형** 기꺼이 ~하겠다
**diplomatic** 누구의 기분도 상하지 않게 하는

37

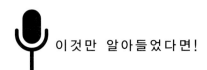 이것만 알아들었다면!

MP3 014

## 1 One's to-do list

Tom has a busy day. He has eight tasks on his to-do list for today.

톰은 오늘 바빠. 오늘 해야 할 일이 여덟 가지나 있어.

해야 할 일을 적어 놓은 리스트

## 2 It's one's baby

Alice and Lynn are responsible for organizing the monthly meeting; they know all the details about it—it's their baby.

앨리스와 린이 월례회의 준비하는 일을 담당하고 있어서 그 사안에 대한 세세한 정보를 모두 알아. 그게 그들의 일이니까.

~가 책임지고 해야 할 일이나 프로젝트이다

## 3 To step on someone's toes

In my office, you can't help other people unless they ask you. There's a lot of competition in our organization and you don't want to step on other people's toes.

우리 사무실에서는 누가 부탁하지 않는 한 다른 사람들을 도와주면 안 돼. 우리 조직 내에서 경쟁이 심하기 때문에 다른 사람들 일하는 데 끼어들지 않는 게 좋거든.

다른 사람이 하는 일에 끼어들거나 간섭해 그의 기분을 상하게 하다

## 4 To lend a hand

When I was walking into the post office, I saw a man carrying many packages. I lent him a hand and opened the door for him.

우체국 안에 들어가고 있을 때 어떤 남자가 소포를 많이 옮기는 걸 봤거든. 내가 그 사람을 도와주고 문을 열어 줬지.

도와주다

## 5 To be beyond one's compass

I was working on a research project that uses a lot of statistics. I have no statistics background, so it was beyond my compass.

나는 통계를 많이 이용한 연구 프로젝트를 하고 있었어. 그런데 내가 통계학 배경이 전혀 없어서 정말 힘들었지.

일이 너무 많거나 너무 어려워서 버겁다

A lot of는 아무 문맥에서나 쓸 수 있는 말이기 때문에 격식을 차리지 않아도 되는 편안한 영어로 말할 때 굉장히 자주 쓰이는 표현입니다. A lot of는 many나 much와 같은 의미지만, many는 가산명사 앞에서만, 그리고 much는 불가산명사 앞에서만 쓰이지요. 게다가, many와 much는 주로 부정문이나 의문문에 쓰이는 게 더 자연스러울 때가 많습니다. 반면, a lot of는 그 어떤 종류의 문장이나 그 어떤 종류의 명사와 함께 써도 다 괜찮은 말입니다. 바로 이런 이유 때문에 미국인들은 일상 회화에서 many나 much보다 a lot of를 압도적으로 더 많이 사용합니다.

I don't have <u>much</u> money. 난 돈 많이 없어.
(= I don't have a lot of money.)
I don't have <u>many</u> books. 나 책 많이 없어.
I read a lot of books. 나 책 많이 읽어.
Do you drink a lot of coffee? 너 커피 많이 마셔?

## **CULTURE** POINT

미국에서 직장 생활을 할 때 꼭 필요한 처세술이 뭘까요? 대화에서 앨리슨이 스티브를 도와주겠다고 하지만, 동료인 마이크는 스티브가 그런 식의 도움 제의에 오히려 기분 나빠할 수도 있을 거라고 말합니다. 그러면서 만약에 스티브가 도움이 필요한 상황이 되면, 그때 가서 앨리슨에게 물어보라고 이야기하겠다고 하지요. 미국이 비교적 직접적으로 의사소통하는 문화권(저맥락 문화권) 국가로 알려져 있기는 하지만, 이렇게 직장에서는 신중함과 더불어 이런 식의 처세술이 필요한 상황이 꽤 많습니다. 다시 말해, 이 대화와 같은 상황에서는, 직접적이기보다는 마이크의 말대로 간접적으로 돕겠다는 메시지를 전달하는 것이 훨씬 더 나은 처세술이지요.

**LESSON 3**

로버트: 패트리샤, 이거 넌 어떻게 생각해? 내가 어떤 소프트웨어 코드 작업을 하고 있었는데, 필립이 와서는 내게 도움이 필요하냐고 물어보더라고.

패트리샤: 그 사람 참 착하게 구는 것 같은데. 그 사람이 코딩 작업을 정말 잘하거든. 너처럼 말이야. 아마 그냥 널 도와주고 싶었을 거야.

로버트: 난 그 사람이 내 자리를 노린다고 확신하는데.

패트리샤: 뭐? 아냐. 내 생각에, 그 사람은 네가 하는 일에 대해 항상 칭찬해. 그 사람이 네가 하는 일에 참견하고 싶다, 뭐 이런 의도는 없었을 것 같아. 내 말은, 필립도 자기가 해야 할 코딩 작업이 있잖아.

로버트: 그래, 그렇다면 왜 그렇게 갑자기 나를 도우려고 하지? 이 코딩 작업은 내가 해야 하는 일이지, 그 사람 일이 아니거든. 그 사람도 자기 할 일이 충분히 많지 않아?

패트리샤: 내 생각에는 그 사람이 그냥 심심해서 말 상대할 다른 소프트웨어 엔지니어가 필요했던 것 같아.

로버트: 음, 그가 내 자리를 노리는 것 같아.

패트리샤: 웩! 나라면 네가 하는 일 하기 싫을 거야.

로버트: 왜 싫어? 내 일이 얼마나 좋은 건데!

패트리샤: 난 코딩에 대해 아무것도 몰라서 네가 하는 일이 버거울 테니까!

**Robert:** Patricia, what do you think about this: I was working on some software code and Philip came over and asked if I needed any help.

**Patricia:** I think he's being nice. He's really good at coding, like you are. He probably just wanted to ❶ **lend a hand**.

**Robert:** I'm pretty sure that he wants my job.

**Patricia:** What? No. I think he admires your work; I don't think he would want to ❷ **step on your toes**. I mean, Philip's got his own coding to do.

**Robert:** Right, so why does he suddenly want to help me out? This coding project ❸ **is my baby**, not his. Doesn't he have enough on ❹ **his to-do list**?

**Patricia:** I think he's probably just bored and wants another software engineer to talk to.

**Robert:** Hmm. I think he wants my job.

**Patricia:** Ugh. I wouldn't want your job.

**Robert:** Why not? I have a great job!

**Patricia:** I don't know the first thing about coding—it would ❺ **be beyond my compass** to do your job!

---

Ugh 욱, 웩
**don't know the first thing about** ~에 대해 아무것도 모르다

41

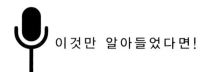

이것만 알아들었다면!

**1**

# To lend a hand: To help someone

If Angela wants your help, she'll ask you to lend a hand.

안젤라 씨가 당신 도움이 필요하면, 당신에게 도와달라고 요청할 겁니다.

**2**

# To step on someone's toes: To get involved in something that is another person's job or responsibility

Let Angela handle this task by herself; don't step on her toes.

안젤라 씨가 혼자서 그 업무를 하도록 두세요. 간섭하지 마시고요.

**3**

# It's one's baby

## : It's a project or task that someone is responsible for

Steve is in charge of the English classes at our school. He's open to suggestions about how to run the classes, but in the end, he makes the decisions; the classes are his baby.

스티브 씨가 우리 학교 영어 수업 담당입니다. 스티브 씨는 수업을 어떻게 진행해야 하는지에 대해서 어떤 제안도 받아들일 준비가 되어 있지만, 그래도 결국 스티브 씨가 결정하지요. 수업은 스티브 씨의 책임이니까요.

**4**

# One's to-do list: A task or obligation on a person's "list of things to do"

A: What's on your to-do list today?

B: A lot! I have three meetings and an event at my son's school.

A: 오늘 네가 해야 할 일들이 뭐야?

B: 많지! 회의가 세 개 있고 아들 학교 행사도 하나 있고.

**5**

# To be beyond one's compass

## : To be overwhelmed with something because it is too much to do or too difficult to do

One of my coworkers is out sick, so I'm doing both of our jobs. It's too much work; it's beyond my compass!

동료 중 한 명이 아파서 못 왔어요. 그래서 우리 둘이 해야 하는 일을 저 혼자 하고 있습니다. 일이 너무 많아서, 저한테 너무 버겁네요.

영어에는 혐오감이나 역겨움 등을 포함한 싫은 감정을 나타내는 단어들이 많이 있습니다. 이 대화에서 패트리샤는 자신이 컴퓨터 코딩 작업을 아주 싫어한다는 것을 보여주기 위해 "Ugh [ʌg]"라고 말합니다. 이와 비슷한 의미를 가진 다른 표현에 "Yuck."과 "Yucky."가 있습니다.

I don't want to eat that food; it looks yucky.
난 그 음식 먹기 싫어. 보기에도 구역질 나.

Oh yuck, the weather is terrible today.
우웩! 오늘 날씨 정말 꽝이다.

## *Pronunciation Point*

'아마도' 혹은 '거의 확실히'라는 의미의 단어 probably 의 발음을 한번 연습해 봅시다. 흥미롭게도 probably는 2음절 혹은 3음절로 발음될 수 있습니다. 이 두 가지 버전 모두 굉장히 흔한 발음 방식입니다. 우선 3음절로 발음될 경우에는 [ˈprɑbəbli]라고 발음됩니다. 그리고 2음절로 발음될 때는 주로 [ˈprɑbli]라고 하는데, 어떤 사람들은 [ˈprɑli]라고도 발음합니다. 일상생활 영어에서는 사실 2음절 버전이 좀 더 흔합니다. 하지만 그 어느 쪽이든 강세는 1음절에 있습니다.

**LESSON 3**

교사1: 요즘 어때, 안젤라? 잘 지내고 있어?

교사2: 나 정말 미쳐 버리겠어! 내가 해야 할 일을 다 한다는 건 내 능력 밖인 것 같아.

교사1: 뭘 해야 하는데? 내가 도와줄 수 있을 지도 모르잖아.

교사2: 수업 계획안을 세 개 써야 하고, 시험지 25개 점수를 매겨야 하고, 이메일 보낼 것도 많고, 봄에 있을 학교 연주회도 준비하기 시작해야 해.

교사1: 와, 일이 진짜 너무 많다. 내가 기꺼이 도와줄게. 실은 내가 전에 너한테 학교 연주회에 대해서 물어보려고 했었는데, 그게 네가 맡은 일이라서 내가 괜히 끼어들거나 참견하고 싶지는 않았거든.

교사2: (웃으면서) 케이트, 네가 끼어들고 싶은 만큼 실컷 끼어들어! 도와주겠다고 제안해 줘서 정말 고마워. 내가 받을 수 있는 도움은 다 받아야지!

MP3 **017**

**Teacher 1:** What's up, Angela? How's it going?

**Teacher 2:** I'm going crazy! ❶ **My to-do list** ❷ **is beyond my compass**!

**Teacher 1:** What do you have to do? Maybe I can ❸ **lend a hand**.

**Teacher 2:** I've got three lesson plans to write, twenty-five exams to grade, a bunch of emails to send, and I'm supposed to get started on organizing the school concert for the spring.

**Teacher 1:** Oh, that's a lot! I'd be happy to help you. I was going to ask you earlier about the school concert, but I know ❹ **that's your baby**, and I didn't want to ❺ **step on your toes**.

**Teacher 2:** (Laughing) Kate, you can ❺ **step on my toes** all you like! Thank you for offering to assist. I can use all the help I can get!

---

**go crazy** 미쳐 버리다
**grade** 채점하다
**be supposed to**+동사원형 ~해야 한다
**get started on** ~을 시작하다
**could use** ~ 생각이 간절하다, ~이 필요하다

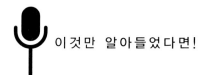

이것만 알아들었다면!

**1**

## One's to-do list: A task or obligation on a person's "list of things to do" 해야 할 일을 적어 놓은 리스트

I'm sorry I haven't finished the report yet, but I haven't forgotten it; it's on my to-do list.

죄송하지만, 아직 보고서를 끝내지 못했습니다. 그래도 잊지는 않았습니다. 제 할 일 목록에 있거든요.

**2**

## To be beyond one's compass: To be overwhelmed with something because it is too much to do or too difficult to do 일이 너무 많거나 너무 어려워서 버겁다

I was crazy to take so many classes this semester. Now it's final exam week, and I don't know how I can study for everything. It's really beyond my compass.

내가 미쳤지. 이번 학기에 이렇게 수업을 많이 듣다니. 지금이 기말고사 기간 인데, 이 많은 걸 다 어떻게 공부해야 할지 모르겠어. 진짜 감당이 안 되네.

**3**

## To lend a hand: To help someone 도와주다

Hey, could you lend me a hand? I just went to the store and have a lot of bags in the car.

여보, 나 좀 도와줄래요? 가게에 갔다 왔는데, 차에 짐이 많아요.

**4**

## It's one's baby: It's a project or task that someone is responsible for ~가 책임지고 해야 할 일이나 프로젝트이다

Martha is in charge of the spring concert, so if you have any questions about the sound system, ask her; it's her baby.

마사 씨가 봄 연주회 담당자니까, 오디오 시스템에 대해서 질문이 있으면 마사 씨에게 물어보세요. 그건 그분 일이니까요.

**5**

## To step on someone's toes: To get involved in something that is another person's job or responsibility 다른 사람이 하는 일에 끼어들거나 간섭해 그의 기분을 상하게 하다

Phil was working on the new accounting system, but then Jerry started stepping on his toes by making a lot of changes without Phil's permission.

필은 새 회계 시스템으로 작업하고 있었는데, 그때 제리가 필의 허락도 없이 많은 걸 바꿔 버리면서 그 일에 끼어들어 필의 기분을 상하게 했어.

"What's up?"은 미국 영어에서 매우 흔한 인사 방식입니다. "What's up?"에 가장 일 반적인 대답으로는 "Not much." 또는 "Not much, what's up with you?" 등이 있 습니다. 이 짧은 문장은, 그러나 세 가지 다른 방식으로 발음될 수 있습니다. 첫 번째 방식은 is와 up을 연음(linking sound)으로 처리해서 [wha−tsup]이라고 발음하는 것입니다. 두 번째 방식은 [t] 발음을 생략하고 [s]를 [z]로 바꿔서 [wha−zup]이라고 하는 것입니다. 세 번째 방식은 이 문장을 짧게 줄여서 그냥 [tsup] 또는 [zup]이라고 발음하는 것입니다. 물론 세 번째 방식이, 이 셋 중에서 가장 캐주얼한 느낌을 주면서 동시에 가장 편하게 발음할 수 있는 버전이랍니다.

## **CULTURE** POINT

미국 내 교사의 사회적 지위에 대해 이야기해 볼까 합니 다. 미국의 초, 중고등학교 교사들은 보통 매우 헌신적으 로 일합니다. 학생들을 가르치는 것과 더불어 콘서트나 연극, 또는 과학, 수학 등의 경시대회를 포함한 많은 학 교 행사를 주관하고 준비하는 것 또한 교사들의 업무입 니다. 어떤 학교에서는 학부모들이 아이들을 아침에 자 동차로 데려다 줄 때, 교통정리를 하는 것까지도 교사의 업무라고 합니다. 학생들이 클럽 활동이나 그룹 활동을 할 때 지도하는 것 또한 교사들이 합니다. 이렇게 과중한 업무를 하는 교사들이지만 미국에서 사회적 지위는 전 혀 높은 편이 아닙니다. 교사들의 급여는 비슷한 수준의 교육과 트레이닝이 요구되는 다른 직업군과 비교했을 때 낮은 편에 속합니다. 이런 문제 때문에 2018년에는 오클 라호마주에서 일하는 모든 교사들이 시위를 했는데, 주 요 쟁점이 교사들의 낮은 급여, 너무 많은 학급 인원수, 교육 예산 삭감 등이었습니다.

## LESSON 4

영어로 말하고 싶은, 또는 못 알아들을 것 같은 예문에 체크해 보세요.

캔디스: 얘, 에밀리! 기름값 또 대폭 인상했다는 말 들었어? 이제 1 갤런당 거의 4달러나 한다니까. 이건 완전 바가지야!

(에밀리가 근처에 있는 의자에 털썩 주저앉는다.)

캔디스: 너 괜찮아?

에밀리: 잘 모르겠어. 갑자기 어지럽네.

캔디스: 몸이 안 좋으면, 집에 가서 쉬지 그래?

에밀리: 지금 그럴 형편이 못 돼. 오늘 밤까지 이 프로젝트 끝내야 하거든.

캔디스: 세상에! 혹시 내가 도울 일은 없니?

에밀리: 나한테 드라마민 좀 갖다 줄 수 있어?

캔디스: 지금 드라마민은 나한테 없지만, 비슷한 약이 하나 있거든. 먹는 즉시 효과가 나타나는 약이야.

에밀리: 그럼, 그거 먹을게. 정말 고마워.

캔디스: 언제든지! 앗, 이런, 나 우리 아들 데리러 지금 가야겠다. 잘 버텨, 친구!

에밀리: 고마워. 이 약 먹고 나면 괜찮아질 거야.

# **English** CONVERSATION

MP3 019

**Candace:** Hey, Emily! Have you heard they ❶ **jacked up** the gas price again? Now it's almost four dollars per gallon. It's ❷ **a rip-off**! (Emily drops into a nearby chair.)

**Candace:** Are you all right?

**Emily:** I don't know. I feel ❸ **light-headed** ❹ **out of the blue**.

**Candace:** If you're not feeling well, why don't you go home and get some rest?

**Emily:** I can't afford to do so because I need to finish this project by tonight.

**Candace:** Oh, no! Is there anything I can do for you?

**Emily:** Could you please get me some *Dramamine ?

**Candace:** I don't have Dramamine with me right now, but I have a similar medicine, and it should work ❺ **right off the bat**.

**Emily:** Then, I'll take it. Thanks a million!

**Candace:** Anytime! Shoot, I've gotta go and pick up my son now.

❻ **Hang in there**, girl!

**Emily:** Thanks. I should be fine after taking this medicine.

---

**drop into:** ～에 털썩 주저앉다
**Anytime:** 언제든지(Thank you에 대한 대답)
**Shoot:** (감탄사) 이런!

---

\*　차멀미가 나거나 현기증이 나면 미국 사람들이 잘 먹는 약으로 우리나라 소화제 '훼스탈'이나 두통약
'게보린'처럼 미국에서 현기증 약으로 대표적인 브랜드다.

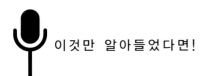 이것만 알아들었다면!

MP3 **020**

## 1 To jack up (a price)

I'm not going to that restaurant anymore.
They jacked up the prices on everything.
난 이제 그 식당에 안 갈 거야. 모든 음식 가격을 엄청 올렸거든.

**(가격을)
대폭 인상하다**

## 2 A rip-off

The steak was affordable, but the wine was
a rip-off.
스테이크는 가격이 괜찮았는데, 와인은 진짜 너무 비쌌어.

**바가지**

## 3 Light-headed

Standing up too quickly sometimes makes
me feel light-headed.
가끔씩 너무 빨리 일어나면 현기증이 느껴질 때가 있어.

**머리가 어지러운/몽롱한**

## 4 Out of the blue

He sold his house completely out of the blue
and left Korea.
그는 정말로 난데없이 집을 팔더니 한국을 떠났어.

**갑자기/
난데없이**

> 여기서 Blue는 하늘을
> 의미하는데, 하늘에서
> 갑자기 떨어진 것처럼
> 아주 갑작스럽다는
> 말이다.

## 5 Right off the bat

Right off the bat, I could tell something was
going on.
즉각적으로 난 뭔가가 일어나고 있다는 사실을 알 수 있었어.

**즉시**

## 6 To hang in there

Hang in there! We're almost at the hospital.
조금만 참아! 병원에 거의 다 왔어.

**(힘든 상황을) 견뎌내다
/(역경에도 굴하지 않고) 버티다**

캔디스의 문장, "I've gotta go and <u>pick up my son</u> now."에서 pick up은 구동사 (phrasal verb)입니다. 구동사에는 분리될 수 있는 구동사(예: to pick up, to turn on)와 분리될 수 없는 구동사(예: to look up to, to stand for)가 있습니다. 여기서 꼭 기억해야 하는 문법 사항은, 분리될 수 있는 구동사의 경우, 대명사를 목적어로 취할 때는 반드시 그 대명사를 동사와 *소사(particle) 사이에 위치시켜야 한다는 사실입니다. 그래서 이 문장에서 my son을 대명사인 him으로 바꿀 경우에는 "I've gotta go and pick <u>him</u> up now."가 되지요. 이때, pick up him이라고 하면 틀린 표현입니다. 다른 예를 하나 더 보면, "Put on your shoes(신발 신어)."에서도, your shoes를 대명사로 바꾸면 "Put <u>them</u> on."이라고 말해야 합니다. 같은 이유로 "Put on *them*."은 틀립니다. 분리될 수 있는 구동사를 대명사와 함께 사용할 때는 반드시 이 법칙을 기억하세요.

---

\* 　동사와 함께 구동사를 이루는 부사나 전치사

# **CULTURE** POINT

에밀리가 어지럽다고 하면서 '현기증 약을 달라고 하지 않고, 현기증약의 대표 브랜드 이름인 Dramamine을 달라고 합니다. 이렇게 미국인들은 일상 회화에서 물건의 이름(보통명사) 대신 그 물건을 만드는 회사 중에서 대표적인 브랜드 이름(고유명사)을 흔히 사용합니다. 대표적인 예로 tissue(화장지) 대신 대표적인 화장지 브랜드명인 Kleenex(크리넥스)를, sticky note(끈끈이가 있어 달라붙는 메모지) 단어 대신 그런 메모지를 만드는 대표 브랜드 Post-it(포스트잇)을 사용합니다. 이런 사례는 모두 브랜드의 이름인 고유명사가 마치 보통명사처럼 쓰이는 예입니다. 그래서 Kleenex라고 했을 때 꼭 Kleenex 사 제품만을 뜻하는 게 아니라 해당 제품을 뜻합니다.

She's crying. Can you please hand her <u>a Kleenex</u>?
(= She's crying. Can you please hand her <u>a tissue</u>?)
그녀가 울고 있어요. 그녀에게 화장지 좀 갖다 줄래요?

**LESSON 4**

케이트: 내 말 좀 들어봐. 우리 아들이 정말로 난데없이 갑자기 결혼을 하겠다고 하네. 나 지금 너무 충격 받아서 머리가 어지러울 정도라니까.

올리비아: 세상에! 그런데 넌 정말 그 결정이 갑자기 나왔다고 생각해?

케이트: 정말 그렇다니까! 걔네들이 일주일 전에 만났는데, 우리 애가 그 여자애랑 만나자마자 바로 사랑에 빠졌다고 하네. 게다가, 어제는 걔가 신용카드로 30,000불을 썼어.

올리비아: 뭐 하느라?

케이트: 그 여자애한테 결혼반지 사 준다고!

올리비아: 반지 하나에 30,000불? 완전 바가지네. 내 말은, 다이아몬드 가격을 대폭 인상했다는 이야기를 듣긴 했지만, 그래도 그건 너무 비싸다.

케이트: 내 말이! 정말 난 이제 더 이상 뭐가 뭔지 모르겠어. 그저 이 상황을 참아내고 있을 뿐이야.

올리비아: 그 말 들으니까 내 마음도 안 좋다. 그래도 긍정적으로 생각하도록 해봐. 걔가 네 아들한테 딱 맞는 여자일지도 모르잖아.

**Kate:** You know what? My son says he's getting married completely ❶ **out of the blue**! I'm so shocked to the point that I'm feeling ❷ **light-headed** now.

**Olivia:** OMG! But do you really think that decision came ❶ **out of the blue**?

**Kate:** Oh, yeah! They met each other a week ago, and he said he fell in love with her ❸ **right off the bat**. What's more, he spent $30,000 with his credit card yesterday.

**Olivia:** For what?

**Kate:** For her wedding ring!

**Olivia:** $30,000 for a ring? That's ❹ **a rip-off**! I mean…I heard they ❺ **jacked up** the price of diamonds, but still, that's just too expensive!

**Kate:** Tell me about it! Well, I don't know anything anymore. I'm just trying to ❻ **hang in there**.

**Olivia:** I'm sorry to hear that…but try to look on the bright side. Maybe she's the right girl for him.

---

**You know what?** 있잖아.
**What's more** 게다가
**Tell me about it!** 내 말이 바로 그거야.

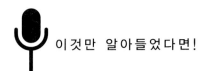 이것만 알아들었다면!

MP3 **022**

**1**

# Out of the blue: Unexpectedly

He broke up with his girlfriend out of the blue.

그는 여자친구와 갑자기 헤어졌어.

**2**

# Light-headed: Dizzy

I think I'm light-headed because I haven't had breakfast yet.

나 어지러운 것 같아. 아침을 아직 안 먹어서 그런가.

**3**

# Right off the bat: Immediately

I couldn't take any action because it happened right off the bat.

그 일이 너무나 즉각적으로 일어나서 난 아무런 조치도 취할 수 없었어.

**4**

# A rip-off: Something that is too expensive

That used car was a rip-off! I paid $5000, but it broke down a week later.

그 중고차 완전히 바가지였어. 내가 5000불이나 줬는데, 일주일 뒤에 고장 났거든.

**5**

# To jack up (a price): To sharply increase (a price)

That bar jacked up its prices last month.

그 술집이 지난달에 술값을 대폭 인상했어.

**6**

# To hang in there: To keep trying to do something and not to give up in a difficult situation

Mom's on her way here, so hang in there.

엄마가 여기로 오고 계시니까, 조금만 참아.

Kate의 마지막 문장에 나오는 표현 "Tell me about it!" 이 문장은 직역하면 "그것에 대해서 내게 말해 줘!"가 되지만, 이 대화에서는 그런 뜻이 아니라, "무슨 말인지 잘 알아." 혹은 "내가 하고 싶은 말이 바로 그 말이야."라는 의미가 있습니다. 격식을 갖춰야 하는 자리에서 쓸 수 있는 표현은 아니지만, 편안하게 수다 떠는 일상생활 회화에서 미국인들이 아주 흔하게 쓰는 말입니다. 다음 예와 같이 말이지요.

Michelle: Miranda is so annoying!
Janis: Tell me about it! I can't stand her anymore!

미셸: 미란다는 정말 너무 짜증나.
재니스: 내 말이. 나도 더는 못 참겠어.

## **CULTURE** POINT

미국에서는 부모가 성인이 된 자녀의 결혼을 반대하는 경우가 전혀 없지는 않지만, 실제로 매우 드문 일입니다. 일례로, 스티브 마틴(Steve Martin) 주연의 영화 〈신부의 아버지〉를 보면, 주인공 조지는 이탈리아에서 만난 남자와 한 달 만에 결혼하려는 딸의 결정을 매우 못마땅하게 생각합니다. 이 영화를 본 대부분의 한국인 아버지들은 부모 입장에서 조지가 당연히 그럴 수도 있다고 생각하지만, 미국인들은 그런 심리에서 나오는 이 아버지의 과잉 행동을 오히려 코믹 요소로 삼고, 그래서 영화 속 조지는 다소 비정상적으로 묘사됩니다. 이렇게 성인이 된 자녀의 결혼에 부모가 깊이 관여하는 것을 부정적이거나 비정상이라고 보는 시선이 미국인들의 Shared View(공통된 관점)입니다. 그래서 대화에서 케이트가 자기 아들이 처음 만난 여자와 일주일 만에 결혼하려는 것이 말도 안 되는 일이라고 생각함에도 불구하고, 많은 한국 부모님들처럼 직접 나서서 적극적으로 반대하지는 않는 것입니다.

**LESSON 4**

에이미: 어, 제시카! 여기서 보다니, 정말 반갑다! 어떻게 지내?

제시카: 아주 잘 지내. 넌 어때?

에이미: 잘 지내. 고마워. 요즘 가게는 어때?

제시카: 글쎄, 여전히 손님이 별로 없는 편이긴 한데, 꿋꿋하게 버티고 있지, 뭐.

에이미: 나도 마찬가지야. 많은 사람들이 경제가 곧 정상화될 거라고 하니까, 우리 힘내자.

제시카: 그러자. 그래서 넌 이 파티 잘 즐기고 있는 거야?

에이미: 좀 지나치게 즐기고 있는 것 같아. 샤르도네를 두 잔 마셨는데, 지금 좀 어지럽네. 그건 그렇고, 난 그 드레스, 네가 이 파티에서 입으려고 산 줄 알았는데, 아니었니?

제시카: 무슨 드레스?

에이미: 한 3주 전에 우리가 같이 쇼핑할 때 샀던 드레스 말이야. 그게 여름에 어울리는 가벼운 원피스인데다 너한테 아주 잘 어울렸거든.

제시카: 아, 그 짙은 파란색 드레스 말이구나! 나 그거 환불 받았어.

에이미: 왜? 그 가게에 들어갔을 때, 네가 그 드레스 보고 바로 얼마나 좋아했니.

제시카: 맞아. 그런데 나한테는 너무 비싼 드레스라는 생각이 들었거든.

에이미: 얼마였는데?

제시카: 550불이었어.

에이미: 완전 바가지다!

제시카: 맞아. 그래서 가게에 다시 가서 환불 받았어.

에이미: 그 가게가 예전에는 가격이 괜찮았었는데, 갑자기 모든 물건 가격을 엄청 올렸어.

제시카: 가게에서 정리 세일할 때 우리 거기서 다시 쇼핑하면 어떨까?

에이미: 좋은 생각이야!

Amy: Hey, Jessica! Good to see you here! How's it going?

Jessica: Pretty good! How about you?

Amy: Good. Thanks. How's your business these days?

Jessica: Well, still kind of slow, but ❶ **I'm hanging in there**.

Amy: Same here! Well, a lot of people say the economy will get back to normal soon, so let's cheer up.

Jessica: Sure! So are you enjoying yourself at this party?

Amy: Maybe I'm enjoying myself a little too much. I've had two glasses of Chardonnay, and now I feel a little ❷ **light-headed**. Oh, by the way, I thought you bought that dress for this party, didn't you?

Jessica: What dress?

Amy: The one that you bought when we were shopping together about three weeks ago. It was a light summery dress and looked great on you.

Jessica: Oh, that dark blue dress! I got a refund on it.

Amy: Why? When we went into the store, you liked that dress ❸ **right off the bat**.

Jessica: I know, but I thought it was too expensive for me.

Amy: How much was it?

Jessica: It was $550.

Amy: What ❹ **a rip-off**!

Jessica: Yeah, that's why I returned it to the store.

Amy: The store used to be very affordable, but they ❺ **jacked up** the prices on everything ❻ **out of the blue**.

Jessica: Maybe we can shop there again when it is holding a big clearance sale.

Amy: Good idea!

---

**Same here!** 나도 마찬가지야.
**get a refund** 환불받다
**that's why+주어+동사** 그래서 ~인 거다
**affordable** (가격 등이) 합리적인
**clearance sale** 재고 정리 세일

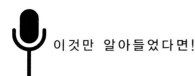

이것만 알아들었다면!

**1**

## To hang in there: To keep trying to do something and not to give up in a difficult situation

**(힘든 상황을) 견뎌내다/(역경에도 굴하지 않고) 버티다**

Hang in there. It's almost done.
조금만 참아. 거의 다 끝났어.

**2**

## Light-headed:

### Dizzy 머리가 어지러운/몽롱한

I don't know why I'm feeling light-headed now.
나 지금 왜 이렇게 어지러운지 모르겠어.

**3**

## Right off the bat: Immediately 즉시

They fell in love with each other right off the bat.
그들은 즉시 서로 사랑에 빠졌다.

**4**

## A rip-off: Something that is too expensive 바가지

You know what? I bought a $1,500 cell phone. Man, it was the biggest rip-off of my life.
그거 아니? 내가 1,500달러짜리 핸드폰을 샀어. 아휴, 그게 내 인생 가장 크게 당한 바가지였다니까.

**5**

## To jack up (a price): To sharply increase (a price) (가격을) 대폭 인상하다

They've jacked up the oil prices.
(주유소가) 기름값을 대폭 인상했어.

**6**

## Out of the blue: Unexpectedly 갑자기/난데없이

That is so out of the blue!
그건 너무 난데없는 얘기인데!

에이미가 제시카가 샀던 드레스를 summery(여름의/여름에 어울리는)라는 단어로 묘사합니다. Summery는 명사 summer에 y가 붙어 형용사가 된 단어인데, 영어에는 이런 식으로 탄생한 형용사가 아주 많습니다. 이런 예를 몇 가지 더 살펴볼까요?

flower (명사: 꽃) + y → flowery (형용사: 꽃무늬로 된/꽃으로 가득한)

cinnamon (명사: 계피) + y → cinnamony (형용사: 계피 향이 나는)

water (명사: 물) + y → watery (형용사: 물의/물 같은/물기가 많은)

itch (명사: 가려움) + y → itchy (형용사: 가려운)

ice (명사: 얼음) + y → icy (형용사: 얼음처럼 찬)

## **CULTURE** POINT

미국에서는 백화점을 포함해 어느 가게든 clearance sale(정리 세일)이라는 것을 합니다. Clearance는 '정리'라는 의미의 단어로, clearance sale은 자기네 재고를 정리하면서 없애야 하는 물건들을 헐값에 파는 것을 말합니다. 이런 경우, 보통 50%에서 75% 정도 할인을 하는데, 어떤 경우에는 85%나 90%까지도 할인해 주는 걸 종종 볼 수 있습니다. 대부분의 가게들이 따로 날을 잡아서 clearance sale을 하기 보다는, 가게 안에 Clearance Section(정리 세일 코너)이라는 코너를 따로 두고 있습니다. 그래서 검소한 미국인들은 어느 가게를 가든 Clearance Section부터 살펴보곤 하지요.

**LESSON 5**

영어로 말하고 싶은, 또는 못 알아들을 것 같은 예문에 체크해 보세요.

수: 나 일주일 내내 초콜릿 케이크가 미치게 먹고 싶었거든. 네가 초콜릿 케이크 굽는 거 도와준다니까 얼마나 기쁜지 몰라.

레이첼: 이런 건 일도 아냐. 너도 나 알잖아. 케이크 만들 어떤 핑계거리라도 있으면, 난 언제든 당장 만들 준비가 돼 있다고.

수: 그럼, 우리 재료는 다 준비돼 있는 거야?

레이첼: 음, 한번 보자. 계란, 밀가루, 설탕, 우유, 버터, 베이킹파우더가 있고. 엇, 초콜릿! 세상에, 초콜릿이 있어야 하는데! 저기 수납장 안에 코코아 종류가 하나 있어. 수, 거기서 한번 찾아 볼래? 아마 뒤쪽에 있을 거야.

수: 맞아, 여기 보이네. 자, 여기.

레이첼: 이제, 제일 먼저 버터와 설탕을 섞어서 크림을 만들어야 해.

수: 버터 두 스틱이면 될까?

레이첼: 그럼. 이건 저칼로리 케이크거든.

수: 야, 농담하지 마.

레이첼: 농담하는 건 맞는데, 이 케이크는 건강을 약간 생각한 거야. 그러니까 무설탕 코코아를 한 컵 넣을 거거든.

수: 거기 항산화물질이 가득 들어 있지, 그렇지?

레이첼: 맞아. 항산화물질과 버터. 안 좋을 게 뭐가 있겠어?

**Sue: ❶ I've been jonesing for** chocolate cake all week! I'm so glad that you've agreed to help me bake one.

**Rachel:** No problem—you know me, any excuse to eat cake, and

**❷ I'm on it.**

**Sue:** So, do we have all of the ingredients ready?

**Rachel:** Um, let's see. We've got the eggs, flour, sugar, milk, butter, baking powder. Oh, the chocolate! Duh! Gotta have the chocolate! I've got a thing of cocoa in the cabinet over there. Sue, can you ❸ **fish it out**—it's probably towards the back.

**Sue:** Oh yeah, I see it. Here you go.

**Rachel:** So, first we have to cream the butter and sugar.

**Sue:** Two sticks of butter?

**Rachel:** Of course. This is a really low calorie cake.

**Sue: ❹ You're pulling my leg.**

**Rachel: ❺ I'm just joshing,** but really it's gotta have some kind of health benefits. I mean, we're gonna use a cup of unsweetened cocoa.

**Sue:** It's full of antioxidants, isn't it?

**Rachel:** Exactly. Antioxidants and butter! ❻ **What's not to like?**

---

**unsweetened** 무설탕의, 무가당의
**antioxidant** 항산화물질

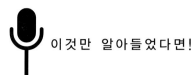 이것만 알아들었다면!

MP3 **026**

## 1 To be jonesing for (= To be dying for)

It's so hot outside; I'm jonesing for a cold drink.

밖이 너무 더워. 시원한 음료수 한 잔 마시고 싶어 죽겠네.

엄청 ~하고 싶다/
~하고 싶어
죽겠다

## 2 To be on it

Boss: I need this report in four hours.
Employee: I'm on it!

상사: 네 시간 후에 이 리포트가 필요하네.
부하 직원: 당장 시작하겠습니다!

당장 그 일을 하다/신속히 끝내다

## 3 To fish something out

She fished her cell phone out of her backpack.

그녀는 자기 가방에서 핸드폰을 찾아 꺼냈다.

(~ 안에서) ~을 꺼내다/찾아내다

## 4 To be pulling someone's leg

You say you've won a million dollars? Are you pulling my leg?

네가 백만 달러를 땄다고? 지금 나 놀리는 거지?

~를 놀리다/
농담하다

## 5 To be joshing

No, I haven't won a million dollars; I'm just joshing.

아니, 나 백만 달러 따지 않았어. 그냥 농담한 거야.

~를 놀리다/
농담하다

이 표현은 주로
just와 함께 쓰인다.

## 6 What's not to like?

The house is beautiful, new, and not too expensive. What's not to like?

그 집은 아름답고 새 것인데다 그렇게 아주 비싸지도 않아.
안 좋을 이유가 뭐가 있겠어?

안 좋을 게
뭐가 있겠어?

격식을 차리지 않아도
되는 일상생활 회화에서
많이 쓰이는 표현으로,
무언가 좋다거나 괜찮다
고 승인할 때 쓸 수 있다.

우리가 흔히 접속사로 알고 있는 so가 Discourse Marker(담화 표지)로 기능하는 경우가 있습니다. Discourse Marker란 연설이나 대화를 할 때, 내용의 흐름을 조절하는 표현들을 통칭하는 말입니다. 예를 들어, 대화의 주제를 갑자기 바꾸거나 할 때, discourse marker를 사용하면 어색하지 않고 자연스럽게 다음 주제로 넘어갈 수가 있지요. Discourse Marker 중 가장 친숙한 것을 꼽는다면 아마 well일 것입니다. "Well, that was a delicious meal!"(참, 그거 참 맛있는 식사였어요!)처럼 말이지요. 이외에도 많은 Discourse Marker가 있는데, so는 대화 중에 뭔가가 시작된다거나 어떤 행위나 동작이 시작되는 것을 알리기 위해 쓸 수 있습니다. 레이첼의 세 번째 대화 문장 "So, first we have to cream the butter and sugar." 같이 말이지요.

## **CULTURE** POINT

미국인들은 케이크를 정말 좋아합니다. 한국인들처럼 생일같이 축하할 일이 있는 날에만 케이크를 먹는 것이 아니라, 특별한 일이 없어도 그냥 식사 후 디저트로 케이크를 먹기도 합니다. 케이크 외에도 각종 파이나 페이스트리 역시 미국인들의 인기 디저트 메뉴입니다. 이런 이유 때문에, 한국에서는 저녁 초대를 받으면 답례로 보통 과일을 사 가는 반면, 미국인들은 케이크나 파이를 주로 사 갑니다. 말하자면, 초대한 사람이 메인 요리(main dish)를 준비하고, 손님은 디저트로 케이크나 파이를 사 가는 것이 미국에서 볼 수 있는 전형적인 행동 양식(Shared Pattern)입니다. 미국인들이 케이크와 파이를 이렇게 즐겨 먹기 때문에 미국에는 동네 빵집 외에도 일반 마트나 슈퍼마켓에 가도 케이크와 파이를 살 수 있습니다. 일례로, 미국 대형 슈퍼마켓인 퍼블릭스, 홀푸드, 트레이더조, 심지어 월마트에서도 케이크와 파이를 살 수 있지요.

**LESSON 5**

앨런: 우리 아직도 세 시간이나 더 일해야 하네. 나 진짜 커피 한 잔이 필요해.

프랭크: 나도! 그리고 단 것도 엄청 당기네. 아래층 인사과에 생일 파티가 있었다고 들은 것 같은데. 가서 케이크 좀 먹을까?

앨런: 누구 생일이었대?

프랭크: 스탠 씨인 것 같아. 85세가 됐거든.

앨런: 85세? 농담이지?

프랭크: 맞아, 농담이야. 45세 정도밖에 안 됐을 거야. 내가 요즘 나이 드는 것 가지고 스탠 씨를 놀리거든. 85세 생일 축하한다고 꼭 이야기해 줘.

메리: (근처 책상에서) 저기, 거기 두 분, 케이크 드실 거라는 이야기 제가 들은 것 맞죠? 커피도 드실 거예요?

앨런: 어서, 프랭크! 우리 할 일이 있잖아. 네, 케이크랑 커피 먹을 거예요.

메리: 알겠어요! 단, 휴게실 테이블 위에 있는 것으로 드세요. 냉장고에 있는 건 지난주 생일 파티 때 케이크라서 오래된 거예요.

프랭크: 하지만 스탠 씨만큼 오래 되진 않았겠죠!

MP3 027

**Alan:** We still have three more hours of work. I really need a cup of coffee.

**Frank:** Me too! And ❶ **I'm kind of jonesing for** something sweet. I think I heard there was a birthday party down in the HR office. Maybe we can go steal some cake.

**Alan:** Whose birthday was it?

**Frank:** Stan, I think. He turned 85.

**Alan:** 85? ❷ **You're pulling my leg**!

**Frank:** Yeah— ❸ **I'm joshing**, he's only like 45. I just tease him about getting old. Be sure to congratulate him on his 85th birthday.

**Mary:** (From a nearby desk) Hey, did I hear that you guys are getting some cake? And coffee?

**Alan:** Come on, Frank—we've got a job to do. Cake and coffee.

**Mary:** ❹ **We're on it**! Just make sure it's whatever is still on the table in the break room. If you have to ❺ **fish cake out of** the fridge, it's from last week's birthday party; that's old.

**Frank:** But not as old as Stan!

---

**HR**: 인사과(Human Resources)

65

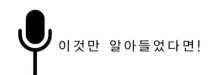

MP3 028

## 1 To be jonesing for (= To be dying for):
To have a strong desire or craving for something

I'm quitting smoking and haven't had a cigarette in three days, now I'm jonesing for a cigarette.

내가 담배 끊는 중이라 3일 동안 담배를 입에도 안 댔는데, 지금 담배 피우고 싶어 죽겠어.

## 2 To be pulling someone's leg: To be joking about something by not telling the truth

Friend 1: Dan says that he once played guitar with the Rolling Stones.
Friend 2: Oh, don't believe him; he's just pulling your leg!

친구 1: 댄이 그러는데 자기가 롤링 스톤즈랑 함께 기타를 친 적이 있다네.
친구 2: 걔 말 믿지 마. 걔가 그냥 너 놀리는 거야.

## 3 To be joshing:
To tease someone or joke with them in a friendly way

I'm just joshing about playing guitar with the Rolling Stones, but I did see them in concert once.

롤링 스톤즈랑 기타 친 거에 대해서는 그냥 농담하는 거긴 하지만, 나 콘서트에서 롤링 스톤즈 보긴 했어.

## 4 To be on it: To complete a task immediately

Friend 1: I just got called back to work for an emergency meeting. Can you pick up the kids?
Friend 2: Don't worry; I'm on it!

친구 1: 긴급회의 때문에 방금 직장에서 전화가 왔어. 아이들 좀 데리러 갈 수 있어?
친구 2: 걱정하지 마. 당장 데리러 갈 테니.

## 5 To fish something out: To find or locate something after searching for it inside of a container

She fished a twenty dollar bill out of her wallet.

그녀는 자기 지갑에서 20달러 지폐를 찾아 꺼냈어.

## 6 What's not to like?: There's nothing I don't like about it.

This is a great city! Low pollution, cheap public transportation, and beautiful weather. What's not to like?

여기 정말 멋진 도시다! 오염도 많이 안 됐고, 대중교통도 싸고, 날씨도 기가 막히고, 안 좋을 이유가 없네!

미국에서는 성인의 나이를 묻는 걸 굉장히 무례하다고 여깁니다. 특히 다양한 나이 대의 사람들이 함께 모여 있는 곳에서는 더욱 그렇습니다. 미국 문화에서 성인에게 자신의 나이는 사적인 정보라서, 그에 대해 묻는 것은 다른 사람의 사생활을 꼬치꼬 치 캐묻는 것과 같이 여겨집니다. 그렇지만, 친한 친구들끼리는, 특히 그 친구들이 비 슷한 나이 대라면 나이에 대해 물어보는 것이 문제 되지 않는 경우도 많습니다. 아주 가까운 친구나 동료들은 가끔씩 서로의 나이에 대해 유머러스하게 놀리기도 합니다.

## **CULTURE** POINT 2

미국에는 직장에서 동료들이 생일을 서로 축하해 주는 문화가 있습니다. 보통 케이크 하나를 사 와서 생일 축하 노래를 불러 주고 가볍게 파티를 합니다. 때로 동료들이 점심 시간에 모두 함께 나와 식당에서 축하를 해주기도 합니다. 그렇지만, 아무도 생일을 맞이한 사람이 밥값을 내야 한다고 생각하지는 않습니다. 매우 절제된 방식으 로 축하를 해주고, 선물을 준비하는 경우에도, 받는 사람 이 부담 갖지 않도록 작은 선물을 줍니다. 좀 더 큰 회사 나 사무실이라면, 대개 한 달에 한 번 생일 축하하는 날 이 정해져 있습니다. 그래서 그달에 생일이 있는 사람들 은 모두 그날 함께 축하를 받습니다. 이런 날은 휴식 시 간에 커피와 달콤한 케이크 한 조각을 먹으면서 잠시 쉬 기에 아주 좋지요.

**LESSON 5**

사라: 드디어 여기 해변가에 우리가 휴가를 왔네. 태양, 모래, 게다가 이 바다에서 부는 산들바람! 안 좋을 게 없어.

마이크: 실은, 모래. 난 모래가 싫어.

사라: 마이크! 제발 편안한 기분으로 즐기자. 우리 이곳 해변에서 편안하게 2주 보내는 거잖아.

마이크: 난 정말로 산이 더 좋아.

사라: 아는데, 올해는 우리가 해변에서 보내잖아. 내년에는 산에 가자. 자기야, 내 가방이 자기 옆에 있네. 내 선크림 좀 안에서 꺼내 줄래? 나 햇볕에 그을리기 싫어.

마이크: 여기 안에 자기가 넣어 놓은 것들 좀 봐. 립밤, 소설책 두 권, 감자칩, 탄산음료 세 캔, 여벌 수건, 전동 공구…

사라: 뭐? 전동 공구라고?

마이크: 그냥 농담 한번 해 봤어, 자기야. 여벌 수건도 가져왔기에.

사라: 그만 놀려, 바보 같이. 선크림이나 줘.

마이크: 자기 가방에서 안 보이는 한 가지가 바로 그거야.

사라: 아휴, 그럼 그거 가지러 호텔 방까지 돌아가야겠네.

마이크: 사라, 그건 내가 해야 할 일 같아. 나 지금 에어컨 바람 쐬고 싶어 죽겠거든. 내가 돌아가서 가져다줄게.

사라: 잘됐다! 고마워, 자기야. 아마 침실 서랍장 안에 있을 거야.

마이크: 지금 당장 갑니다!

**Sara:** Here we are on vacation at the beach: sun, sand, and the ocean breeze! ❶ **What's not to like**?

**Mike:** Actually, the sand. I don't like the sand.

**Sara:** Oh, Mike! Come on, just relax and enjoy it. We have two whole weeks to relax on the beach.

**Mike:** I really prefer the mountains.

**Sara:** I know, but this year we're doing the beach. Next year we can do the mountains. My bag is near you, sweetie. Can you ❷ **fish my sunscreen out**? I don't want to get a sunburn.

**Mike:** Look at all the stuff you've got in here. Lip balm, two novels, potato chips, three sodas, an extra towel, some power tools…

**Sara:** What?! Power tools?

**Mike:** ❸ **I'm just pulling your leg**, babe…about the extra towel.

**Sara:** ❹ **Stop joshing**, you goofball, and hand me the sunscreen.

**Mike:** That's the one thing I don't see in your bag.

**Sara:** Oh no, now I have to go all the way back to the room to get it.

**Mike:** Sounds like a job for me, Sara. ❺ **I'm jonesing for** some air conditioning right now; I'll go back and get it.

**Sara:** Awesome! Thanks, sweetie! It's probably on the dresser in the bedroom.

**Mike:** ❻ **I'm on it**!

sunscreen 선크림
sunburn 햇볕으로 인한 화상
power tool 전동 공구
goofball 바보, 멍청이
dresser 목재 찬장

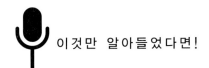

MP3 030

**1**

## What's not to like?: There's nothing I don't like about
it. 안 좋을 게 뭐가 있겠어?

What a nice car! It's fuel efficient, comfortable, and very affordable. What's not to like?
정말 좋은 차네요. 연료 효율도 좋고, 편안하고, 가격도 굉장히 좋아요. 안 좋을 이유가 없네요.

**2**

## To fish something out: To find or locate something
after searching for it inside of a container
(~ 안에서) ~을 꺼내다/찾아내다

He fished his camera out of his suitcase.
그는 자기 여행 가방에서 카메라를 꺼냈다.

**3**

## To be pulling someone's leg: To be joking about
something by not telling the truth ~를 놀리다/농담하다

She said she had booked first-class tickets for our flight, but she was pulling my leg.
그녀가 우리 여행으로 비행기 일등석을 예매했다고 했지만, 그녀가 날 놀렸던 거였어.

**4**

## To be joshing: To tease someone or joke with them in
a friendly way ~를 놀리다/농담하다

We don't have the money for first-class tickets; I was just joshing about that.
우리 일등석 예매할 돈이 없어. 실은 내가 그냥 농담한 거였어.

**5**

## To be jonesing for (= To be dying for):
To have a strong desire or craving for something
엄청나게 ~하고 싶다/~하고 싶어 죽겠다

I'm on a diet, and I gave up sugar. (I'm) really jonesing for some ice cream!
나 지금 다이어트 중이라, 설탕 끊었거든. 아이스크림이 먹고 싶어 정말 죽겠어!

**6**

## To be on it: To complete a task immediately
당장 그 일을 하다/신속히 끝내다

Office worker 1: I am so stressed with all this work. Could you help me with these copies?
Office worker 2: No problem! I'm on it!

사무실 직원 1: 이 일 때문에 스트레스 쌓여 죽겠어요. 이거 복사하는 것 좀 도와주시겠어요?
사무실 직원 2: 그러죠, 당장 하겠습니다!

한국에서 많은 커플들이 서로를 "자기"라고 부르는 것처럼, 미국에서도 커플들이 서로를 이름이 아닌 애칭으로 부르는 것이 매우 흔합니다. 미국인 커플 사이에서 가장 자주 쓰이는 표현으로는 "sweetie", "baby", "honey"가 있습니다. 가끔은 부모가 자녀에게 애정을 담아서 말할 때 이런 표현을 쓰기도 하지요. 물론 서로 사랑하는 사이가 아닌데도 이런 표현을 쓰는 경우가 있기는 한데, 이에 대해서는 Lesson 2의 〈Culture Point〉를 참고하세요.

## **CULTURE** POINT

미국인들은 휴가를 굉장히 중요하게 생각합니다. 그래서 주말을 격렬하게 보내려는 사람들이 많은데, 이들을 weekend warriors라고 부릅니다. 보통 직장인들이 얻을 수 있는 가장 긴 휴가는 2주 정도뿐이라서, 미국인들은 국경일과 다른 공휴일 등을 합해 좀 긴 주말을 보내려는 경향이 있습니다. 어떤 미국인들은 휴가를 모두 모아서 한꺼번에 긴 휴가를 가기도 하지요. 미국에는 해변가와 산맥이 많은데, 이런 곳들이 휴가지로 인기 있는 곳입니다. 하지만 요즘은 새로운 트렌드가 부상하고 있는데요, 바로 여행 대신 집에 머물면서 쉬는 것입니다. 한국에서는 방에 콕 처박혀 있다고 해서 '방콕'이라고 하죠? 미국에서는 (집에) 머무르면서(stay) 휴가(vacation)를 보낸다고 해서 staycation이라고 부릅니다.

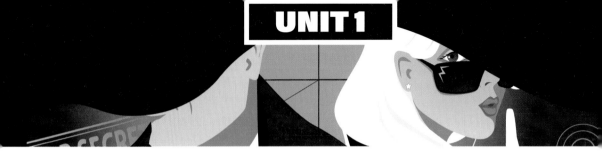

## LESSON 6

영어로 말하고 싶은, 또는 못 알아들을 것 같은 예문에 체크해 보세요.

오웬: 왜 나한테 그날 있었던 일 이야기해 주지 않았어요?

제리: 정말 죄송하지만, 잭 씨가 자기 실수에 대해서 내가 아무한테도 말 안 하기를 바라는 것 같았거든요.

오웬: 그게 뭐 비밀이라도 되나요? 잭이 비밀 누설하지 말라고 부탁이라도 한 건가요?

제리: 그건 아니지만, 그래도 잭이 지난주에 했던 또 다른 실수 때문에 체면을 구겨서, 이번에는 제가 잭 체면을 좀 세워 주려고 했거든요.

오웬: (키득거리며 웃는다)

제리: 저기, 뭣 때문에 웃는 겁니까?

오웬: 죄송하지만, 잭이 지난주에 했던 바보 같은 실수를 생각만 해도 웃음이 나와서요.

제리: 저기, 전 거기에 대해서 더 이상 이야기하기 싫거든요. 가십하는 건 제 취향이 아니라서요.

오웬: 아, 미안합니다! 어쨌든, 제리 씨가 무슨 말씀하시는지는 알겠어요. 그래도 처음부터 그것에 대해 말씀해 주셨다면, 우리가 이 문제를 막을 수 있었을 겁니다.

Owen: Why didn't you tell me what had happened that day?

Jerry: I'm so sorry, but I thought Jack really didn't want me to tell anyone about his mistake.

Owen: Is that a secret or something? Did he ask you not to ❶ **spill the beans** or what?

Jerry: Not really…but you know, he ❷ **lost face** because of the other mistake he had made last week, so this time, I was just trying to ❸ **save face** for him.

Owen: (Giggling)

Jerry: Hey, what are you giggling about?

Owen: I'm sorry, but it ❹ **cracks me up** to just think about the silly mistake Jack made last week.

Jerry: Well, I don't wanna talk about it anymore because gossiping is ❺ **not my cup of tea**.

Owen: Oh, sorry! In any case, I understand what you mean, but if you had told me about it ❻ **from the get-go**, we could've prevented this problem.

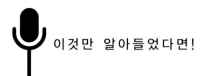

MP3 032

## 1 To spill the beans

If you keep acting like a jerk to me, I'll spill the beans about what you did last night.

너 자꾸 나한테 그렇게 못되게 굴면, 네가 어젯밤에 한 일 다 말해 버릴 거야.

(의도치 않게) 비밀을 누설하다

## 2 To lose face

We really don't want to give in and lose face.

우리는 항복해서 체면을 잃고 싶지 않습니다.

체면을 잃다

## 3 To save face

I guess I will just have to do this to save face for my mother.

우리 어머니 체면 세워 드리게 내가 그냥 이걸 해야 할 것 같아.

체면을 살리다/창피를 면하다

## 4 To crack (someone) up

It cracks me up to just think of Esther.

에스더 생각만 해도 난 웃음이 나와.

(누군가를) 몹시 웃기다 /몹시 웃기 시작하다

## 5 Not one's cup of tea

Pets are not my cup of tea.

반려동물은 내 취향이 아니야.

취향 아님

취향에 맞지 않거나 관심 없는 것을 말할 때 쓰는 표현이다.

## 6 From the get-go

John was involved in our project from the get-go.

존은 처음부터 우리 프로젝트에 관여하고 있었어.

처음부터

오웬의 문장, "If you had told me about it from the get-go, we could've prevented this problem."은 가정법 과거완료입니다. 형식은 If절에는 과거완료 시제(had+과거분사)를, 주절에는 would/could/might have+과거분사를 씁니다. 가정법 과거완료는 과거 사실에 반대되는 가정을 해 볼 때 쓰이는 문법 구조입니다. 대화에서 실제로 과거에 일어난 일은, 제리가 오웬에게 처음부터 그 사실을 말하지 않았던 거고, 그래서 일어난 문제를 막지 못했습니다. 그래서 오웬은 과거에 이미 일어난 이 사건을 비틀어 정반대되는 상황을 가정하면서 제리를 탓하고 있습니다. 그렇기 때문에 이 문장을 다른 방식으로 해석하면, "네가 처음부터 나한테 그 일에 대해 이야기하지 않았기 때문에, 우리가 그 문제가 일어나는 걸 막을 수 없었던 거야."가 됩니다. 가정법 과거완료의 예문을 더 살펴봅시다.

If you had driven carefully, you wouldn't have had an accident.
네가 조심해서 운전했으면, 사고는 일어나지 않았을 거야.
(= 네가 조심해서 운전을 안 해서 사고가 났어.)

If you had studied harder, you could've passed the exam.
네가 공부를 더 열심히 했다면, 시험에 통과할 수 있었을 거야.
(= 네가 공부를 더 열심히 안 했기 때문에 시험에 통과 못했어.)

## Vocabulary Point

오웬이 잭이 한 실수를 언급할 때, stupid가 아니라 silly라는 단어를 사용합니다. 정황상 잭이 한 실수에 대해 stupid mistake라고 말할 수도 있겠지만, stupid는 지나치게 모욕적이고 강한 단어라서 오웬이 조금 순화해서 silly mistake라고 한 거죠. Stupid와 silly는 영한사전을 찾아보면, 둘 다 '어리석은', '바보 같은' 이라는 뜻의 동의어라고 나와 있지만, 실제 두 단어의 쓰임새는 매우 다릅니다. Stupid는 '지적인 능력(intelligence)이 부족하다' 라는 의미를 내포하고 있기 때문에 주로 직접적으로 모욕을 줄 때 쓰입니다. 이와 달리, silly는 지적인 능력이 부족하다는 의미보다는, 조심성이 부족해서 오는 순간적인 실수 등을 탓할 때 쓰이는 단어입니다. 그래서 stupid만큼 강한 단어는 절대 아니기 때문에, 친구들끼리 가벼운 농담을 하거나 놀릴 때도 자주 쓰입니다.

**LESSON 6**

스테이시: 레이첼!

레이첼: 안녕, 스테이시! 어떻게 지내?

스테이시: 잘 지내. 넌?

레이첼: 잘 지내! 자레드의 새 연극이 지난달에 개봉됐다고 들었어. 어땠니?

스테이시: 다행히, 시작부터 대성공이었어. 게다가, 웃긴 장면에서는 객석 전체가 엄청 웃었어.

레이첼: 정말 잘됐다! 나도 자레드의 유머 감각이 뛰어난 건 알지.

스테이시: 고마워! 솔직히, 자레드의 첫 연극이 비평가들한테 혹평을 받았을 때는, 난 그 사람이 완전 체면 구겼다고 생각했거든. 하지만 자레드는 그게 자기한테 좋은 교훈이었다네.

레이첼: 물론이지! 우리 모두 실패를 경험하면서 배우니까. 게다가 이번 연극은 자레드의 체면을 톡톡히 살려 줬을 것 같은데, 안 그래?

스테이시: 하하… 그런 것 같아. 아, 사실 그 사람 성공 축하해 주려고 우리가 깜짝 파티를 준비하고 있거든. 너도 올래? 샴페인을 많이 대접할 거거든.

레이첼: 물론이지! 너도 알잖아, 샴페인이 완전 내 취향인 걸! 아, 내일 교회에서 자레드 보면, 파티에 대해서는 아무 말도 안 할게.

Stacy: Rachael!

Rachael: Hi, Stacy! How's it going?

Stacy: Going well! What about you?

Rachael: Great! I heard Jared's new play was released last month. How did it go?

Stacy: Fortunately, it was a howling success ❶ **from the get-go**. Moreover, during the funny scenes, the whole audience

❷ **cracked up**.

Rachael: Fantastic! I know his sense of humor is superb.

Stacy: Thanks! Frankly, when his first play got harsh reviews from the critics, I thought he ❸ **lost face** completely…but he said it was a good lesson for him.

Rachael: Absolutely! We all learn from experiencing failure. Plus, I guess this play must have ❹ **saved face** for him, right?

Stacy: Haha… I suppose so. Oh, actually, in order to celebrate his success, we're preparing a surprise party for him. Do you wanna come? We'll be serving lots of champagne.

Rachael: Sure! You know champagne is ❺ **my cup of tea**, girl! Oh, I won't ❻ **spill the beans** about the party, when I see Jared at the church tomorrow.

---

**play** 연극
**a howling success** 대성공
**superb** 최고의, 최상의

77

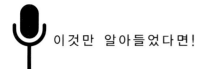
이것만 알아들었다면!

MP3 034

**1**

# From the get-go: From the beginning of something

Between you and me, I didn't like him from the get-go.

우리끼리 이야기지만, 난 그 사람이 처음부터 싫었어.

---

**2**

# To crack (someone) up

## : To make someone laugh a lot /To start laughing a lot

His jokes always crack me up

그 사람 농담은 언제나 배꼽을 잡게 한다니까.

---

**3**

# To lose face: To be embarrassed or humiliated

No one wants to lose face like that.

아무도 그런 식으로 체면을 잃고 싶어 하지는 않지.

---

**4**

# To save face: To keep one's reputation/To avoid humiliation

Please don't spill the beans to save my face.

내 체면을 봐서 제발 비밀 누설하지 말아 줘.

---

**5**

# Not one's cup of tea: Not what one likes or is interested in

My husband loves jazz a lot, but it's not my cup of tea.

내 남편은 재즈를 무척 좋아하지만, 재즈는 내 취향이 아니야.

---

**6**

# To spill the beans

## : To reveal the truth

It seems like everybody knows about our plan. Someone must have spilled the beans.

모든 사람들이 우리 계획에 대해서 다 아는 것 같아. 누군가가 비밀을 누설한 게 틀림없어.

레이첼의 문장, "This play <u>must have saved</u> face for him."에서 must 다음에 나오는 have saved는 완료 부정사(have+과거분사)입니다. Must, may, could, might 등의 조동사 뒤에 완료 부정사가 나오는 형태로 과거 상황을 추측할 때 쓰입니다.

Someone <u>must have stolen</u> our electronic dictionary. I can't find it anywhere.
누가 우리 전자 사전을 훔쳐 간 게 틀림없어.
도저히 찾을 수가 없네.

A: Didn't we buy two bags of carrots?
B: Oh, no. We <u>must have left</u> one bag in the grocery store.
A: 우리 당근 두 봉지 사지 않았어?
B: 어머! 한 봉지는 슈퍼마켓에 두고 온 게 틀림없어.

## **CULTURE** POINT

생일이나 축하할 일이 있을 때 친구나 가족들이 깜짝 파티를 해 주는 경우가 있죠? 이것을 Surprise Party, 혹은 그냥 Surprise라고 합니다. 말 그대로 파티 주인공을 깜짝 놀라게 해 주는 것이기 때문에 파티가 시작되는 순간까지 주인공은 몰라야 합니다. 그리고 준비된 장소에 주인공이 나타나면 그곳에 이미 도착해 있던 친구와 가족들이 모두 다 함께 "Surprise!"라고 외칩니다. 얼마 전 제 친구가 자기 약혼자에게 Surprise를 열어 준다며 많은 사람들을 초대했습니다. 그런데 문제는 주차였습니다. 집 앞에 친구들 차가 모두 주차되어 있으면, 주인공이 집으로 들어오기 전에 이미 눈치를 챌 것이기에 주차를 다른 곳에 하고 걸어오라고 해서, 그날 우리 모두 애를 먹었습니다. 미국에서는 꼭 자기 일이 아니더라도 단 한 번의 로맨틱한 순간을 연출하기 위해서 이런 불편을 감수하는 사람들을 흔히 볼 수 있습니다.

**LESSON 6**

브라이언: 팀이 그러는데, 우리 경쟁사가 이제 우리 비밀 레시피를 알고 있다네요. 우리 직원 중 한 사람이 비밀을 누설한 게 틀림없어요.

매트: 브라이언, 지금 나 웃기려고 하는 거라면, 하나도 안 웃겨요.

브라이언: 매트, 농담이 아닙니다.

매트: 그게 정말입니까? 세상에! 전 누가 그랬는지 알 것 같습니다.

브라이언: 뭐라고요? 그게 누구죠?

매트: 조지요! 그 사람이 회사를 너무나 갑작스럽게 그만두고는 그 회사의 높은 자리로 갔거든요.

브라이언: 세상에! 지금 생각해 보니까, 그 사람 처음부터 이상했어요.

매트: 어쨌든, 조지가 한 짓 때문에 마이클이 체면을 구기겠네요.

브라이언: 그러게요. 모두가 반대할 때, 마이클이 조지를 고용해야 한다고 주장한 사람이니까요.

매트: 아니면, 자기 체면 살리려고, 조지한테 돌아와 달라고 설득할지도 모르죠.

브라이언: 에이, 그건 말도 안 돼요! 어쨌든, 우리 CEO께서 곧 회의를 열 텐데, 이에 대한 해결 방안을 마련하는 게 좋을 겁니다.

매트: 저기, 실은, 제가 다음 주에 그만둡니다.

브라이언: 뭐라고요? 겨우 이 문제 때문에요?

매트: 물론, 그건 아니고요! 제가 한 달 동안 깊이 생각해 봤는데, 이 일이 제게 안 맞는다는 결론을 내렸거든요.

브라이언: 뭐, 그렇다면, 어딜 가든 잘되기 바랍니다.

매트: 감사합니다!

**Brian:** Tim says our rival company now knows about our secret recipe. One of our staff members ❶ **must have spilled the beans**.

**Matt:** Brian, if you're trying to ❷ **crack me up**, you failed.

**Brian:** I'm not kidding, Matt!

**Matt:** Are you serious? Oh, my God! I think I know who did that.

**Brian:** What? Who is it?

**Matt:** George! He quit his job completely out of the blue and got a higher position at that company.

**Brian:** Oh, my…! Now that I think about it, he was weird ❸ **from the get-go**.

**Matt:** In any case, I guess Michael will ❹ **lose face** because of what George did.

**Brian:** Oh, yeah. He's the one who insisted we should hire George when everyone was against the idea.

**Matt:** Or maybe he will try to convince George to come back in order to ❺ **save face** for him?

**Brian:** That's nonsense! In any case, our CEO will hold a meeting soon, and we'd better come up with the solution to this.

**Matt:** Well, actually, I'm leaving next week.

**Brian:** What? Just because of this problem?

**Matt:** Of course not! I've mulled it over for a month and decided this job is ❻ **not my cup of tea**.

**Brian:** Well, if that's the case, wherever you go, I wish you all the best!

**Matt:** Thanks, man!

---

**convince** 납득시키다, 확신시키다
**mull over** ~에 대해 심사숙고하다

81

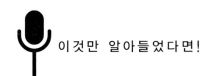

이것만 알아들었다면!

MP3 036

### 1 To spill the beans:

To reveal the truth (의도치 않게) 비밀을 누설하다

Hey, you know Susan's preparing a surprise for Tom, right?
If you see him, please don't spill the beans.
야, 너 수잔이 톰 위해서 깜짝 파티 준비하고 있다는 것 알지? 혹시 톰 보게
되면, 비밀 새지 않도록 해.

### 2 To crack (someone) up: To make someone laugh a lot/To start laughing a lot (누군가를) 몹시 웃기다/몹시 웃기 시작하다

Everyone cracked up during that scene.
그 장면에서 모두가 엄청 웃었어.

### 3 From the get-go:

From the beginning of something 처음부터

I'm still wondering why he didn't tell me about it from the get-go.
나는 그가 왜 처음부터 나한테 그것에 대해 말하지 않았는지 아직도 궁금해.

### 4 To lose face:

To be embarrassed or humiliated 체면을 잃다

By doing this, you will not lose face.
이렇게 함으로써, 당신은 체면을 잃지 않을 겁니다.

### 5 To save face: To keep one's reputation/To avoid humiliation 체면을 살리다/창피를 면하다

The most important thing for him was to save face for his father.
그에게 가장 중요한 것은 자기 아버지의 체면을 세워 드리는 것이었다.

### 6 Not one's cup of tea:

Not what one likes or is interested in 취향이 아님

I know romantic comedies are not your cup of tea,
but will you please watch the movie with me?
로맨틱 코미디가 네 취향이 아닌 건 나도 아는데, 그래도 나랑 그 영화 같이 봐 줄래?

Matt의 문장, "I'm leaving next week."는 현재진행형과 미래 시간을 나타내는 next week가 같이 쓰였습니다. 의미상 미래에 일어날 일을 말하고 있다는 것, 눈치 채셨나요? 일반적으로 문법책을 보면 현재진행형 시제는 말하는 순간에 일어나고 있는 일을 나타내는 시제라고 하지만, 실제 미국인들은 일상 회화에서 가까운 미래에 일어날 일을 말할 때 현재진행형을 가장 많이 씁니다. 몇 가지 예를 더 살펴볼까요?

We are having a meeting this Friday. 우리 이번 주 금요일에 회의할 겁니다.

I'm taking the TOEFL exam next Monday. 나 다음 주 월요일에 토플 시험 봐.

We are staying with Amy when we get to Miami.
마이애미에 도착하면 우리는 에이미랑 지낼 거야.

## Vocabulary Point

브라이언의 네 번째 문장, "Now that I think about it, he was weird from the get-go."에서 Now that절은 '~이기 때문에, ~이니까' 정도의 뜻을 가진 표현입니다. Now that절의 용법 중 일상생활 회화에서 가장 자주 들을 수 있는 표현이 Now that I think about it, ~인데, 해석하자면 '지금 와서 생각해 보니까, ~'입니다. 이 표현은 예전에는 다르게 생각했는데, 지금은 생각이 바뀌었을 때나, 혹은 예전에는 몰랐는데 지금 알게 된 사실을 말할 때 쓰입니다.

I used to think James was a quiet person, but now that I think about it, he's just shy with women. When he's with his male friends, he's a different person.
나는 제임스가 조용한 사람이라고 생각했지만, 지금 와서 생각해 보니까, 그는 그냥 여자들 앞에서 수줍음이 많은 것뿐이야. 남자친구들과 있을 때는 완전히 다른 사람이거든.

Now that 절 중에서 두 번째로 자주 쓰이는 표현은 Now that you mention it, ~입니다. 이는 '네가 말해서 그런지, ~'라는 의미로, 그 전에는 몰랐던 사실을 상대방 말로 인해서 깨닫게 되거나, 혹은 잊고 있었던 사실을 상대방 말 때문에 기억하게 됐을 때 사용하는 표현입니다.

Now that you mention it, I did see a girl in that class.
네가 말하니까 생각나는데, 나 그 수업에서 여학생도 한 명 봤어.

영어로 말하고 싶은, 또는 못 알아들을 것 같은 예문에 체크해 보세요.

엄마: (아침에 학교에 가는 딸에게) 잠깐만 기다려. 가기 전에, 내년에 들을 과목 신청서 줄 테니 가지고 가렴.

딸: 엄마, 저 가야 해요. 늦었어요!

엄마: 얘, 여기 있어.

딸: 서명하셨어요?

엄마: 그래, 어젯밤에 거기 사인했어.

딸: 좋아요! 고마워요, 엄마. 오늘 저녁에 늦을 지도 몰라요. 방과 후에 연극 동아리 모임이 있고, 그 후에 카페에서 아이들이랑 만날 거예요.

엄마: 알았어. 그래도 너무 늦지는 말아라. 내일도 학교에 가야 하니까.

# English CONVERSATION

MP3 037

Mom: (To daughter leaving for school in the morning) ❶ **Hang on a second**, before you go, let me give you that form for next year's classes.

Daughter: Mom, ❷ **I've gotta run**; I'm late!

Mom: Look, sweetie, here it is.

Daughter: Did you sign it?

Mom: Yup, I ❸ **put my John Hancock on** it last night.

Daughter: ❹ **Cool beans!** Thanks, Mom. I might be late for dinner tonight. I've got drama club after school, and then I'm gonna ❺ **hang out with** some of those kids at the coffee shop.

Mom: That's fine. Just don't be too late; it's a school night.

---

**drama club** 연극반 동아리
**school night** 평일 밤(다음 날 학교에 가야 하는 평일 밤을 이렇게 표현)

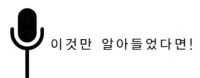

## 1 To hang on a second

Hang on a sec. I forgot my cell phone!

잠깐 기다려. 내가 핸드폰을 깜박했네!

**잠깐 기다리다**

이때, second는 줄여서 sec으로 쓰기도 한다. To hang on a minute 도 같은 뜻이다.

## 2 To have got to run

Sorry, I can't stay longer. I've got to run; the bus is coming in five minutes.

미안한데, 나 더 오래는 못 있어. 가 봐야 해. 버스가 5분 후에 오거든.

**가 봐야 하다**

## 3 To put one's John Hancock on something

Can you please put your John Hancock on this tax form?

여기 세금 신고서에 서명 좀 해 주실래요?

**서류에 ~의 서명을 하다**

## 4 Cool beans!

Cool beans! I just got a call from my sister: she is coming to visit this weekend!

잘됐다! 여동생한테 방금 전화 왔는데, 이번 주말에 올 거라고 하네.

**좋았어!**

## 5 To hang out with someone

After we finished football practice, some of the team members decided to hang out together at a nearby bar.

미식축구 연습을 끝내고 난 후, 팀 선수 중 몇 명은 근처 바에서 모여 시간을 보내기로 했어.

**~와 함께 시간을 보내다**

존 핸콕은 1700년대 말 미국 독립 혁명 당시 미국에서 아주 유명한 애국자였습니다. 영국 정부를 겨냥해서 쓴 〈미국 독립 선언서〉에 서명한 사람 중 한 명이기도 하지요. 핸콕은 모든 서명 중에서 자신의 이름이 더욱 두드러져 보이게 아주 커다란 글씨로 서명을 했습니다. 여기서 유래한 to put one's John Hancock on something은 오늘날에는 그냥 '~에 서명하다'라는 의미로 쓰이는 이디엄입니다.

## **CULTURE** POINT

아침에 학교 가는 딸에게 엄마가 '내년에 들을 과목 신청서'에 사인을 해서 주는 것이 한국 독자들에게는 낯선 장면일 것입니다. 한국 중, 고등학생들은 주어진 시간표에 따라 수업을 듣지만, 미국은 그렇지 않기 때문입니다. 미국에서는 초등학교까지는 시간표가 나오지만, 중학교에 들어가면서부터는 아이들이 스스로 시간표를 짜야 합니다. 물론, 영어(Language Arts), 수학, 과학 같은 필수 과목도 있지만, 그 외의 과목들은 아이가 선택해야 합니다. 플로리다 주 레온 카운티의 경우, 선택 과목에 스페인어, 라틴어, 중국어 등의 외국어와 밴드나 오케스트라 등의 음악 과목, 그리고 체육 수업 등이 있습니다. 다음 학년이 시작되기 전에 아이가 선택한 과목들이 적힌 신청서에 부모가 사인을 해서 제출해야 합니다.

**LESSON 7**

데이비드: (사무실에서) 저기, 알렉스 씨, 이 서류에 서명 좀 해 주실래요?

알렉스: 잠시만요, 데이브 씨. 지금 이 이메일만 빨리 보내고요.

데이비드: 천천히 하세요.

알렉스: 네. (서명을 한 후에) 여기 있습니다.

데이비드: 좋아요! 감사합니다. 저기, 오늘 끝나고 함께 한잔할 수 있는지 물어보고 싶었는데요. 저희 몇 명이 길 아래에 새로 생긴 스포츠 바에 갈 거거든요.

알렉스: 물어봐 줘서 고마워요. 정말 가고는 싶은데 안 되겠어요. 회사 끝나고 바로 가 봐야 해서요. 오늘 저녁에는 아내와 만나서 영화 볼 거거든요. 그렇지만 다음에는 갈 수 있을 거예요.

**David:** (In an office) Hey, Alex, can you ❶ **put your John Hancock on** this document for me?

**Alex:** ❷ **Hang on a sec**, Dave, let me just send this email quickly.

**David:** Take your time.

**Alex:** Okay. (After signing) Here you go.

**David:** ❸ **Cool beans**! Thanks. Oh hey, I wanted to ask you if you'd like to ❹ **hang out** this evening after work. Some of us are going to that new sports bar down the street.

**Alex:** I'd love to, thanks for asking, but I can't. ❺ **I've gotta run** after work. I'm meeting my wife for a movie tonight, but maybe next time.

---

**Take your time.** (시간 있으니까) 천천히 하세요.
**sports bar** 스포츠 배(술 마시면서 TV로 스포츠 경기를 관람할 수 있는 술집)

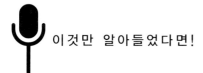

이것만 알아들었다면!

**1**

## To put one's John Hancock on something: To put one's signature on a form or document

Is that the insurance form? Let me put my John Hancock on it before you send it.

그게 그 보험 서류입니까? 보내시기 전에 제가 서명부터 좀 하겠습니다.

**2**

## To hang on a second:
### To wait for a short amount of time

Can you hang on a second? I need to finish this task first, and then I can help you.

잠시만 기다려 주실래요? 제가 이 일을 먼저 끝내야 해서, 하고 난 후에 도와드리겠습니다.

**3**

## Cool beans!: Great!

Cool beans! We got tickets to the concert for next Saturday night!

좋았어! 우리가 다음 주 토요일 밤 콘서트 티켓을 구하다니!

**4**

## To hang out with someone: To spend time with other people in a relaxed and informal way

We went to Atlanta for the weekend and hung out with my wife's old college friends; we had a great time.

주말에 애틀랜타에 가서 아내 대학 친구들과 함께 시간을 보냈어. 정말 재미있었어.

**5**

## To have got to run: To have to leave or have to go somewhere

I'll be back in thirty minutes. I've gotta run by the pharmacy and pick up some medicine for my daughter.

30분 후에 돌아오겠습니다. 제가 약국에 가서 딸아이 약을 사야 해서요.

"Here you go."는 누군가에게 뭔가를 줄 때 자주 쓰이는 표현입니다. 예를 들어, 미국에서 병원에 가면 간호사가 여러분에게 어떤 서류에 서명하라면서 펜을 줄 겁니다. 그때 간호사가 여러분에게 펜을 주면서 "Here you go."라고 할 거예요. 똑같은 의미면서 조금 변형된 표현으로 "Here you are."이 있습니다. 둘 다 구어체에서 매우 자주 쓰이는 표현인데, 격식을 차려야 하는 자리나 편안한 자리에서 모두 쓸 수 있는 말입니다.

## Vocabulary Point2

무언가가 괜찮거나 좋다고 생각이 들 때 사용하는 단어 cool, 아마 매우 익숙할 겁니다. 예를 한번 살펴볼까요?

Sam: I got a new job!
Sandra: Cool! When do you start?
샘: 나 새 직장 구했어!
샌드라: 정말 잘됐다! 언제 일 시작해?

Cool beans는 이런 문맥에서 쓰이는 cool의 새로운 표현이라고 생각하시면 됩니다. 쓰임새가 똑같거든요.

Joe: Hey, I won ten dollars in the lottery!
Jack: Cool beans, now you can buy me a cup of coffee!
조: 야, 내가 복권에서 10 달러에 당첨됐어!
잭: 잘됐다. 이제 나한테 커피 한 잔 살 수 있겠네. ·

**LESSON 7**

**총 지배인**: (직원들에게) 자, 여러분, 제가 우리 시 반대편에서 열리는 그 회의에 가야 합니다. 저 가기 전에 저한테 뭐 볼일 있는 분들 있으세요?

**직원**: 네, 있습니다! 내일까지 보내야 하는 이 수표에 매니저님 서명이 필요합니다.

**총 지배인**: 그러죠. 어디에 사인해야 합니까?

**직원**: 잠시만요, 제가 가지고 오겠습니다. 자, 여기 있습니다.

**총 지배인**: (서명하면서) 여기, 제가 한 것 중에서 가장 멋진 사인입니다!

**직원**: 좋습니다! 감사합니다. 회의 끝나고 나중에 다시 사무실로 오시는 겁니까?

**총 지배인**: 아뇨, 오늘은 안 올 거예요. 회의가 아마도 늦게 끝날 것 같아서, 우리 중 몇 명은 회의 끝나고 시간을 함께 보내면서 저녁을 할 거예요.

**직원**: 알겠습니다. 그럼 내일 뵙겠습니다.

**Manager:** (To office staff) Okay everyone, ❶ **I've gotta run** to that meeting across town. Is there anything that anyone needs from me before I go?

**Office worker:** Oh yes! I ❷ **need your John Hancock on** this check that has to go out by tomorrow.

**Manager:** Sure thing. Where do I sign?

**Office worker:** ❸ **Hang on a minute**, let me get it. Okay, here you go.

**Manager:** (Signing) There, my best signature ever!

**Office worker:** ❹ **Cool beans**! Thank you. Will you be coming back to the office later after the meeting?

**Manager:** No, not today. The meeting will probably run long, so some of us have planned to ❺ **hang out** afterwards and have dinner together.

**Office worker:** Okay, see you tomorrow then.

---

**go out** 발송되다
**afterwards** 나중에, 그 뒤에

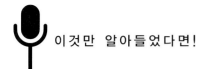 이것만 알아들었다면!

MP3 042

**1**

# To have got to run:

## To have to leave or have to go somewhere 가 봐야 하다

I would love to stay and talk, but I've gotta run. I have a doctor's appointment and several errands afterwards.

나도 더 있으면서 이야기하고 싶지만, 나 가 봐야 해. 병원 예약도 있고, 그 후에 몇 가지 할 일도 있어서.

**2**

# To put one's John Hancock on something: To put one's signature on a form or document 서류에 ~의 서명을 하다

We need your John Hancock on this letter to the Board of Directors.

이사회에 보낼 이 편지에 당신 서명이 필요합니다.

**3**

# To hang on a second:

## To wait for a short amount of time 잠깐 기다리다

Oh, hang on a minute. I need to find my glasses before I can help you with that paperwork.

잠깐만 기다려. 내가 네 서류 작업하는 것 도와주기 전에 내 안경부터 찾아야 하거든.

**4**

# Cool beans!: Great! 좋았어!

The computer repair place called and said they could fix my laptop for under fifty dollars. Cool beans!

컴퓨터 수리하는 곳에서 전화가 왔는데 50불 이하로 내 노트북 컴퓨터를 고칠 수 있을 것 같다고 하네. 정말 잘됐지 뭐!

**5**

# To hang out with someone: To spend time with other people in a relaxed and informal way ~와 함께 시간을 보내다

If you're free this weekend, let me know. I plan to hang out at home and watch movies. Come join me if you'd like.

이번 주말에 시간 있으면 알려줘. 나 집에서 영화 보고 하면서 시간을 보낼까 하는데, 너도 그러고 싶으면 와.

To hang on a second나 to hang on a minute은 '아주 잠깐만 기다리다'라는 뜻입니다. 가끔 to hang on이라고 줄여서 쓰이기도 합니다. 하지만 "Hang on."은 "잠깐 기다려!"의 뜻 외에 원래 뜻 그대로 쓰일 때도 많습니다. 예를 들어 "Hang on tight!"는 "꽉 매달려!"의 뜻이기도 한 거죠. 영어의 많은 표현들이 이렇게 단어 뜻 그대로의 의미와 비유적인 의미도 동시에 가지고 있다는 사실을 항상 기억하세요. 그렇다면, 해당 표현이 둘 중 어떤 의미로 쓰였는지는 어떻게 알 수 있을까요? 바로 그 표현이 쓰인 문맥을 보면 됩니다. 표현의 비유적 의미와 단어 뜻 그대로의 의미를 모두 다 알고 있다면, 문맥만 이해하면 그 표현이 가진 정확한 의미를 쉽게 이해할 수 있을 거예요.

## Vocabulary Point 2

누군가 회의를 말하면서 ran long이라고 한다면, 그건 계획했던 것보다 회의가 더 길어졌다는 걸 의미합니다. 앞의 대화에서, 매니저는 will probably run long이라고 합니다. 즉, 계획보다 회의가 길어질 것이라는 말을 하는 것이죠. 반대로 어떤 행사나 회의가 예상보다 일찍 끝나게 될 경우에는 run short라고 말합니다.

Our choir practice is usually an hour long, but last week the choir director was out of town, so practice ran short, and we were out of there in 30 minutes.
우리 합창 연습이 보통은 한 시간 걸리는데, 지난주에는 지휘자가 출장 중이라 연습이 빨리 끝났어. 그래서 우리 모두 30분 후에 갔어.

# UNIT 1

영어로 말하고 싶은, 또는 못 알아들을 것 같은 예문에 체크해 보세요.

**알렉스:** 오웬 씨, 프레젠테이션은 어땠어요?

**오웬:** 제이크 씨의 바보 같은 실수 때문에 완전히 망쳤어요.

**알렉스:** 뭐라고요? 믿을 수가 없네요. 전 제이크 씨가 일이 좀 익숙해졌다고 생각했는데. 게다가 이번 프레젠테이션 때문에 많이 준비했다고도 말했거든요. 제이크 씨가 이번에는 정말 충분히 노력하는 것처럼 보였는데 말이에요.

**오웬:** 정말로 그렇게 생각하세요? 프레젠테이션 하는 내내 저는 제이크 씨가 대충 상황 봐 가면서 임기응변처럼 하고 있다는 인상을 받았거든요. 제가 느끼기엔 제이크 씨가 프레젠테이션할 준비가 안 된 것 같았어요. 게다가, 사장님께서 하신 질문에 대한 제이크 씨 답변 중 두어 가지는 앞뒤도 안 맞았어요.

**알렉스:** 이런! 그래서 어쩔 생각이세요?

**오웬:** 글쎄요, 이번에는 제이크 씨에게 아주 직설적으로 말해야 할 것 같습니다. 그래서 다시는 똑같은 실수를 반복하지 않게 말이죠.

**Alex:** Owen, how did the presentation go?

**Owen:** Because of Jake's silly mistake, we completely ❶ **dropped the ball**!

**Alex:** What? I can't believe it! I thought he ❷ **got the hang of it**. Plus, he said he had prepared a lot for this presentation. He really looked like he was making enough effort this time.

**Owen:** Are you serious? Throughout the whole presentation, I was under the impression that he ❸ **was playing it by ear.** I didn't really feel like he was prepared for the presentation. What's more, a couple of things in his answer to the CEO's question didn't ❹ **add up**.

**Alex:** Oh, my! So what are you gonna do?

**Owen:** Well, this time, I'll just have to ❺ **give it to him straight** so that he doesn't make the same mistake over again.

---

**be under the impression that+주어+동사** ~라고 믿다, ~라는 인상을 받다
**What's more** 한술 더 떠서

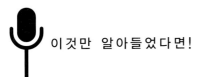 이것만 알아들었다면!

## 1 To drop the ball

실수로 망치다

This project is very important, and we can't afford to drop the ball.

이 프로젝트가 아주 중요하기 때문에 망치면 큰일납니다.

미식축구에서는 경기 도중 공을 받지 못해 떨어뜨리는 걸 치명적인 실수로 여기는데, 여기서 유래한 표현이다.

## 2 To get the hang of it

감을 잡다/요령을 익히다

Good job! I think you're getting the hang of it!

잘했어! 이제 요령을 터득한 것 같네!

## 3 To play it by ear

(계획을 안 세우고) 상황 봐 가면서 하다

A: She didn't really tell me what to do exactly.

B: Then, we'll just have to play it by ear.

A: 정말로 그분이 나한테 뭘 해야 하는지 정확하게 말해 주지 않았어요.

B: 그렇다면 우리가 대충 사정 봐 가면서 일을 처리해야겠네요.

악보 없이 귀로 듣고 연주한다는 말에서 유래한 표현이다.

## 4 To add up

말이 되다/앞뒤가 맞다

I still can't trust Alex. His story doesn't add up.

난 여전히 알렉스를 믿을 수가 없어. 그 사람 이야기는 앞뒤가 안 맞아.

## 5 To give it to someone straight

~에게 직설적으로 말하다

What do you think of her? Give it to me straight.

그 여자 어떻게 생각해? 나한테 솔직하게 말해 줘.

Alex의 문장, "He said he had prepared a lot for this presentation."을 다시 볼까요? 이 문장에서 had prepared는 과거완료 시제(The Past Perfect Tense: had+past participle)입니다. 과거완료 시제는 과거의 과거(the past in the past)를 말할 때 쓰입니다. 즉, 과거에 일어난 두 가지 사건을 이야기할 때, 하나의 사건이 다른 사건보다 먼저 일어났음을 명확히 해주고 싶을 때가 있잖아요. 그럴 때, 먼저 일어난 사건은 과거완료 시제로 표현합니다. Alex의 문장에서 '그가 말했다'(He said)는 것도 '그가 준비를 많이 했다'(he had prepared a lot)는 것도 모두 과거에 일어난 일이지만, 그가 (프레젠테이션) 준비를 많이 했다는 사실이 더 과거에 일어났기 때문에 과거완료 시제가 쓰였습니다. 아마도 그래서 한국에서는 이 시제를 '대과거'라고 부르나 봅니다.

## **CULTURE** POINT

알렉스의 마지막 문장에 나오는 "Oh my!"는 감탄사(interjection)로 놀람을 나타냅니다. 이외에도 미국인들이 놀랐을 때 자주 사용하는 감탄사로 "Oh, my God!", "OMG!" ("Oh, my God"의 줄임말), "Oh, Lord!", "Oh, my Lord!", "Oh, my goodness!" 등이 있습니다.

**LESSON 8**

조셉: 우리가 올해 마지막 프로젝트를 망치지 않아서 얼마나 다행인지 모르겠어.

제리: 나도 그래. 그런데 한편으로는, 그렇게 놀랍진 않아. 우리가 이제는 이 일에 익숙해진 거니까.

조셉: 맞아. 게다가 이번 프로젝트에 우리가 정말 많은 공을 들이기도 했고.

제리: 나도 그렇게 생각해. 우리 두 번째 프로젝트 망쳤을 때 기억나?

조셉: 그걸 내가 어떻게 잊어? 프로젝트 총책임자가 우리한테 그때 얼마나 가혹하게 했는데.

제리: 나도 무슨 말인지 알아. 그때 그 사람이 우리한테 정말 직설적으로 말했잖아. 내 생각엔 아마 그래서 이번에는 모두가 다 대충 하려고 하지 않았던 것 같아.

조셉: 그때 우리가 잘 못한 건 맞지만, 그래도 그 사람이 했던 말 중 많은 게 앞뒤가 안 맞았던 것도 사실이야.

제리: 뭐 좌우지간, 이제 우리 다른 걱정 없이 크리스마스를 즐길 수 있게 됐어!

조셉: 네가 그 말을 하니까 생각났는데, 나 가 봐야겠어. 가족 크리스마스 파티에 올해는 늦고 싶지 않거든.

제리: 그래. 나도 지금 가야겠어. 휴가 잘 보내!

조셉: 너도!

MP3 **045**

**Joseph:** I'm so relieved we didn't ❶ **drop the ball** on the last project of the year.

**Jerry:** So am I, but then again, it doesn't really surprise me because ❷ **we've got the hang of it** now.

**Joseph:** Yeah, and we really put a lot of effort into this project as well.

**Jerry:** I think so too. Do you remember when our second project failed?

**Joseph:** How can I forget that? Our project manager was so harsh on us at that time.

**Jerry:** I know what you mean. She really ❸ **gave it to us straight** then, and I guess that's why no one wanted to ❹ **play it by ear** this time.

**Joseph:** Although we didn't do a good job at that time, a lot of things she said didn't ❺ **add up** to me as well.

**Jerry:** Well, in any case, now we can enjoy Christmas without worrying about anything!

**Joseph:** Oh, now that you mention it, I should get going. I don't wanna be late to my family Christmas party this year.

**Jerry:** All right. I need to leave now as well. Happy Holidays!

**Joseph:** Same to you!

---

**relieved** 안도하는, 다행인
**then again** 또 한편으로는
**harsh** 가혹한, 냉혹한
**that's why+주어+동사** 그래서 ~이다
**now that you mention it** 말이 나왔으니까 말인데

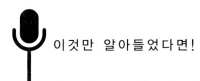

이것만 알아들었다면!

MP3 046

**1**

# To drop the ball:
### To make a mistake and spoil something

Let's not drop the ball on this.
이 일은 실수하지 맙시다.

---

**2**

# To get the hang of it:
### To begin to understand how to do it

Once you get the hang of it, it's very easy.
일단 감을 잡으면, 매우 쉬운 일입니다.

---

**3**

# To give it to someone straight: To speak to someone straightforwardly

How bad is it? Just give it to me straight.
얼마나 나쁜 상태니? 그냥 솔직하게 말해 봐.

---

**4**

# To play it by ear: To decide what to do as the situation develops instead of making plans

We lost the itinerary, so we had to play it by ear.
우리가 일정표를 잃어 버려서, 그냥 사정 봐 가면서 해야 했어요.

---

**5**

# To add up: To make sense/To be logical or believable

She must be lying. What she's saying doesn't add up.
걔가 거짓말하는 게 틀림없어. 걔 하는 말이 앞뒤가 맞지 않아.

Grammar
Point

조셉의 질문 How can I forget that?을 보세요. 의문문의 형태를 띠고 있지만, 조셉은 알렉스에게서 이에 대한 대답을 기대하고 있지는 않습니다. 이런 질문을 영어에서는 수사의문문(rhetorical question)이라고 합니다. 수사의문문은 그 대답이 없는 것을 뻔히 알고서도 하는 질문을 말합니다. 예를 들면 이런 거죠.

Who cares? 누가 그런데 신경을 쓰겠니? 아무도 신경 안 써.
Who knows? 누가 알겠어? 아무도 몰라.

한국어에도 물론 수사의문문이 존재합니다.

철수: 대체 그 자식이 왜 그런 짓을 했을까?
영희: 난들 알아. 그 속을 누가 알겠어?

## CULTURE POINT

12월 25일 크리스마스는 미국에서 가장 큰 명절 중 하나입니다. 게다가 크리스마스가 끝난 지 얼마 되지 않아 있는 1월 1일 설날 또한 큰 명절이지요. 그래서 많은 회사들이 12월 25일 당일 하루만 쉬기보다는 연말에 1주일에서 10일 정도 연달아 문을 닫습니다. 일례로 주립대학의 경우 보통 12월 24일부터 1월 1일까지 학교가 문을 닫기 때문에, 이 기간 동안 수업은 물론이고 교직원들도 출근하지 않습니다. 그래서 미국에서는 12월이 되면, "Happy Holidays!"라고 인사하는 사람들을 많이 볼 수 있어요. 그렇지만 독실한 기독교인 중에는, 12월이면 주고받던 전통적인 인사 "Merry Christmas!" 대신 "Happy Holidays!"라는 표현이 많이 쓰이는 게 못마땅한 사람들도 간혹 있습니다. 제가 가르치는 어떤 학생은 아버지가 교회 목사인데, 12월에 "Happy Holidays!"라고 말하면, 어머니가 "Merry Christmas!"라고 조금 짜증 섞인 억양으로 고쳐준다는 이야기를 하더라고요. 물론, 미국은 다민족, 다문화, 다종교 국가이기 때문에 "Happy Holidays!" 인사가 더 적절하다고(politically correct) 주장하는 사람들이 더 많긴 합니다.

**LESSON 8**

**클레어:** 제이미 예비 신부 파티에 올 거야?

**레슬리:** 가고는 싶은데, 못 가서 제이미한테 선물도 이미 줬어.

**클레어:** 어, 정말?

**레슬리:** 응. 정말 중요한 프로젝트가 있거든. 목요일에 있을 행사 준비를 해야 하는데, 완벽하게 준비하고 싶어서. 이 행사에서는 진짜 실수하고 싶지 않아.

**클레어:** 엄살은! 너 그 분야에서 거의 10년 가까이 일했잖아. 대충 사정 봐 가면서 한다 해도 넌 잘해낼 거야.

**레슬리:** 고마워, 클레어! 그런데 사실 이 행사가 예전에 하던 것들이랑은 아주 많이 다르거든. 그래서 내가 더 열심히 준비해야 할 것 같아. 넌 어때? 새 직장은 잘 다니고 있어?

**클레어:** 음, 여기가 좋기는 한데, 지금도 계속 일 때문에 좀 악전고투 중이야. 아직까지도 감을 확실히 못 잡고 있는 것 같아.

**레슬리:** 일단 감을 잡으면, 잘해낼 거야. 그건 그렇고, 제이미한테는 무슨 선물할 거야?

**클레어:** 아직 결정 못했어. 넌 걔한테 뭘 줬어?

**레슬리:** 새틴 소재 잠옷 세트. 뭐 전형적인 예비 신부 파티 선물이지. 제이미가 정말 좋다고는 하는데, 정말로 그렇게 생각하는지 어쩐지 좀 궁금하긴 해.

**클레어:** 걱정하지 마! 내가 제이미 잘 아는데, 걔는 자기가 싫으면 너한테 솔직하게 말해 주는 사람이야.

Claire: Are you coming to Jamie's bridal shower?

Leslie: I'd love to, but I can't, and I already gave her my gift.

Claire: Oh, really?

Leslie: Yeah…I've got a really important project. I have to be ready for the event on Thursday, and I'd like to be perfectly prepared. I don't really wanna ❶ **drop the ball** on this.

Claire: Come on! You've worked in that field for almost 10 years. Even if you ❷ **play it by ear**, you should be fine.

Leslie: Thanks, Claire! But this event is actually very different from the previous ones, and I feel like I should prepare harder. What about you? How's it going with your new job?

Claire: Well, I like this job, but I'm still kind of struggling with the work. I feel like I ❸ **haven't quite gotten the hang of it** yet.

Leslie: Once you ❸ **get the hang of** it, you'll be fine. Oh, by the way, what are you going to get Jamie?

Claire: I haven't decided yet. What did you get her?

Leslie: A satin PJ set, which is a typical bridal shower gift. She says she really loves it, but I'm kind of wondering if she really means it.

Claire: No worries! I know Jamie, and if she doesn't like it, she would ❹ **give it to you straight**.

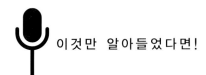

이것만 알아들었다면!

**1**

# To drop the ball:

## To make a mistake and spoil something
**실수로 망치다**

I don't want to drop the ball on this project.
저 이 프로젝트 망치고 싶지 않아요.

**2**

# To play it by ear: To decide what to do as the situation
develops instead of making plans **(계획을 안 세우고) 상황 봐 가면서 하다**

Sometimes playing it by ear gets you a good result.
때로는 계획 없이 상황 봐 가면서 한 일이 좋은 결과를 가져다주기도 하죠.

**3**

# To get the hang of it:

## To begin to understand how to do it **감을 잡다/요령을 익히다**

After a while, you will get the hang of it.
시간이 조금 지나면, 요령을 익히게 될 거예요.

**4**

# To give it to someone straight: To speak to
someone straightforwardly **~에게 직설적으로 말하다**

This is a hard thing to tell parents, but I'll give it to you straight.
이거 부모님에게 말하기 힘든 건데요, 그래도 솔직하게 말씀드릴게요.

**5**

# To add up:

## To make sense/To be logical or believable
**말이 되다/앞뒤가 맞다**

I'm sorry, but your hypothesis doesn't add up.
죄송하지만, 당신이 세운 가설은 앞뒤가 안 맞아요.

Bridal shower(예비 신부 파티)는 곧 결혼할 예비 신부를 위해 친구들이나 친척들이 열어 주는 파티입니다. 파티를 열어 주는 사람이 집을 정성스럽게 꾸며서 열기도 하지만, 그럴 여유가 없는 사람들은 근사한 식당 같은 곳에서 열어 주기도 합니다. 이때도, 대부분의 경우, 밥값은 파티를 주관한 사람이나 예비 신부가 내는 것이 아니라, 손님들이 각자 더치페이 합니다. Bridal shower에 초대받아서 갈 때는 신부를 위한 선물을 사 가야 합니다. 보통 예비 신부가 Bridal shower registry(신부가 받고 싶은 선물 리스트)를 만들어 놓으면, 초대받은 사람들이 그 리스트에 있는 선물을 사 주죠. Bridal shower에서 주로 주는 선물은 잠옷, 속옷, 향수, 타월 세트, 접시 세트, 그릇 세트, 나이프와 포크 등을 포함한 식기류 등으로, 신혼 생활에 필요한 물품입니다.

## CULTURE
POINT 2

클레어가 예비 신부 파티에 가냐고 물어봤을 때, 레슬리가 대답하는 방식을 한번 유심히 보세요. "I'd love to, but I can't." 그냥 못 간다고 하지 않고, I'd love to, but ~(가고는 싶지만)이라는 말을 먼저 합니다. 이것은 미국인들이 제안이나 초대를 받고서 거절할 때 사용하는 전형적인 대화 방식(American Communication Pattern)입니다. 초대에 거절은 하지만, 그래도 최대한 상대방 기분이 상하지 않도록 초대한 사람에게 예의를 갖추면서 말하는 방식이라고 볼 수 있습니다.

Paige: Meghan, do you wanna have lunch with me?
Meghan: I'd love to, but I need to finish this project before 1 today.
페이지: 메건 씨, 저랑 점심 같이 할래요?
메건: 그러고 싶지만, 이 프로젝트를 오늘 1시 이전에 끝내야 해서요.

## LESSON 9

영어로 말하고 싶은, 또는 못 알아들을 것 같은 예문에 체크해 보세요.

수잔: 안녕, 헬렌! 어떻게 지내? 직장 생활은 어때?

헬렌: 안녕, 수잔! 글쎄, 썩 좋지는 않아.

수잔: 어머, 무슨 일 있니? 난 경기가 좋아서 너네 회사가 잘 나가고 있는 줄 알았지.

헬렌: 그랬는데, 최근의 정치적 변화 때문에 우리 판매가 큰 타격을 입었거든.

수잔: 어머, 어쩌니! 너한테 피해는 없으면 좋겠는데.

헬렌: 나야 지금까지는 괜찮은데, 다른 사람들은 안 그래. 지난주에 10명이 정리해고 당했거든.

수잔: 무시무시하다.

헬렌: 맞아. 직장을 잃은 사람들에겐 정말 끔찍한 일이고, 우리 나머지 사람들에게도 좋지 않지. 지금 직장 내 사기도 많이 떨어졌어. 게다가, 그 직원들이 나가고 없으니, 우리가 할 일도 더 많아졌어. 우리 너무 힘들어.

**Susan:** Hi, Helen! How are you? How are things at work?

**Helen:** Hi, Susan! Well, not exactly great.

**Susan:** Oh? What's going on? I thought business was great, and you guys ❶ **were on a roll**.

**Helen:** We were, but because of recent political changes, our sales ❷ **have taken a big hit**.

**Susan:** Oh no! I hope everything's okay for you.

**Helen:** For my job, ❸ **so far so good**, but not for others. Ten people ❹ **got laid off** last week.

**Susan:** That's awful!

**Helen:** I know. Obviously, it's terrible for the people who lost their jobs, and it's bad for the rest of us, too. Morale at work is low right now and without these employees, there's a lot of extra work. ❺ **We're really feeling the pinch**.

---

**not exactly** 꼭 그런 건 아니고, 전혀 ~ 아닌
**morale** 사기, 의욕

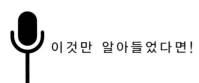 이것만 알아들었다면!

MP3 050

## 1 To be on a roll

Once I started my math homework, I was able to do problem after problem; I was really on a roll.

일단 수학 숙제를 시작하고 나자 난 계속 문제를 잘 풀어 갈 수 있었어. 정말로 잘해 나가고 있었다고.

승승장구하다/
잘 나가다

## 2 To take a hit

Because of the trade wars between the two countries, the car makers will take a hit to their profits.

두 나라 간 무역 전쟁 때문에, 자동차 생산업체들이 수익에 타격을 입을 것이다.

(외부 힘이나 상황으로)
타격을 입다

## 3 So far so good

We just moved to a new city. We bought a house, our furniture has arrived, the electricity is on, and the wifi is working. So far so good!

우리 이제 막 새로운 도시로 이사했어. 집을 샀고, 가구가 도착했고, 전기도 들어왔고, 와이파이도 돼. 지금까지는 다 순조로워!

지금까지는 좋아!

## 4 To be/get laid off

When the economy was weak, my company could not afford to keep all of the employees. Three people were laid off.

경제가 안 좋을 때 우리 회사가 모든 직원을 다 데리고 있을 여력이 안 됐거든. 3명이 정리해고 당했지.

정리해고 당하다

## 5 To feel the pinch:

We have two kids in college, and we just had to buy a new car. There's not a lot of extra money for things, so we're feeling the pinch.

우리는 대학에 다니는 아이가 둘 있고, 또 막 새 차를 구입해야 했거든. 경제적으로 여유가 없어서 쪼들리는 편이야.

쪼들리다/어려움을 겪다

일상 회화에서 현재완료 시제와 단순과거 시제의 쓰임에 대해 알아두세요. 헬렌이 "Our sales <u>have taken</u> a big hit."이라고 하면서 현재완료 시제를 썼습니다. 이렇게 과거에 일어난 일이라도 현재 벌어지는 상황과 아주 밀접한 관련이 있는 경우에는 현재완료 시제를 사용합니다. 그래서 일상생활 회화에서 현재완료 시제는 가까운 과거에 일어난 사건을 나타낼 때 자주 쓰입니다. 그렇지만, 문맥과 상황에 따라 현재완료 시제 대신 단순과거 시제를 쓰는 게 가능할 때도 있습니다. 앞의 문장을 단순과거 시제를 사용해 "…because of recent political changes, our sales <u>took</u> a big hit."이라고 하는 것도 가능하긴 합니다. 하지만, recent라는 단어가 이 사건이 현재와 깊은 관련이 있음을 명확하게 보여주기 때문에 대부분의 미국인들은 이 경우 현재완료 시제를 더 많이 사용합니다.

## Vocabulary Point

헬렌이 "Morale at work is low right now."라고 말했는데요, 전체적으로 직원들의 일에 대한 열정 또는 의욕이 크지 않은 분위기라는 뜻입니다. 여기서 morale은 일터에서의 사기와 일에 대한 의욕을 뜻합니다. 회사나 조직은 직원들이 의욕이 넘치기를 원하는데, 이건 영어로 to have high morale이라고 표현합니다. 다시 말해, To have high morale이란 직원들이 의욕도 있으면서 자신감 있게 일하는 상태를 나타내는 말입니다. 직장에서의 사기(morale)는 사업체를 이끌어 가는 대부분의 사람들에게 매우 중요한 사안이죠. 그래서 morale은 사업이나 경영에 관한 문제를 다루는 잡지에 자주 등장하는 단어이기도 합니다.

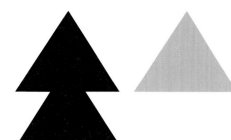

**LESSON 9**

프랭크: 스텔라, 나 네가 올해 학교에서 좀 힘들었다는 얘기 들었어. 괜찮아?

스텔라: 물어봐 줘서 고마워, 프랭크. 맞아. 우리 아빠가 다니던 회사에서 규모를 줄이면서 아빠가 넉 달 전에 정리해고를 당하셨어. 갑자기 내 대학 등록금 낼 돈이 없게 된 거야.

프랭크: 저런! 진짜 힘들었겠다.

스텔라: 응, 힘들었어. 나 너무 충격 받았고, 게다가 돈도 정말 쪼들렸어. 아르바이트를 하나 했는데, 간신히 학교 등록금 낼 정도 밖에 되지 않았어. 등록금 제때 내려고 하다가 내 통장이 큰 타격을 받았지.

프랭크: 그랬겠네. 이젠 좀 상황이 괜찮아졌니?

스텔라: 응, 사실 괜찮아졌어. 뭐, 지금까지는 괜찮다고 말해야겠지. 우리 아빠가 월급 많이 받는 새 직장을 얻으셨으니까.

프랭크: 와, 정말 잘됐다!

스텔라: 게다가 나도 장학금을 받게 되었는데, 그게 내년 등록금이 모두 면제되는 거야. 더군다나 지난달에는 내 월급도 올랐어.

프랭크: 진짜 잘됐다! 너 잘 나가고 있는 것 같은데!

**Frank:** Stella, I heard you were having a hard time this year at school. Is everything okay?

**Stella:** Thanks for asking, Frank. Yeah, my dad's company downsized, and he ❶ **got laid off** from his job four months ago, and suddenly there was no money to pay for my college tuition.

**Frank:** Oh no! That must have been really stressful.

**Stella:** Yeah, it was. I was freaking out, and ❷ **I was really feeling the pinch**. I had a part time job, but that was just barely enough money to pay for school. My savings account ❸ **took a big hit** trying to make the tuition payment on time.

**Frank:** I can imagine. Are things any better?

**Stella:** Yes, actually, I have to say ❹ **so far so good**. My dad has a new job with a good salary now.

**Frank:** Oh great!

**Stella:** And I was able to get a scholarship to cover all of my tuition for next year, plus, I got a raise at work last month.

**Frank:** Awesome! Sounds like ❺ **you're on a roll**!

---

**downsize** 줄이다, 축소하다
**college tuition** 대학 등록금
**freak out** 기겁하다, 놀라다
**barely** 간신히, 가까스로
**get a raise** 월급이 인상하다

113

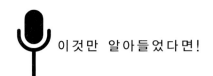

이것만 알아들었다면!

MP3 052

### 1

## To be/get laid off:
### To lose one's job due to organization restructuring

At my company, two of the larger departments were combined. Because we had redundancies in certain positions, several people had to be laid off.

우리 회사에서 두 개 큰 부서가 합병됐어. 어떤 직책은 겹치는 부분이 있어서, 몇 사람은 정리해고 돼야 했고.

### 2

## To feel the pinch: To feel discomfort or stress in a situation because of restrictions

I usually work with three other people, but one of them is out on maternity leave, another one is home on sick leave, and the third one is on vacation. I've got a lot of work now, and I'm really feeling the pinch!

난 보통 때 세 사람과 함께 일을 하는데, 그중 한 사람이 출산 휴가로 자리를 비웠고, 또 다른 한 사람은 병가를 내고 집에 있고, 나머지 한 사람은 휴가 중이야. 지금 할 일이 너무나 많아서, 나 정말 힘들어 죽겠어.

### 3

## To take a hit:
### To suffer a loss, usually due to an outside force or situation

Our language school used to have a lot of students from the Middle East, but because of visa restrictions our enrolments have really taken a hit.

우리 어학원에 중동 출신 학생들이 많았었는데, 비자 제한 때문에 우리 등록자 수에 정말로 큰 타격을 입었어.

### 4

## So far so good: Everything has been good up to now.

Jan: How's your summer vacation going?

Steve: So far so good. We just got back from the beach, and now we plan to stay home and get some gardening projects done.

잰: 여름휴가는 어떻게 보내고 있니?

스티브: 지금까지는 좋아. 우리가 막 해변에서 돌아왔는데, 이제는 집에 있으면서 정원 가꾸는 일을 할 생각이야.

### 5

## To be on a roll: To have momentum with a project or a process and to make progress with it

We saw this comedian the other night. The guy was so funny; everything he said had us laughing so hard; he was really on a roll.

우리가 이 코미디언을 요전 날 밤에 봤어. 그 사람 정말 웃겨. 그 사람이 말만 하면 우리 다 박장대소했거든. 그 코미디언 정말 잘했어.

대화에서 to lay off 표현이 여러 가지 다른 형태로 쓰이는 걸 볼 수 있습니다. 회사가 직원들을 정리해고할 수도 있고(lay off), 직원이 정리해고를 당할 수도 있습니다(get laid off/be laid off). 이 표현은 또 다음과 같이 명사로도 쓰이죠.

The company announced 25 layoffs today.
그 회사는 오늘 25명을 정리해고할 것이라고 발표했습니다.

Lay off 표현이 나올 때 함께 등장하는 단어가 바로 downsize와 redundant/redundancy입니다. To downsize는 동사로 회사나 조직이 비용 절감을 위해 인원을 줄인다는 말입니다. 그러니, 회사가 downsize할 때면, 보통 직원들이 layoff를 당하게 됩니다. 때때로 두 회사가 하나로 합병될 경우에, 같은 직책을 맡은 책임자가 둘이 되는 상황이 발생하기도 합니다. 이런 경우를 미국인들은 "There is a redundancy."라고 표현합니다. 이때, 두 사람 중 한 사람은 정리해고(layoff)를 당하게 되지요. 참고로, redundancy는 '불필요한 중복'이라는 뜻을 가지고 있습니다.

## **CULTURE** POINT

출산 휴가(Maternity leave)는 말 그대로 출산한 산모가 직장에서 받는 휴가를 말합니다. 불행히도 미국은 유급 출산 휴가가 법으로 정해져 있지 않은 나라 중 하나입니다. 1993년에 재정된 FMLA (The Family and Medical Leave Act: 가족의료휴가법)에 따르면, 50인 이상 직원을 가진 회사의 경우, 출산을 하거나 입양을 한 여자 직원들에게 최소 12주의 무급 출산 휴가를 줘야 합니다. 하지만 실제로 2019년 현재 미국의 많은 여성들은 무급으로 오랜 기간 휴가를 즐길 형편이 안 됩니다. 참고로, 어떤 회사는 남성, 즉 아이 아버지에게 육아 휴가를 주기도 하는데, 이를 paternity leave라고 합니다.

**LESSON 9**

토니: 저기, 마이크 씨, 거실 페인트칠 작업은 어떻게 잘 돼 가고 있습니까?

마이크: 지금까지는 잘 돼 가고 있습니다, 토니 씨. 벽 두 개에 페인트칠을 한 번 더 입혀야 하기는 하지만, 잘해 나가고 있습니다.

토니: 정말 잘됐네요! 제 페인트칠 사업에 마이크 씨를 고용하게 되어서 얼마나 기쁜지 몰라요. 지금 작업이 훨씬 더 빨라지고 있거든요.

마이크: 도움이 되어서 저도 기쁩니다. 직장을 가지게 된 것도 기쁘고요. 다른 페인트 회사에서 지난달 정리해고 됐을 때, 빨리 다른 직장을 구하게 될지 정말 걱정했거든요.

토니: 제가 이런 질문해도 괜찮으시다면, 그 회사가 왜 사람들을 정리해고해야 했죠?

마이크: 뭐, 이건 저희끼리 하는 얘기지만, 부실 경영 때문이었어요. 회사 대표가 무슨 국제적인 페인트 분쟁 위기로 인해서 페인트 산업이 큰 타격을 받았다고 우리 모두한테 말했는데, 그게 새빨간 거짓말이었어요. 그 사람은 그냥 사업체를 어떻게 운영하는지를 몰랐던 거예요. 계속 사람들을 정리해고해야 했거든요. 그 사람이 절 정리해고하기 전에는 우리 5명밖에 남지 않았는데, 우리 정말 힘들었어요.

토니: 참나! 국제 페인트 분쟁 위기라니, 아주 소설을 썼네요! 뭐, 저야 마이크 씨가 이제 우리 팀에 있어서 기쁩니다만.

**Tony:** Hey Mike, how are you coming along with painting the living room?

**Mike:** ❶ **So far so good**, Tony. I still have to do another coat of paint on two walls, but ❷ **I'm pretty much on a roll**.

**Tony:** That's great to hear! I'm so glad that I was able to hire you to help me with my painting business. The work is going a lot faster now.

**Mike:** I'm glad to help and to have a job! When I ❸ **got laid off** by the other paint company last month, I was really worried about finding another job quickly.

**Tony:** If you don't mind me asking, why did they have to ❸ **lay off** people?

**Mike:** Well, just between you and me, it was bad management. The owner was telling everyone that the paint industry ❹ **had taken a hit** in some sort of international paint crisis, but that was a bunch of bull. The guy just didn't know how to manage a business. He had to keep laying people off. Before he ❸ **laid me off**, there were only five of us left, and ❺ **we were really feeling the pinch**.

**Tony:** Ha! International paint crisis, what a story! Well, I'm glad you're on my team now!

---

**come along** (원하는 대로) 되어 가다
**If you don't mind** (남에게 정중하게 요청할 때) 괜찮으시다면
**between you and me** 우리끼리 얘기지만요
**a bunch of bull** 새빨간 거짓말

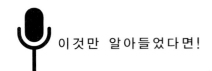 이 것 만 알 아 들 었 다 면!

MP3 054

## 1 So far so good:

### Everything has been good up to now. 지금까지는 좋아!

I'm doing well in school this year. I'm getting all my homework done on time, I've gotten good scores on my tests, and I'm halfway done with a project that's due soon. So far so good.

저 금년에는 학교에서 잘하고 있어요. 숙제도 모두 제때 끝내고, 시험에서도 좋은 점수 받고 있고, 곧 내야 하는 프로젝트도 반 정도 끝났어요. 지금까지는 잘하고 있어요.

## 2 To be on a roll: To have momentum with a project or a process and to make progress with it 승승장구하다/잘 나가다

Cool beans! Our soccer team won again, and now we're going to the semi-finals. We are on a roll!

잘됐어! 우리 축구팀이 또 이겼으니까, 이제 우리 준결승전으로 가는 거야. 우리 승승장구하고 있어!

## 3 To be/get laid off: To lose one's job due to organization restructuring 정리해고 당하다

My friend's company merged with another company, and she's afraid that they might lay off some of the employees.

내 친구네 회사가 다른 회사와 합병했는데, 친구는 회사 측이 직원 몇 명을 정리해고할까 봐 두려워하고 있어.

## 4 To take a hit: To suffer a loss, usually due to an outside force or situation 타격을 입다

When the tech bubble burst, tech stocks took a huge hit and lost a lot of their value.

정보기술산업의 거품이 터졌을 때, 기술 관련 주식이 큰 타격을 받아서 주가가 많이 떨어졌지.

## 5 To feel the pinch: To feel discomfort or stress in a situation because of restrictions 쪼들리다/어려움을 겪다

My dad lost his job, and we're living on my mom's salary, so we're now feeling the pinch.

아빠가 직장을 잃어서, 우리가 지금 엄마 월급으로만 살고 있어. 그래서 우리가 지금 좀 쪼들려.

2008년에 미국 부동산 시장이 붕괴되었는데, 전문가들은 그 이유를 부동산과 집값 거품이 터진 것이라고 보았습니다. 경제 전문가들은 '거품'(bubbles)이라는 단어를 매우 구체적으로 정의하는데, 간단히 말하면 '거품'이란 어떤 부류의 재화(이를 테면, 부동산이나 첨단 기술 등)의 가격이 갑자기 지나치게 올랐지만, 다른 경제 지표(예를 들어, 사람들의 월급 등)가 그것을 뒷받침하지 못할 때 오는 위기를 말합니다. 현재, 미국에서는 많은 사람들이 '학자금 대출 거품'(student loan bubble)에 대해 이야기 하지만, 많은 전문가들은 이걸 심각한 상황이라고는 생각하지 않습니다. 미국 대학은 등록금이 너무 비싸서, 많은 대학생들이 수업료를 내기 위해 학자금 대출을 받아야 합니다. 어떤 미국인들은 수천 달러의 빚을 진 채 졸업해서 수년 간 대출금을 갚느라 고생하지요. 이 거품이 터질지 어떨지는 아무도 모르지만, 적어도 경제학 용어로서의 bubble(거품)이 무엇인지는 이해하셨죠?

## **CULTURE** POINT

어떤 사람이 무언가를 묘사하면서 a bunch of bull이라고 말하면, 그것은 그 내용이 완전히 새빨간 거짓이라는 뜻입니다. 이 표현에서 bull은 bullshit의 줄임말인데, 그래서 어떤 이들은 "That's a bunch of bullshit." 또는 "That's a load of bullshit."이라고도 하지요. 더 짧게는, "That's bullshit."이 있습니다. 하지만, 이 shit이라는 단어는 미국 문화권에서는 금기어(taboo word)입니다. 물론, 그럼에도 불구하고 많은 미국인들이 이 단어를 사용하긴 합니다. 그렇지만, 이 단어를 어디서고 아무 때고 사용할 수 있는 건 절대 아닙니다. 많은 사람들에게 굉장히 불쾌감을 주는 단어이기 때문에, 격식을 갖춰야 하거나, 예의를 갖춰야 하는 자리에서는 들을 수 없는 말입니다. 대화 속 마이크가 "That's a bunch of bull." 이라고 한 것은, 직장 상사와의 대화이긴 하지만, 다소 사적인 내용의 이야기를 하는 상황이라서 조금 격식을 덜 갖추고 편안한 스타일로 말한 것으로 보시면 됩니다.

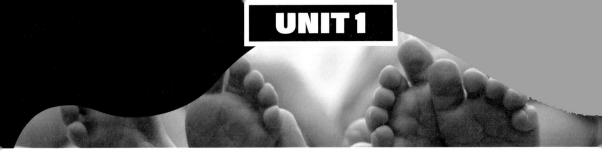

영어로 말하고 싶은, 또는 못 알아들을 것 같은 예문에 체크해 보세요.

교사 1: 선생님 수업에 케이트랑 사만다 있죠?

교사 2: 그 쌍둥이들 말하는 거예요?

교사 1: 맞아요.

교사 2: 네, 둘 다 제 상급반 과학 수업을 들어요. 그런데 가끔은 누가 누구인지 구분을 못하겠어요. 제 눈에는 그 둘이 너무 똑같아서요.

교사 1: 맞아요! 그런데 이미 알겠지만, 그 아이들 성격은 둘이 서로 아주 달라요. 케이트는 친구도 쉽게 사귀고 사교성이 뛰어난 아이예요. 내가 알기로는 그 애가 반 친구들 사이에서 "해결사"로 알려져 있대요. 아마 그 아이가 다양한 그룹 친구들과 많이 어울려서 그런 것 같아요.

교사 2: 그렇게 말하니까, 케이트가 매우 사교적이고 외향적인 것 같네요. 그런데 전 사만다를 어떻게 받아들여야 할지 정말 모르겠어요. 그 애는 자기 감정을 절대로 드러내지를 않아서 생각을 읽기가 참 힘들어요. 내 수업에 불만이 있거나 한 것 같기도 하고.

교사 1: 무슨 말인지는 아는데, 진짜 그런 건 아닐 거예요. 그 애가 그냥 너무 수줍음이 많고 지나치게 말이 없을 뿐인 거죠. 제 생각에는 아마도 그래서 그 애가 항상 책 읽는 것에만 푹 빠져 있는 것 같아요.

교사 2: 오, 그래요? 이제 좀 안심이 되네요. 항상 내가 그 애한테는 좋은 선생님이 아닌 것처럼 느껴졌거든요.

교사 1: 상황을 이해할 수 있게 도움을 줘서 기쁘네요. 그나저나 제가 얼마나 점수 좀 딴 거죠?

교사 2: 점수 엄청 땄어요!

# English CONVERSATION

MP3 055

**Teacher 1:** Do you have Kate and Samantha in your class?

**Teacher 2:** Are you talking about the twins?

**Teacher 1:** Yup!

**Teacher 2:** Yes, both of them are in my advanced science class, and sometimes, I can't tell one from the other. To me, they are like ❶ **two peas in a pod**.

**Teacher 1:** Tell me about it! But, as you might already know, their characters are very different from each other's. Kate easily makes friends and is a real social butterfly. I understand she's known as "the ❷ **fixer**" to her classmates, and I guess that's because she has so many friends in all different groups.

**Teacher 2:** Oh, now that you mention it, Kate seems pretty sociable and outgoing, but I really don't know ❸ **what to make of** Samantha. She never expresses her feelings, and she's very hard to read. It seems like she's dissatisfied with my class or something.

**Teacher 1:** I know what you mean, but I don't really think that's the case. She's just very shy and extremely reticent. I guess that's probably why ❹ **she's hung up on** reading books all the time.

**Teacher 2:** Oh, really? I'm kind of relieved now. I always felt like I was not a good teacher for her.

**Teacher 1:** I'm happy I could make things clear for you. By the way, how many ❺ **cool points** do I get for this one?

**Teacher 2:** You've gained ❺ **mega cool points**.

---

**Tell me about it!** (동의하며) 내 말이!
**social butterfly** 사교성이 뛰어난 사람
**reticent** 말을 잘 안 하는, 과묵한

121

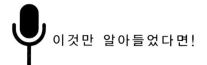

이것만 알아들었다면!

## 1 Like two peas in a pod

Both of his children are pretty reserved. They are like two peas in a pod.

그 사람네 아이 둘 다 매우 내성적이야. 둘이 아주 꼭 닮았어.

외모나 성격 등이 아주 닮은

## 2 Fixer

Jen was the real fixer behind the scene.

젠이야말로 배후에 있는 진정한 해결사였지.

해결사

## 3 To make of ~

What do you make of me?

나에 대해서 어떻게 생각하니?

~라고 생각하다/~을 이해하다

## 4 To be hung up on something/someone

It looks like you're hung up on the details. Try to see the big picture.

네가 세부 사항에 너무 집착하는 것처럼 보여.
좀 더 큰 그림을 보도록 해 봐.

~에 빠져 있다/집착하다

## 5 Cool points

If you wanna lose mega cool points with your boss, do that!

네 상사에게 점수를 왕창 잃고 싶다면, 그렇게 해!

점수

여기서 점수란 그 사람이 얼마나 멋진 사람인가에 대한 평가를 말한다. 그러니, 좋은 행동을 하면 gain cool points(점수를 따다)가 되고, 좋지 않은 행동을 하면 lose cool points(점수를 잃다)가 된다.

교사 1의 세 번째 대사에서 But으로 시작하는 문장이 있습니다. 여기서는 격식을 갖추지 않은 구어체 대화라서 이것이 가능하지만, 작문할 때에는 But 같은 등위접속사 (coordinating conjunction)로 문장을 시작하면 안 됩니다. 왜냐하면 등위 접속사는 두 단어나 구, 또는 절 사이에 위치하면서 그것들을 연결하는 품사이기 때문입니다. 그러니, 에세이나 리포트를 쓸 때는 등위접속사로 문장을 시작하지 마세요. 물론 이런 구어체에서는 괜찮지만요.

Min-young is from Korea, but Holly is from America. (O)
Min-young is from Korea. But Holly is from America. (X)
민영이는 한국 출신이지만, 홀리는 미국 출신이야.

참고로, 영어에는 for, and, nor, but, or, yet, so, 이렇게 7개의 등위접속사가 있습니다. 머리글자를 따서 FANBOYS라고 기억하면 쉽겠죠?

## Vocabulary Point

교사 2의 두 번째 문장 "I can't tell one from the other." 는 누가 누구인지 알 수가 없다는 말로, 여기서 tell은 '말하다'의 뜻보다는 '알다, 구분하다'의 의미로 쓰였다고 보셔야 합니다. 이는 to tell이라는 단어가 '말하다'로 해석되는 다른 동사들 (예: say, speak, talk)과 구별되는 점이 '어떤 정보를 주다'라는 의미를 가지고 있기 때문이기도 합니다.

Could you tell me your e-mail address?
이메일 주소 좀 알려주시겠어요?

Tell me your name.
성함 말씀해 주세요.

로라: 너 로스 어떻게 생각해?

미란다: 로스? 글쎄, 잘 모르겠는데.

로라: 그게 무슨 뜻이야? 로스가 좋은 사람이라고 생각하지 않아?

미란다: 음…(머뭇거리며) 아마 그럴지도?

로라: 야, 미란다! 나한테 솔직하게 말해 줘.

미란다: 알았어. 로스가 괜찮은 사람이라고 생각했었는데, 걔가 너무나 갑작스럽게 멜라니랑 헤어졌잖아. 멜라니는 여전히 로스가 왜 자기를 떠났는지도 모르고, 안타깝게도, 멜라니가 아직도 로스한테서 못 헤어나는 것 같아. 어쨌든, 멜라니한테 한 짓 때문에 로스는 나한테서 점수 왕창 잃었어.

로라: 어머나, 세상에! 그게 언제 일어난 일이니?

미란다: 한 일주일 됐어.

로라: 난 그 두 사람이 참 비슷하다고 생각했거든. 너도 알지만, 둘 다 클래식 음악을 전공했고, 둘이 같은 교회에 다니잖아. 둘 다 여행하는 걸 무척 좋아한다는 이야기도 들었어.

미란다: 나도 그렇게 생각했지. 그건 그렇고, 로스에 대해서는 왜 물어봤어?

로라: 우리 팀이 지난번 프로젝트를 망쳐서 지금 우리가 정말 힘든 상황이야. 우리 사장은 우리한테 화가 나 있고. 그래서 혹시 로스가 우리에게 해결사가 되어 줄 수 있을까 해서. 너도 이미 알고 있겠지만, 우리 사장이 로스 사촌이 잖니.

미란다: 로스가 자기 사촌들하고 그렇게 친한 것 같지는 않지만, 그래도 물어는 보는 게 어때? 한번 해 볼 만할 것 같은데.

Laura: What do you ❶ **make of** Ross?

Miranda: Ross? Well, I don't know.

Laura: What do you mean by that? You don't think he's a good guy?

Miranda: Yeah…(hesitantly) maybe he is?

Laura: Come on, Miranda! Give it to me straight, please.

Miranda: Okay. I used to think Ross was a great guy, but he broke up with Melanie totally out of the blue. Melanie still doesn't know why Ross left her. Unfortunately, I think ❷ **she's still hung up on** him. In any case, because of what he did to Melanie, he lost a lot of ❸ **cool points** with me.

Laura: Oh, my god! When did that happen?

Miranda: About a week ago.

Laura: I thought they were ❹ **like two peas in a pod**. You know, both of them majored in classical music, and they go to the same church. I also heard they both love traveling a lot.

Miranda: So did I. By the way, why did you ask me about him?

Laura: Oh, our team dropped the ball on our last project, and we're in a very difficult situation now. Our CEO is upset with us, and I was wondering if Ross could be the ❺ **fixer** for us. As you might already know, our CEO is his cousin.

Miranda: I don't think he is that close to his cousins, but why don't you ask him? I guess it's worth a try.

---

**Give it to me straight.** 솔직하게 말해 줘.
**break up with** ~와 헤어지다
**out of the blue** 갑작스럽게
**major in** ~을 전공하다

125

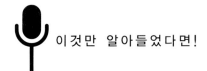 

MP3 **058**

**1**

## To make of ~: To understand someone/To understand the meaning of something

What do you make of this whole situation?
이 전체 상황에 대해 어떻게 생각해요?

---

**2**

## To be hung up on something/someone: To be extremely interested in something/someone

I'm really hung up on Oliver. He's my ideal type.
나 정말 올리버에게 푹 빠졌어. 걔가 내 이상형이야.

---

**3**

## Cool points:
### The point system that describes how cool a person is

I don't know how to get cool points from my kids.
난 우리 아이들한테 어떻게 점수를 따야 할지를 모르겠어.

---

**4**

## Like two peas in a pod:
### Very similar in appearance or character

The twins are like two peas in a pod.
그 쌍둥이는 정말 똑 닮았어.

---

**5**

## Fixer:
### A person who is good at solving problems for others

I think we need to find a professional fixer.
내 생각에 우리가 전문적인 해결사를 찾아야 할 것 같아.

Like two peas in a pod는 얼굴이나 외모가 닮은 경우 외에 성격이나 취향이 닮았다는 의미로도 쓸 수 있습니다.

Mr. Hong's sons are different in appearance, but they are very similar in character. Both of them are extremely reserved. They're like <u>two peas in a pod</u>.

홍 선생님 아들들이 외모는 다르지만 성격은 둘이 아주 비슷해. 둘 다 극도로 내성적이거든. 둘이 아주 비슷해.

그래서 대화에서 로라가 로스와 멜라니 커플을 이야기할 때, "I thought they were like <u>two peas in a pod</u>."라고 한 건, 이 두 사람이 외모가 닮았다는 의미가 아니라, 두 사람의 취향이나 성향이 비슷하다는 뜻인 거죠.

## CULTURE POINT

사람 사는 곳은 어디든 다 같은지라 미국에도 다른 사람 험담을 하는 사람들이 있습니다. 하지만 미국 사회는 전체적으로 다른 사람에 대해 뒷담화하는 것을 매우 부정적으로 받아들이는 분위기입니다. 이건 특히 직장 내에서는 금기 사항입니다. 물론 아주 친한 친구 사이에는 그 어떤 얘기라도 솔직하게 털어놓을 수 있겠지요. 하지만 아무리 친한 친구와 이야기할 때에도 다른 사람의 험담을 하는 경우, 특히 그것이 그 사람의 사생활과 관련된 부분이라면, 대부분의 미국인들은 매우 조심스럽게 말을 꺼내는 편입니다. 그래서 미란다도 로스에 대한 험담을 시작할 때 처음에 조금 꺼려한 것입니다.

LESSON 10

마이크: 짐! 우리 새로 온 직원 브래드 씨가 자네 회사에서 일했었다고 얘기하더라고.

짐: 브래드 존슨 씨 말이야?

마이크: 맞아. 그리고 내 직장 동료들이 나랑 그 사람이랑 많이 닮았다고 하네.

짐: 그 말 듣고 보니까, 두 사람이 서로 닮은 것 같기도 해.

마이크: 나는 정말 그건 모르겠는데, 많은 사람들이 그렇다고 말을 하니까. 그건 그렇고, 자넨 그 사람 어떻게 생각해?

짐: 괜찮은 사람이야. 그 사람이랑 함께 일하는 거 나는 아주 괜찮았어. 사실, 브래드 씨가 우리 회사에서 "해결사"로 알려져 있었거든.

마이크: 그렇다면, 그 사람이 거기 왜 그만뒀는지 알아?

짐: 그 사람이 우리 직원인 리사랑 데이트를 했는데, 리사가 양다리를 걸쳤다는 사실을 알게 됐거든. 그래서 그 사람이 리사랑 헤어지고 회사를 떠난 거야.

마이크: 상처가 아주 컸었겠네.

짐: 당연히 그렇지. 그 사람이 그 여자 정말로 사랑했던 것 같은데. 그 사람이 이제는 더 이상 그녀에게 빠져 있지 않기를 바라지. 물론, 리사는 우리 모두에게 점수를 왕창 잃었고.

**Mike:** Jim! Our new staff, Brad says he used to work for your company.

**Jim:** Brad Johnson?

**Mike:** Yup…and my coworkers say he and I are ❶ **like two peas in a pod**.

**Jim:** Now that you mention it, you guys look like each other.

**Mike:** I really don't know about that, but a lot of people say that. By the way, what do you ❷ **make of** him?

**Jim:** He's a cool guy, and I really enjoyed working with him. Oh, actually, Brad was known as "The ❸ **Fixer**" in my company.

**Mike:** Then, do you know why he quit his job there?

**Jim:** He went out with Lisa, who is our staff member, and found out she was two-timing him…so he ended the relationship and left the company.

**Mike:** He must have been hurt badly.

**Jim:** Oh, yeah…I believe he really loved her. I hope he ❹ **is not hung up on** her any more…and of course, Lisa lost lots of ❺ **cool points** with all of us.

---

**used to+동사원형** (과거에는 그랬지만 현재는 아닌 상황) ~였다
**go out with** ~와 사귀다, 데이트하다
**two-time** 바람을 피우다, (남녀관계에서) 양다리를 걸치다

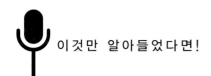 이것만 알아들었다면!

MP3 060

**1** **Like two peas in a pod:** Very similar in appearance
or character 외모나 성격 등이 아주 닮은

I don't know which one is yours. These two
purses look alike as two peas in a pod.
난 어느 게 네 것인지 모르겠어. 이 핸드백 두 개가
아주 비슷해 보여.

**2** **To make of ~:** To understand someone/To understand
the meaning of something ~라고 생각하다/~을 이해하다

I can't make anything of what he's saying.
나 지금 그가 하는 말 하나도 못 알아듣겠어.

**3** **Fixer:**
A person who is good at solving problems for others 해결사

I've heard Jude is a political fixer for my boss.
나는 주드 씨가 내 상사의 정치적 해결사라는 말을 들었어.

**4** **To be hung up on something/someone:**
To be extremely interested in something/someone
~에 빠져 있다/집착하다

I don't know why Rebecca is hung up on her looks.
나는 레베카가 왜 그렇게 외모에 집착하는지 모르겠어.

**5** **Cool points:**
The point system that describes how cool a person is 점수

Emily seems to know how to gain cool points in a meeting.
에밀리는 회의 중에 어떻게 해야 (사람들에게) 점수를 따는지
아는 것 같아.

be hung up on someone과 hung up on someone의 차이에 대해서 알아볼까요? To be hung up on someone은 '~에게 빠지다, 집착하다'의 뜻인 이디엄이지만, 여기서 be동사를 빼 버리면 완전히 다른 의미가 되어 버립니다. 즉, hung up on someone은 '(~와 전화로 이야기하다가) 갑자기 전화를 끊어 버렸다'라는 뜻입니다. 이때의 hung은 hang의 과거형인 셈이지요. 따라서 "John is hung up on me."는 '존이 나한테 푹 빠져 있어.'라는 말이지만, "John hung up on me."는 '존이 이야기하던 중에 갑자기 전화를 끊어 버렸어.'라는 말이죠. 그러니 여기서 실수로 is를 빼고 말하면 사랑에 빠진 한 남자를 완전히 예의 없는 사람으로 만들어 버릴 수도 있답니다.

## **CULTURE** POINT

한국과 마찬가지로 미국에서도 애인이나 배우자를 두고 다른 사람과 사귀는 건 비난 받는 행동입니다. 미국의 인기 리얼리티쇼 〈Cheaters(바람 피우는 사람들)〉는 배우자 몰래 바람 피우는 이들을 공개적으로 단죄하는 프로그램인데요, 2000년에 첫 방영된 후 지금까지 15시즌을 이어 오면서 인기를 끌고 있습니다. 아니, 개인주의적이며 개개인의 프라이버시를 중요시하는 미국인들에게 이런 프로그램이 인기가 있다니 정말 의외지요? 이는 그런 미국인들조차도 외도하는 사람에 대해서만큼은 대체적으로 보수적인 시선으로 바라보는 경향이 강하다는 사실을 잘 보여줍니다.

## LESSON 11

영어로 말하고 싶은, 또는 못 알아들을 것 같은 예문에 체크해 보세요.

(결혼식 피로연에서)

캐머런: 샤론, 반갑다. 정말 오랜만이야. 근사해 보이는데. 드레스도 예쁘고.

샤론: 안녕, 캐머런! 나도 반가워. 너도 완전 멋져 보여. 그런데 넌 신부 측이니, 신랑 측이니?

캐머런: 나하고 신랑이 사촌 간이야.

샤론: 잘됐네! 난 신부랑 학교 같이 다녔는데, 이 결혼식은 어떤 일이 있더라도 꼭 참석했을 거야.

캐머런: 나도 그래. 사촌 형이 결혼하게 돼서 정말 기뻐. 난 형이랑 형수가 정말 서로의 가장 좋은 점을 끌어내 준다고 생각하거든.

샤론: 나도 그렇게 생각해. 두 사람 정말 잘 살 거야. 둘은 하늘이 맺어 준 인연인 것 같아.

(At a wedding reception)

Cameron: Sharon, good to see you! **❶ It's been ages**! You look great; that's a lovely dress.

Sharon: Hi, Cameron! Great to see you, too—**❷ you're looking pretty sharp** yourself! So do you know the bride or the groom?

Cameron: I'm cousins with the groom.

Sharon: Oh, how nice! I went to school with the bride, and I

**❸ wouldn't have missed this wedding for the world**.

Cameron: Me neither. I'm really happy for my cousin. I think he and his wife really **❹ bring out the best in** each other.

Sharon: I totally agree. I think they'll be very happy together. They seem like **❺ a match made in heaven**.

133

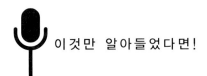 이것만 알아들었다면!

MP3 062

## 1 It's been ages!

Hey, Jim, it's been ages! Gosh, when was the last time we saw each other?

야, 짐 정말 오랜만이다! 세상에, 우리 서로 마지막으로 본 게 언제지?

**정말 오랜만이야!**

Age는 빙하기(Ice Age), 석기 시대(Stone Age)처럼 아주 큰 시간 단위를 말할 때 쓰인다. 그러니, "It's been ages!"는 정말 오랜만에 본다는 말을 조금 과장해서 표현한 이디엄이다.

## 2 To look sharp

Oh, girl, are those Manolo Blahnik shoes? They look so sharp!

얘, 저거 마놀로 블라닉 구두지? 정말 근사해 보인다!

**멋져 보이다**

사람에게 쓰면 옷을 잘 입었거나, 잘생기거나, 매력적이라는 의미를 가지며, 사물에 쓰일 때는 잘 만들어졌거나 아주 괜찮은 제품 같아 보인다는 의미를 가진다.

## 3 Would not miss something for the world

I got tickets to the World Cup finals. I'm so excited; I wouldn't miss this game for the world!

나 월드컵 결승전 표 구했어. 정말 완전 신나! 이 경기는 무슨 일이 있어도 절대로 놓치지 않을 테야.

**(무슨 일이 있더라도) 절대 놓치지 않을 것이다**

## 4 To bring out something (a quality) in something/ someone

He's a serious guy, but his baby daughter really brings out the sweetheart in him.

그 사람은 진지한 사람이지만, 아직 아기인 그의 딸아이가 그의 다정한 면을 끌어내 주지.

**어떤 것 또는 어떤 사람의 특성/특징을 끌어내다**

## 5 A match made in heaven

Hot coffee and a piece of homemade cake is a match made in heaven!

따뜻한 커피와 집에서 만든 케이크는 정말로 환상적인 궁합이지!

**완벽한 커플/완벽한 궁합**

사람 외에 사물에도 쓸 수 있다.

To bring out something in someone은 주로 긍정적인 특징을 말할 때 쓰입니다.

Salt really brings out the flavor of this fish.
소금은 이 생선의 맛을 한껏 끌어 올려주지.

이 표현은 이렇게 주로 무언가가 다른 무언가의 가치나 좋은 점을 향상시켜 준다는 의미로 쓰이지만, 미국인들은 가끔 이 표현을 부정적인 의미로 사용하기도 합니다.

Dan is always angry at work, and when I'm around him, I get angry too. He really brings out the worst in me.
댄은 직장에서 항상 화가 나 있어서, 그와 함께 있으면, 나도 화가 나게 돼. 그는 정말로 내 안에 있는 가장 최악의 성질을 끌어낸다니까.

## Pronunciation Point

선택의문문(choice questions)으로 질문할 때, 미국인들은 선택이 돼야 하는 두 가지를 강조하기 위해서 특정한 억양(intonation)을 사용합니다. 바로 or 앞에는 올렸다가 or 뒤에는 다시 내리는 억양이죠. 그래서 샤론이 "So do you know the bride or the groom?"이라고 물어볼 때, bride에서 억양을 살짝 올렸다가 groom에서는 다시 내리지요. 그렇지만, 두 개 이상 중에서 선택해야 하는 경우에는, or 뒤에 나오는 가장 마지막 단어만 내려 읽고 나머지는 모두 억양을 올려 발음해야 합니다.

Would you like wine, beer, or a cocktail?
와인, 맥주, 칵테일 중에서 무엇을 드시고 싶으세요?

여기서 wine과 beer는 끝을 올리면서 발음하고, 마지막에 등장하는 칵테일은 끝을 내리면서 발음해야 합니다.

**LESSON 11**

(동창회에서)

앨리스: 베스, 정말 오랜만이다! 너 보니까 진짜 반갑다. 세월이 15년이나 흘렀다는 게 믿어지니?

베스: 앨리스, 나도 정말 반가워! 나 이 동창회 때문에 정말 들떠 있었어. 얼른 와서 다들 보고 싶었다니까.

앨리스: 나도 그래! 난 남편한테 "달력에 다른 뭐가 있든 난 상관 안 해. 이 동창회는 절대 빠질 수 없어"라고 했어.

베스: 그래, 너 아직도 다들 얼굴 알아보겠어?

앨리스: 응, 대부분은. 그런데 저기 저 멋진 남자는 누구야?

베스: 아르마니 양복 입은 저 사람?

앨리스: 그래. 제임스 본드 닮았네. 저 사람 누구니?

베스: 너 안 믿을 걸. 쟤 리처드 스미스야.

앨리스: 리처드 스미스? 우리 반에서 제일 키 작고 따분한 범생이었던 애?

베스: 저 사람이 걔야. 고등학교 졸업 후에 갑자기 키가 쑥 컸고, 운동이랑 무술을 하기 시작했대. 걔 말로는 태권도가 자기 자신감을 끌어냈다고 하네. 지금은 성공한 스포츠 개인 트레이너이자 무술 전문가래.

앨리스: 와! 난 리처드 스미스랑 태권도가 환상의 궁합일 줄은 전혀 생각도 못했는데, 확실히 그런가 보다. 걔한테는 잘된 일이네.

(At a school reunion)

**Alice:** Beth, ❶ **it's been ages**! Oh, it's so good to see you! Can you believe it's been 15 years?

**Beth:** Alice, great to see you, too! I was so excited about this reunion. I couldn't wait to come and see everyone.

**Alice:** Me too! I told my husband, "I don't care what's on our calendar. I ❷ **wouldn't miss this reunion for the world**."

**Beth:** So, do you still recognize everyone?

**Alice:** Yes, for the most part, but who is that ❸ **sharp-looking** man over there?

**Beth:** The guy in the Armani suit?

**Alice:** Yeah, he looks like James Bond. Who is that?

**Beth:** You won't believe it. That's Richard Smith.

**Alice:** Richard Smith? The shortest, nerdiest guy in our class?

**Beth:** That's him. He said after high school, he shot up and started working out and doing martial arts; he said that Taekwondo really ❹ **brought out** his confidence. Now he's a successful personal trainer and martial arts expert.

**Alice:** Wow! I never would have thought that Richard Smith and Taekwondo would be ❺ **a match made in heaven**, but apparently they are. Good for him!

---

**nerdy** 머리는 좋으나 세상 물정을 모르는
**shoot up** (키 등이) 급속히 자라다
**martial arts** 호신술, 무술

137

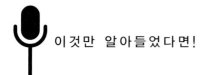 

**1**

## It's been ages!: Long time no see!

Sue: Excuse me, don't I know you from school?

Brenda: Sue? Oh, my gosh! It's been ages! It must be at least 10 years since we've seen each other!

수: 실례지만, 제가 그쪽을 학교 다닐 때 알았던 것 같은데요?

브렌다: 수? 세상에! 정말 오랜만이야! 우리가 본 지 최소 10년은 됐겠는 걸!

---

**2**

## Would not miss something for the world: To be unwilling to miss an event regardless of other events that are happening

My sister is having a baby in June, and I'm going to stay with her to help out for the first few weeks. This is the first grandchild in the family, and I wouldn't miss this for the world.

우리 언니가 6월에 아기를 낳는데, 처음 몇 주는 내가 좀 도와주려고 언니네 가 있을 거야. 이게 우리 집에서는 처음으로 손주를 보는 거라서, 무슨 일이 있어도 절대로 놓치기 싫은 일이거든.

---

**3**

## To look sharp: To look well-dressed/handsome/attractive/well-designed

Wow, is that the new iPhone? Nice! It looks so sharp!

와, 저게 아이폰 신제품이지? 좋네! 정말 괜찮아 보여!

---

**4**

## To bring out something (a quality) in something/someone: To encourage or enhance a certain trait or quality in someone or something

That shirt is a great color on you; it really brings out the blue in your eyes.

그 셔츠가 너한테 정말 잘 어울리는 멋진 색인데, 네 푸른 눈을 더욱 돋보이게 해.

---

**5**

## A match made in heaven: A match or combination of people or things that go together perfectly

My aunt and uncle met when they were 18 and stayed married for 65 years. Theirs was a match made in heaven.

우리 이모와 이모부는 18세 때 만나셔서, 65년 동안 결혼 생활을 하셨어. 두 분의 결혼은 정말 하늘이 맺어 준 거야.

분사가 형용사로 쓰일 때, -ed(과거분사)를 사용해야 하는지, -ing(현재분사)를 사용해야 하는지 어떻게 알 수 있을까요? 예를 들어, "I am so excited about the reunion."이라고 말하지, exciting이라고는 말하지 않습니다. 하지만 "The reunion is exciting."이라고 말할 수는 있지요. -ed는 보통 사람들이 어떤 것에 대해서 느끼는 감정에 대해 말할 때 쓰입니다.

I am bored/disappointed/interested.
나는 지루해/실망했어/흥미를 느껴.

반면, -ing는 어떤 사건이나 상황에 대해 묘사할 때 쓰입니다.

The reunion was boring/disappointing/interesting.
동창회는 지루했어/실망스러웠어/재미있었어.

## *Vocabulary Point*

앨리스가 "Richard Smith was the nerdiest guy in our class."라고 말할 때, 이 형용사의 원형은 nerdy입니다. 명사형은 nerd인데, nerd는 다소 사교성이 부족하면서 공부만 하는 사람을 일컫는 말입니다. 이를 테면, 도형 문장이나 컴퓨터 코드를 다루는 일이 로맨틱하다고 생각하는 그런 부류의 사람들이라고나 할까요? 그래서 미국인들이 이 nerd라는 단어를 사용할 때는 다소 부정적인 의미를 담고 있는 경우가 많습니다. 그렇지만, nerd는 어느 한 분야의 전문가들을 조금 재미있게 표현할 때 쓰이는 단어이기도 합니다.

He's a real chemistry nerd; he loves working in the lab.
그는 진짜 화학에 미쳐 있어. 실험실에서 일하는 걸 정말 좋아한다니까.

I'm a total computer nerd, and that's why I studied software development.
난 완전히 컴퓨터에 빠져 있는데, 그래서 소프트웨어 개발을 공부한 거야.

**LESSON 11**

(새 식당 개업식에서)

**제임스:** (새 고객에게) 라벤더 카페에 오신 것을 환영합니다. 저기 잠깐만요. 제가 아는 분인 것 같은데, 혹시 토머스?

**토머스:** 세상에, 제임스! 정말 오랜만이야! 이게 너네 식당이니?

**제임스:** 그래. 와, 우리 개업식에서 아는 얼굴을 보다니 정말 기쁘네. 만나서 정말 반가워, 토머스!

**토머스:** 이 식당은 인터넷으로 얘기 들었어. 음식이 진짜 획기적인 것 같아. 나 여기에 정말 와 보고 싶었거든. 이 개업식을 절대 놓치고 싶지 않았지. 메뉴가 환상적이고, 게다가 여기 좀 봐. 가구며, 조명이며, 데커레이션이며 정말 멋진데!

**제임스:** 정말 고마워! 내가 여기 인테리어 디자인하면서 메뉴도 개발하느라 오랫동안 일했다. 난 우리 식당에서 독특한 음식 조합을 만들어 내는 게 진짜 흥미롭거든. 사람들을 놀라게 하는 게 너무 좋아. 토머스, 넌 미식가인 것 같다.

**토머스:** 맞아. 나 요리도 많이 하고 먹기도 많이 먹지.

**제임스:** 그렇다면, 내가 오늘 밤 해 주는 음식 너 정말 좋아할 거야. 코코넛, 고수, 라임을 이용한 인도 음식이거든. 라임이 고수의 신선한 맛을 한층 끌어올려 주는데, 둘이 궁합이 아주 좋아.

**토머스:** 진짜 맛있겠다! 제임스, 빨리 먹어 보고 싶어.

(At the opening of a new restaurant)

**James:** (To a new customer) Welcome to Lavender Café! Hey, wait, you look familiar, Thomas?

**Thomas:** Oh, my goodness, James! ❶ **It's been ages**! Is this your restaurant?

**James:** Yeah. Oh, wow, I'm so happy to see a familiar face at our grand opening! So good to see you, Thomas!

**Thomas:** I heard about the restaurant online—the food sounds innovative. I've been so excited about this place; I ❷ **wouldn't have missed the opening for the world**. I must say, the menu looks fabulous, and look at this place! The furniture, the lighting and décor— it ❸ **looks really sharp**!

**James:** Thank you so much! I worked for a long time designing the place and the menu. I'm all about unusual food pairings here. I love to surprise people. It sounds like you're a foodie, Thomas.

**Thomas:** Yes, I am. I do a lot of cooking and eating.

**James:** Then you'll love what I'm serving tonight. It's an Indian dish using coconut, cilantro, and lime. The lime really ❹ **brings out** the brightness of the cilantro— it's ❺ **a match made in heaven**.

**Thomas:** Sounds delicious! James, I can't wait to try it!

---

**You look familiar.** 낯이 익네요.
**innovative** 획기적인, 혁신적인
**I must say** (의견을 강조하면서) 사실, 정말이지
**décor** 실내장식, 인테리어
**be all about ~** ~가 최고다
**foodie** 식도락가
**cilantro** 고수의 잎
**I can't wait to+동사원형** 얼른 ~하고 싶다

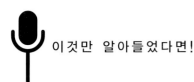 이것만 알아들었다면!

MP3 066

**1** ## It's been ages!: Long time no see! 정말 오랜만이야!

Hi, Sam! It's been ages! Let's make plans to get together soon.
안녕, 샘! 정말 오랜만이다! 우리 곧 한번 만나게 약속 좀 잡자.

**2** ## Would not miss something for the world:
To be unwilling to miss an event regardless of other events that are happening

**(무슨 일이 있더라도) 절대 놓치지 않을 것이다**

Nolan: Dad, my graduation is at the end of May.
Dad: I'm so proud of you, son! I wouldn't miss it for the world!

놀란: 아빠, 제 졸업식이 5월 말이에요.
아빠: 우리 아들, 정말 자랑스럽다! 무슨 일이 있어도 네 졸업식에 참석하마.

**3** ## To look sharp: To look well-dressed/handsome/ attractive/well-designed 멋져 보이다

Her new car looks so sharp: a bright red Mercedes Benz convertible.
그녀의 새 차는 정말 멋져 보여. 밝은 빨간색의 컨버터블(지붕을 접었다 폈다 할 수 있는 승용차의 종류) 벤츠거든.

**4** ## To bring out something (a quality) in something/someone: To encourage or enhance a certain trait or quality in someone or something

**어떤 것 또는 어떤 사람의 특성/특징을 끌어내다**

I appreciated having Tanya as a manager. She was demanding, but she really brought out the best in my creativity.
난 타냐가 우리 매니저인 게 참 좋았어. 이것저것 요구하는 건 많은 상사였지만, 실제로 내가 가진 최고의 창의력을 끌어내 줬지.

**5** ## A match made in heaven:
A match or combination of people or things that go together perfectly 완벽한 커플/완벽한 궁합

Sea food pancake and rice wine is a match made in heaven!
해물전과 막걸리는 정말 환상의 궁합이지!

제임스는 친구 토머스가 foodie라는 걸 알아차립니다. Foodie란 음식을 좋아하는 사람을 말해요. 물론, 대부분의 사람들이 음식을 좋아하지만, foodie는 모든 종류의 요리법과 음식에 대해서 열정이 있는 사람입니다. 다른 말로, food nerd라고도 부를 수 있습니다. 과거에는 foodie대신 gourmet라는 단어가 쓰였는데, 이 단어는 프랑스어에서 왔습니다. 하지만, 최근 들어서 미국에서는 foodie라는 단어가 좀 더 많이 쓰이고 있습니다. 정리하면, foodies 또는 gourmets는 음식에 대해 좀 더 세련된 방식의 취미가 있으며, 식재료와 그 준비 과정, 그리고 음식을 플레이팅하는 것 등에 열정을 가지고 있는 사람들을 말합니다.

## Pronunciation Point

대화 속에서 café와 décor의 악센트 마크를 보세요. 영어에서는 이런 단어를 악센트 마크 없이 사용하는 게 가능한데도 이렇게 악센트 마크를 붙여 쓰는데요, 이 단어들이 원래 프랑스어에서 왔기 때문입니다. 이렇게 악센트 마크를 붙이는 건 발음을 어떻게 해야 하는지 보여주기 위해서랍니다. 예를 들어, 이 악센트 마크가 없다면, 여러분은 café를 [kaeif]로 발음할 거예요. 하지만, 프랑스어에서는 이 단어 마지막에 있는 e가 발음되기 때문에, 우리는 이 단어를 [kaefeɪ]와 같이 발음하는 것입니다. décor 또한 이 악센트 마크 때문에 [day-kor]처럼 발음해야 합니다.

# UNIT 1

**LESSON 12**

영어로 말하고 싶은, 또는 못 알아들을 것 같은 예문에 체크해 보세요.

험담하는 여자 1: 캐리, 5시야. 나 간다.

험담하는 여자 2: 알았어. 내일 봐.

험담하는 여자 1: 참, 가기 전에, 너 그거 아니?

험담하는 여자 2: 뭐?

험담하는 여자 1: (속삭이며) 롭이 모니카가 자기 속이고 다른 남자 만나 왔다는 거 알게 됐어.

험담하는 여자 2: 세상에! 그래서 롭은 어떻게 한대?

험담하는 여자 1: 몰라. 하지만 난 개 하나도 안 불쌍해.

험담하는 여자 2: 나도 그래. 개가 젠한테 똑같은 짓 했잖아. 자기도 똑같이 당해 봐야 해.

험담하는 여자 1: 그런데 너 롭이 그걸 어떻게 알아냈는지 알아? 롭이 사탕 사러 스윗샵에 갔는데, 모니카랑 개 새 남자친구가 바로 그 가게 앞에서 키스하고 있었지 뭐야.

험담하는 여자 2: 넌 그걸 어떻게 그렇게 다 아니?

험담하는 여자 1: 내가 어제 단 게 너무 당겼거든. 너도 알잖아, 내가 단 걸 엄청 좋아하잖니. 아무튼 그래서 스윗샵에 갔지.

험담하는 여자 2: 그런데 모두가 마침 그 시간에 다 거기에 있었다는 거야?

험담하는 여자 1: 그렇다니까!

험담하는 여자 2: 세상에, 그런 우연의 일치가!

험담하는 여자 1: 뭐, 어쨌든 나 이제 가 봐야겠어. 하루 종일 정말 너무 바빴거든. 지금 하고 싶은 건 게으름뱅이처럼 가만히 소파에 누워서 TV보는 거야.

험담하는 여자 2: 맘대로 하세요!

**Gossip Girl 1:** Carrie, it's 5 o'clock. ❶ **I'm out of here!**

**Gossip Girl 2:** All righty! See you tomorrow.

**Gossip Girl 1:** Oh, before I leave, you know what?

**Gossip Girl 2:** What?

**Gossip Girl 1:** (Whispering) Rob found out Monica had been cheating on him yesterday.

**Gossip Girl 2:** Oh, my God! So what is he gonna do?

**Gossip Girl 1:** I don't know, but I don't feel sorry for him at all.

**Gossip Girl 2:** Me neither. He did the exact same thing to Jen, and he deserves to get ❷ **a taste of his own medicine**.

**Gossip Girl 1:** You know how he found it out? When he went to the Sweet Shop to buy some candies, Monica and her new guy were kissing right in front of that store.

**Gossip Girl 2:** How do you know all that stuff?

**Gossip Girl 1:** I was jonesing for sweets yesterday, you know, I ❸ **have a sweet tooth**, so I went to the Sweet Shop.

**Gossip Girl 2:** And all of them happened to be there at that time?

**Gossip Girl 1:** Yup!

**Gossip Girl 2:** What a coincidence!

**Gossip Girl 1:** Well, in any case, I should get going now. I've been so busy all day long, and all I want to do now is watch TV lying on the sofa like ❹ **a couch potato**.

**Gossip Girl 2:** ❺ **Suit yourself!**

---

cheat on ~ ~를 놔두고 바람을 피우다
**What a coincidence!** 이 무슨 우연의 일치래!

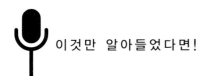 이것만 알아들었다면!

MP3 068

**1 I'm out of here!**

It's already 6. I'm out of here!
벌써 6시네. 나 갈게.

나 간다!

**2 A taste of one's own medicine**

I can't forget what he did to me. I will give him a taste of his own medicine.
난 걔가 나한테 한 짓을 잊을 수가 없어. 반드시 그대로 되돌려 줄 거야.

다른 사람에게 한
나쁜 짓을 자신도
그대로
돌려받는 것

**3 To have a sweet tooth**

I'd like to skip the dessert because I don't have a sweet tooth.
전 디저트 생략할게요. 단 음식 안 좋아해서요.

단 것/단 음식을 좋아하다

**4 A couch potato**

My husband doesn't do anything but watch TV on the weekend. He's such a couch potato.
우리 남편은 주말에 TV 보는 것 말고는 아무것도 안 해. 진짜 게으른 인간이야.

소파에 누워서
TV만
보는 사람

**5 Suit yourself!**

A: I don't wanna go to the movies tonight. I just wanna watch TV.
B: Suit yourself!
A: 난 오늘 밤은 영화 보러 가기 싫어. 그냥 TV 보고 싶어.
B: 마음대로 하세요.

네 마음대로 해.

험담하는 여자 1의 마지막 문장 "All I want to do now is watch TV…"를 보세요. 이 문장의 동사는 is입니다. 그렇다면, 그 다음에 등장하는 watch는 무엇일까요? 이는 동사가 아니라 원형부정사(bare infinitive)입니다. To 부정사가 to를 빼고 혼자 등장할 때, 이를 원형부정사라고 부르지요. 미국인들은 주어로 쓰이는 명사절에 do가 있을 경우에 보어 자리에 이렇게 원형부정사를 주로 씁니다.

All she could do was pray. 그녀가 할 수 있는 것은 기도뿐이었다.

이때 to를 써서, "All I want to do now is to watch TV.", "All she could do was to pray."라고 해도 문법적으로 맞고 똑같은 말이지만, 네이티브 스피커들이 이렇게는 잘 쓰지 않습니다. 똑같은 의미를 하나라도 더 적은 단어로 말할 수 있다면, 본능적으로 단어 수가 적은 짧은 쪽 표현을 선택해서 말합니다. 그것이 더 경제적이기 때문이지요.

## *Grammar Point 2*

눈치 빠른 사람들은 알아챘겠지만 이 대화에 나오는 Sweet Shop은 가게 이름입니다. 즉, 이 문맥에서 Sweet Shop은 고유명사인 거지요. 그러니, 문법 법칙을 따르면, 여기에서 관사를 빼고 그냥 "I went to Sweet Shop."이라고 해야 바른 문장이 됩니다. 그럼에도 불구하고, 미국인들이 이 고유명사만큼은 보통명사처럼 관사를 붙여서 "I went to the Sweet Shop."이라고 말하는데, 그 이유는 바로 고유명사의 일부인 shop 때문입니다. Shop만 보자면, 하나, 둘 셀 수 있는 보통명사니까요. 그렇기 때문에 보통 shop이란 단어 앞에 언제나 a 또는 the 같은 관사가 오지요. 이런 식으로 shop이란 단어를 계속해서 관사와 함께 쓰고 들어온 미국인들에게는, 아무리 Sweet Shop이 고유명사가 되어도 관사 없이 "I went to Sweet Shop."이라고 하면 어색하게 들릴 수밖에 없습니다. 이런 이유 때문에, 여기서 Sweet Shop이 고유명사임에도 불구하고, 많은 사람들이 "I went to the Sweet Shop."이라고 말하는 것입니다. 이렇게 미국인들의 일상 회화를 듣다 보면, 우리가 알고 있는 기초적인 문법 지식이 파괴되는 현상도 종종 찾아볼 수가 있습니다.

**LESSON 12**

킴: 스테파니, 난 네가 오늘 짐한테 한 행동이 정말 마음에 들더라. 그가 한 그대로 되갚아 주려고 한 거였지? 왜, 여기 있는 사람들 모두 그 사람 행동에 대해서 불평하잖아.

스테파니: 그러려고 그런 건 아닌데, 사람들이 그렇게 생각해?

킴: 응, 그 사람이 우리를 대하는 방식이 우리는 정말 싫거든.

스테파니: 그래? 난 그 사람이 나한테만 그런 식으로 대하는 줄 알았지. 어쨌든, 나 오늘 너무 바빠서 점심도 못 먹었어. 나 정말 가야겠다.

킴: 알았어. 아, 너 배고프면, 냉장고에 있는 내 컵케이크 먹어도 괜찮아.

스테파니: 휴게실에 있는?

킴: 그래.

스테파니: 누구 생일이거나 무슨 일 있었어?

킴: 아니. 내가 나 먹으려고 컵케이크를 거기에 사다 놔.

스테파니: 정말? 고마워! 네가 단 음식 좋아하는 줄은 나 몰랐어. 가기 전에 좀 먹을게. 배고파 죽을 것 같거든. (휴게실에서) 킴, 여기 우유도 있는데, 우유도 네 거야?

킴: 아니.

스테파니: 이 우유 유통기한이 오늘까지고, 내일이면 어차피 아무도 못 마시게 될 거야. 내가 마셔도 될까?

킴: 마음대로 하세요!

스테파니: (컵케이크를 먹으면서) 킴, 요즘 난 내가 비서직이 적성에 안 맞는다고 느껴져. 내가 다른 직장을 알아봐야 하는 게 아닐까? 나 정말 나한테 꼭 맞는 일을 찾고 싶거든. 넌 어때? 네 꿈의 직업은 뭐야?

킴: 카우치 포테이토?

스테파니: 하하... 카우치 포테이토가 되는 걸로 월급을 받는다면, 누가 그런 일자리를 마다하겠니?

Kim: Hey, Stephanie, I really liked what you did to Jim today. Did you try to give him ❶ **a taste of his own medicine**? You know, everyone here complains about his behavior.

Stephanie: I didn't mean to, but do people think that way?

Kim: Yeah, because we don't really like the way he treats us.

Stephanie: Is that right? I thought he just does that to me. In any case, I've been too busy to have lunch today, and ❷ **I'm so out of here**.

Kim: Okay. Oh, if you're hungry, you can have my cupcake in the fridge.

Stephanie: In the lounge?

Kim: Yup.

Stephanie: Was it someone's birthday or something?

Kim: No, I usually keep some cupcakes in the fridge for myself.

Stephanie: Really? Thanks! I didn't know that you ❸ **had a sweet tooth**. Well, let me have it before I leave because I'm starving to death. (From the lounge) Hey, Kim, I see some milk here too, is this yours as well?

Kim: Nope.

Stephanie: This milk expires today, and nobody will be able to drink it tomorrow anyways. Can I drink it?

Kim: ❹ **Suit yourself!**

Stephanie: (Eating the cupcake) Kim, these days, I feel like I'm not cut out to be a secretary. Maybe I should find another job? I really want to find my niche. What about you? What's your dream job?

Kim: ❺ **Couch potato?**

Stephanie: Ha ha…if we could get paid for being a couch potato, who would turn down that job?

---

starving to death 굶어 죽을 거 같은
expire 만료되다, 만기가 되다
be cut out to+동사원형 ~하기에 적임자다
niche 아주 꼭 맞는 자리
turn down 마다하다, 거절하다

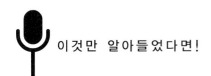

이것만 알아들었다면!

MP3 070

### 1 A taste of one's own medicine:
The same unpleasant experience that someone has given to another person

I know what Matt has done to many girls. When Lauren dumped him, he got a taste of his own medicine.

난 매트가 많은 여자들에게 한 행동을 알고 있어. 로렌이 걔 찼을 때, 걔가 자신이 한 짓 그대로 돌려받은 거지.

### 2 I'm out of here!: I'm leaving!
I was so busy that I couldn't even have lunch today. I'm so out of here!

나 너무 바빠서 오늘 점심도 못 먹었어. 나 간다.

### 3 To have a sweet tooth: To like sweet things/foods
I don't have much of a sweet tooth, but I love salty foods like potato chips.

저는 단 것은 별로 안 좋아하지만, 감자칩처럼 짭짤한 음식은 정말 좋아해요.

### 4 Suit yourself!: Do whatever you want!
A: You're not coming with us?
B: I just wanna stay here.
A: Suit yourself!

A: 너 우리랑 같이 안 갈 거야?
B: 난 그냥 여기 있을래.
A: 마음대로 해.

### 5 A couch potato: A lazy person who doesn't do anything but watch TV on a sofa

When I don't go to work, I don't wanna do anything, and I'm a real couch potato on the weekend.

난 회사에 안 갈 때는 아무것도 하기가 싫어서, 주말이면 소파에 누워서 TV만 봐.

## Vocabulary Point 1

스테파니가 "I really want to find my niche."라고 말할 때의 이 niche는 자신에게 아주 꼭 맞는 자리나 직업을 말합니다. 이 단어의 발음은 [nɪtʃ]인데, 스펠링이 대부분의 영어 단어와 다소 달라 보이는 이유는 이 말이 프랑스어에서 왔기 때문입니다.

I'm now teaching science at a high school, and I feel like I've finally found my niche.
나 지금은 고등학교에서 과학을 가르치는데, 이제야 나한테 꼭 맞는 일자리를 찾은 것 같아.

## Vocabulary Point 2

한국인들이 '아르바이트'를 '알바', 남자사람친구를 '남사친'으로 줄여서 부르는 것처럼, 영어에도 이런 식의 줄임말이 많이 있습니다. Fridge 역시 이런 경우로, refrigerator의 줄임말이에요. 흥미로운 건 네이티브 스피커들은 일상생활 회화에서 fridge를 refrigerator보다 압도적으로 더 많이 사용한다는 것입니다. 이런 줄임말의 다른 예로 아래 단어들이 있습니다.

ad: 광고 ← advertisement
admin: 행정 업무 ← administration
deli: 치즈나 육가공 제품과 같은 조제 식품 ← delicatessen
gas: 휘발유 ← gasoline
gym: 체육관, 헬스클럽 ← gymnasium

**LESSON 12**

**형편없는 남편**: 이봐, 집에 단 게 다 떨어졌어. 당신은 내가 단 거 좋아하는 것도 모르나?

**아내**: 당신은 내가 어떻게 되든 전혀 상관 안 하는데, 내가 왜 당신을 챙겨 줘야 해? 당신은 내가 짭짤한 음식 좋아한다는 건 알아?

**형편없는 남편**: 그래 좋아. 그럼 집 청소는 왜 안 했어?

**아내**: 이봐. 내가 직장 일로 계속 바쁠 동안, 당신은 일주일 내내 소파에서 TV만 봤잖아. 어떻게 내가 집안 청소에 당신 먹을 사탕까지 사다 줄 거라고 생각하지? 예전에는 집안일을 전부 다 나 혼자 했지만, 이제 더 이상 그러기 싫어. 당신도 똑같이 한번 당해 봐야 해. 난 나갈 거야!

**형편없는 남편**: 마음대로 하셔!

**Horrible husband:** Hey, there's no sweets at home. Don't you know that I ❶ **have a sweet tooth**?

**Wife:** Why should I care about you when you don't care about me at all? Do you even know that I like salty foods?

**Horrible husband:** Okay, then why didn't you clean the house?

**Wife:** Look, while I've been so busy with my work, you've been ❷ **a couch potato** all week long. How can you expect me to clean the house and shop for sweets for you? I used to do all of that all by myself, but I don't want to do that anymore. You deserve to get ❸ **a taste of your own medicine**, and ❹ **I'm out of here!**

**Horrible husband:** ❺ **Suit yourself!**

---

**care about** ~에 마음을 쓰다, ~에 관심을 가지다
**all by myself** 오로지 나 홀로

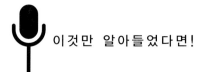 이것만 알아들었다면!

MP3 072

**1**

## To have a sweet tooth: To like sweet things/foods

단 것/단 음식을 좋아하다

My sister ate the entire chocolate cake last night. I don't know why she has such a big sweet tooth.
여동생이 어젯밤에 초콜릿 케이크를 한 판 다 먹었어. 난 걔가 왜 그렇게 단 걸 좋아하는지 모르겠어.

**2**

## A couch potato: A lazy person who doesn't do anything but watch TV on a sofa 소파에 누워서 TV만 보는 사람

If you keep this couch potato life style, you will become fat soon.
너 이렇게 소파에 누워서 TV 보는 생활 계속하면, 금방 살이 찔 거야.

**3**

## A taste of one's own medicine:

The same unpleasant experience that someone has given to another person

다른 사람에게 한 나쁜 짓을 자신도 그대로 돌려받는 것

I really don't like what she did to me, but that doesn't mean I want to give her a taste of her own medicine.
난 그녀가 나한테 한 짓은 정말 싫지만, 그렇다고 그녀가 한 일을 그대로 되갚아 주고 싶다는 건 아니야.

**4**

## I'm out of here!: I'm leaving! 나 간다!

Everyone, I'm out of here! See you tomorrow!
여러분. 저 갑니다. 내일 봅시다.

**5**

## Suit yourself!: Do whatever you want! 네 마음대로 해.

Suit yourself, but I'm not gonna join you.
네 마음대로 해. 하지만, 난 동참 안 할 거야.

대화 속 첫 번째 대사에서, "Don't you know that I have a sweet tooth?"는 부정의문문(negative questions)입니다. 그런데 주의할 사항은 영어에서는 대체적으로 부정의문문이 무례하게 들린다는 사실입니다. 예를 들어, "Isn't there any food in the fridge?"(냉장고에 음식이 없어?)와 "Is there any food in the fridge?"(냉장고에 음식이 있어?)를 봅시다. 한국어로는 둘 중 어느 쪽이 더 무례하다고 말하기가 힘들지만, 영어로는 전자, 즉 부정의문문이 훨씬 더 무례하게 들립니다. 이런 뉘앙스의 차이를 잘 알면, 미국인들과 대화할 때 큰 실수는 안 하겠죠?

## Grammar Point 2

아내의 첫 번째 대사에서 salty foods가 나옵니다. 사실, food(음식)는 하나, 둘, 이렇게 셀 수 없기 때문에 대체적으로 불가산명사로 쓰입니다. I love Italian food!(나 이탈리아 음식 완전 좋아해!)처럼 말이죠. 하지만, 여러 다른 종류의 음식을 말할 때는, food가 복수형으로 쓰일 수도 있습니다.

A: I didn't know that you have diabetes. What kind of foods should you avoid?
B: White bread, white rice, pizza, udon noodles, and things like that.
A: 난 너 당뇨 있는지 몰랐어. 어떤 음식을 피해야 하니?
B: 흰 빵, 흰 쌀밥, 피자, 우동, 뭐 그런 것들.

Food는 하나, 둘 이렇게 셀 수 없기 때문에 대부분의 문맥에서 불가산명사로 쓰이지만, 이 대화 속 아내는 다양한 음식의 종류를 말하고 있기 때문에 food를 복수형으로 쓴 것입니다.

영어로 말하고 싶은, 또는 못 알아들을 것 같은 예문에 체크해 보세요.

앤지: 안녕, 애바. 새 직장은 어때?

애바: 괜찮아, 앤지. 그런데 생활이 될 만큼 돈을 충분히 벌지는 못하고 있어. 부업이 필요하다는 생각이 드네. 넌 부업하는 거 없니?

앤지: 나도 부업해. 좋은 정규직 자리를 찾는 건 정말 힘든 일인 것 같아. 결국은 아르바이트 자리 두 개 정도 구하는 게 나한테는 더 쉬웠다니까. 좀 복잡하긴 하지만, 그래도 사실 지금은 근무 시간이 더 유연한 편이라서 그게 참 좋아.

애바: 나한테 조언 좀 해 줄 수 있어? 나한테 추천해 줄 만한 자리가 있니?

앤지: 글쎄, 나 사이버 대학에서 채점하는 일을 하고 있거든. 일주일에 20시간 일하고, 경영학 전공 학생들 과제 채점하는 일을 해.

애바: 보수는 괜찮아? 일은 어려워?

앤지: 보수는 꽤 괜찮고, 네가 체계적으로 하기만 하면, 그렇게 많은 일은 아니야. 거기가 진짜 엄격하고 효율적으로 운영하기 때문에, 네가 일을 다 못 끝내면 금방 알게 돼. 그렇지만 난 그 일이 재미있어. 내가 꽤 체계적으로 하는 편이거든.

애바: 음, 나한테도 괜찮은 일자리인 것 같다. 나도 채점하는 일에 지원해 볼까 해.

앤지: 내 생각에도 네가 그 일을 좋아할 것 같다. 지원서 낼 때 나한테 알려줘. 그럼 내가 너 추천할게.

# English CONVERSATION

MP3 073

**Angie:** Hi, Ava, how's your new job?

**Ava:** It's okay, Angie, but I'm not making enough money to ❶ **make ends meet**. I think I need ❷ **a side hustle**. Don't you have some extra work on the side?

**Angie:** I do. Finding a good full time job ❸ **was like trying to find a needle in a haystack**. In the end, it was easier for me to find a couple of part-time jobs. It's a little complicated, but I've actually got more flexible work hours now, and I really like that.

**Ava:** Do you have any advice for me? Are there any employers that you could recommend?

**Angie:** Well, I work for an online university as a grader. I work for them 20 hours per week, and I grade assignments for students majoring in business.

**Ava:** Is the pay good? Is it hard work?

**Angie:** The pay is decent, and it's not too much work as long as you're organized. They ❹ **run a really tight ship**, and if you're not getting your work done, they'll know…but I enjoy the work, and I'm quite organized.

**Ava:** Hmm. I think that might be good for me, too. I think I might apply for a grading position.

**Angie:** I think you'd like it. Let me know when you submit your application, and I'll ❺ **put in a good word for you**.

---

**on the side** 부업으로
**grader** 채점자
**as long as** 주어+동사 ~이기만 하다면

157

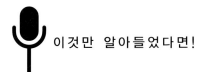 이것만 알아들었다면!

MP3 074

## 1 To make ends meet

겨우 먹고 살 만큼 벌다

When I was in college, I was going to school full time, so I barely had enough money to make ends meet.

난 대학 다닐 때 학교 공부만 했거든. 그래서 돈이 겨우 입에 풀칠할 정도만 있었어.

## 2 A side hustle

부업

My brother works for a computer repair business during the day, but he has a side hustle driving Uber in the evening.

우리 형은 낮에는 컴퓨터 수리하는 곳에서 일하지만, 저녁에는 우버 택시 운전을 하는 부업을 해.

## 3 To try to find a needle in a haystack

찾을 가망이 없는 것을 찾으려 하다

Oh, no! I dropped my contact lens on the floor in the bathroom. This is gonna be like trying to find a needle in a haystack.

어쩌지! 내 콘택트렌즈를 목욕탕 바닥에 떨어뜨렸어. 이건 완전히 건초 더미에서 바늘 찾는 일 같겠는 걸.

말린 건초와 바늘은 아주 비슷해 보여서 그 속에서 바늘을 찾는 건 거의 불가능한 일이다. 따라서 무언가 매우 찾기 힘든 것을 표현한다.

## 4 To run a tight ship

(어떤 기관이나 팀을) 엄격하고도 능숙하게 운영하다

I play the flute and recently joined the city orchestra. The conductor told me that I need to be five minutes early to rehearsals; if I miss one rehearsal, I will be asked to leave. She really runs a tight ship.

나는 플루트를 연주하는데 최근에 시립 교향악단에 들어갔어. 지휘자가 리허설하기 5분 전에는 도착하라고 하더라고. 내가 리허설을 하나라도 빠지면 해고될 거야. 그분, 정말 엄격하게 오케스트라를 운영하셔.

## 5 To put in a good word for someone

누군가를 추천하거나 그에 대해 긍정적인 말을 해주다

A friend of mine was applying for jobs in my company. I know the person who runs HR, so I put in a good word for her.

내 친구 하나가 우리 회사에 지원했거든. 내가 인사과 담당자를 알아서, 내 친구 이야기를 잘 해줬지.

보통 직장을 구하는 상황에서 쓰인다.

부업, 혹은 임시직을 뜻하는 단어로 side hustles와 side gigs가 있습니다. 일과 직장에 관련된 문맥에서 hustle은 동사로 '열심히 일하다' 혹은 '기회를 잡기 위해서 열심히 노력하다'의 뜻이 있습니다. Side hustle은 바로 hustle이 가지고 있는 이런 의미와 관련이 있는 거지요. Side hustle과 같은 의미를 지닌 또 다른 표현으로 side gig가 있는데요, 사실 gig는 '음악 공연'을 뜻하는 단어이기도 하답니다.

When I was in my 20s, I was studying full-time and working 30 hours a week. I really had to <u>hustle</u> to stay organized with everything.
내가 20대 때는 정규 학생이면서 동시에 일주일에 30시간을 일했어. 그 모든 것들을 체계적으로 해내기 위해 정말로 열심히 일해야 했어.

I'm a lawyer, but I do a few speaking <u>gigs</u> every year. I usually present to business organizations on legal issues.
저는 변호사지만, 매년 강연도 여러 번 합니다. 기업체에 가서 여러 가지 법적 쟁점에 대해서 이야기하지요.

I've got three <u>gigs</u> this weekend. I'm playing solo in a bar on Friday night and playing with my band on Saturday and Sunday.
나 이번 주말에 공연이 세 개 있어. 금요일 밤에는 어느 바에서 솔로 연주를 하고, 토요일과 일요일에는 밴드와 함께 공연해.

# **CULTURE** POINT

혹시 The Gig Economy라는 말을 들어본 적이 있습니까? 이는 임시직 선호 경제를 말합니다. 현재 미국에서는 Gig Economy라고 불리는 경제 현상이 지속되고 있는데, 사람들이 부업이나 임시직을 가지고 있는 경우가 많다는 뜻입니다. 사실 지금 미국에서 복리 후생이 모두 제공되는 정규직을 구하는 건 아주 어렵습니다. 그래서 많은 미국인들이 아르바이트나 임시직을 여러 개 해서 정규직만큼의 수입을 벌려고 합니다. 예를 들어, 사람들이 독립된 한 계약자로 회사에 고용되어서 어떤 프로젝트를 하거나 하는 식이지요. 안정적으로 생계를 꾸려 가는 것 같아 보이지는 않지만, 그럼에도 불구하고 이런 관행은 미국 사회에서 좀 더 많은 기업의 경제 활동을 창출해 내는 데 기여하기도 합니다.

# UNIT 2

영어로 말하고 싶은, 또는 못 알아들을 것 같은 예문에 체크해 보세요.

스탠: 야, 축하해, 미란다! 네가 석사 학위 받았다고 들었어.

미란다: 응. 고마워, 스탠!

스탠: 뭘 전공했니?

미란다: 인류학.

스탠: 와, 진짜 흥미로운 학문이긴 한데, 취업 전망은 어때?

미란다: 솔직히 말해서, 좋지 않아. 괜찮은 일자리를 찾는 게 꼭 짚단에서 바늘 찾기 같으니까.

스탠: 나도 알 것 같아. 내가 유럽사를 전공해서 네 말이 무슨 말인지 잘 알아. 생계유지하려고 나 지금 세 군데에서 일하고 있잖아.

미란다: 어디서 일하니?

스탠: 학교 두 군데서 강의하고 있고, 부업으로 시립 역사 협회에서 컴퓨터 파일 보관하는 일을 하고 있어.

미란다: 그래. 인류학을 전공으로 선택했을 때, 구직 시장이 안 좋아질 거라는 건 알았거든. 몇 개 대학에서 강사 자리 면접도 보기는 하는데, 그건 모두 몇 달 정도 후에야 시작하는 일이고.

스탠: 역사 협회에 너한테 괜찮을 아르바이트 자리가 몇 개 있는데, 내가 너 추천해 줄 수 있어.

미란다: 정말로 그래 줄 수 있니, 스탠? 그래 주면 너무 좋지! 어려운 일이야?

스탠: 난 그 일이 흥미롭고 재미있던데. 하지만, 일은 제대로 해내야 해. 감독관이 사람은 좋은데, 이 프로그램을 매우 엄격하게 운영하거든.

MP3 075

**Stan:** Hey, congratulations, Miranda! I heard you just got your master's degree!

**Miranda:** Yes, thanks, Stan!

**Stan:** What did you major in?

**Miranda:** Anthropology.

**Stan:** Oh, that's so interesting, but what are the job prospects like?

**Miranda:** To be honest, not good; finding a great job ❶ **is like trying to find a needle in a haystack**.

**Stan:** I can imagine. I majored in European history, so I know what you mean. I'm working three jobs just to ❷ **make ends meet**.

**Miranda:** Where are you working?

**Stan:** I'm teaching courses at two different schools, and I have ❸ **a side hustle** with the City Historical Society, doing some archiving work for them.

**Miranda:** Yeah, I knew, when I chose anthropology, that the job market would be tough. I have some interviews with universities for teaching positions, but those jobs won't start for a few months.

**Stan:** The Historical Society has some part-time jobs that might be good for you; I could ❹ **put in a good word for you**.

**Miranda:** Oh, would you do that for me, Stan? That would be great! Is it difficult work?

**Stan:** I find it interesting and fun, but we do get our work done. The supervisor has a nice personality but ❺ **runs a tight ship**.

---

**job prospects** 취업 전망
**society** 협회, 단체
**archiving** 파일 보관

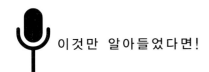 이것만 알아들었다면!

MP3 076

## 1 To try to find a needle in a haystack:
### To look for something very difficult to find

He has a degree in art history; there aren't many good paying jobs in this area. It's like trying to find a needle in a haystack.

그는 미술사 학위가 있어. 그런데 이 분야에는 보수 좋은 일자리가 많지가 않아. 그런 일자리를 찾는 건 짚단에서 바늘 찾기지.

## 2 To make ends meet: To have or make enough money to cover one's basic living expenses

When my grandparents were first married, my grandfather had to work two shifts at a factory to make ends meet.

우리 조부모님께서 처음 결혼하셨을 때, 할아버지는 생계를 꾸리기 위해 공장에서 2교대 근무를 하셔야 했어.

## 3 A side hustle: An extra, part-time job

I teach full-time during the school year, but in the summer I'm not paid, so I have to find a side hustle teaching summer classes at a different school.

난 학기 중에는 전임으로 가르치지만, 여름에는 월급이 나오지 않아. 그래서 다른 학교에서 여름 학기 수업 강의를 부업으로 찾아야 해.

## 4 To put in a good word for someone:
### To recommend someone or say something positive or supportive about them, usually in relation to finding a job

My daughter works at a local bookstore, and one of her friends is now looking for a job. My daughter says she will put in a good word for her friend with the manager.

우리 딸은 동네 서점에서 일하는데, 걔 친구 중 하나가 지금 일자리를 찾고 있어. 우리 딸이 자기가 매니저에게 그 친구를 추천할 거라고 하네.

## 5 To run a tight ship: To run or manage an organization or team in a disciplined and orderly way

I come from a family of eight children. You might think that our home was chaotic, but my mother ran a tight ship, and all of us helped cook and clean.

난 아이가 8명인 집에서 자랐어. 사람들은 우리 집이 엉망진창이었을 거라고 생각할 수도 있지만, 우리 어머니가 아주 엄격하게 훈육하셔서 우리 모두가 요리랑 청소하는 걸 도와드렸어.

비슷해 보이지만 엄연히 다른 some과 any의 차이점을 한번 짚고 넘어가 보죠. 일단 some은 주로 긍정문에서, any는 부정문에서 쓰입니다.

<u>Some</u> part-time jobs are available. 몇 군데 아르바이트직은 구할 수 있어.
There aren't <u>any</u> jobs. (일할 만한) 직장이 하나도 없어.

some과 any는 다음과 같이 둘 다 의문문에도 쓰일 수 있습니다.

Would you like <u>something</u> to drink? 뭐 마실 것 드릴까요?
Could I have <u>some</u> coffee? 커피 좀 주실 수 있으세요?
Do we have <u>any</u> coffee? 우리 커피 있어?

이렇게 의문문에서 any가 아닌 some이 쓰이는 경우는 주로 무언가(예를 들어, 마실 것이나 먹을 것)를 대접할 때나 그런 것들을 달라고 부탁할 때입니다.

## Grammar Point 2

Stan의 문장에서 정관사 the의 쓰임새를 한번 봅시다. Stan은 the City Historical Society에서 일한다고 하는데, 이때 정관사(the)를 썼습니다. 영어에서 언제 어떻게 관사를 써야 하는지는 사실 매우 헷갈리는 사항이라서, 하나하나 예문을 통해 꼼꼼하게 살펴봐야 합니다. 이 경우, the City Historical Society는 일종의 건물/장소이기 때문에 the를 씁니다. 비슷한 용례로 the Guggenheim Museum(구겐하임 박물관), the White House(백악관) 등이 있습니다. 하지만 해당 장소나 건물 이름에 고유명사(이를 테면, 사람 이름이나 도시 이름)가 들어갈 경우에는 the를 쓰지 않습니다.

Boston University 보스턴 대학교
Ronald Reagan Airport 로널드 레이건 공항

**LESSON 13**

아담: 이를 어쩌지. 내가 작은 종이쪽지에 비밀번호를 적어서 내 책상 위에 뒀는데, 지금 그걸 찾을 수가 없어!

앤드류: 행운을 빌어! 모래사장에서 바늘 찾기일 걸. 네 책상 좀 봐라. 그 위에 뭐가 그렇게 많이 쌓여 있니.

아담: 야, 친구, 그러지 말고 그 쪽지 찾는 것 좀 도와줘.

앤드류: 안 돼. 나 빨리 나가 봐야 해. 부업으로 하는 일이 있어서 6시까지 가야 한다고.

아담: 나 너 부업하는지 몰랐어. 무슨 일해?

앤드류: M Corp사 프로젝트를 맡아서 하고 있어. 몇 달 동안만 하는 건데, 보수가 정말 좋아.

아담: M Corp라고? 우리 경쟁사잖아. 사장님도 아서?

앤드류: 아니. 그리고 아실 필요도 없지. 난 이 일을 여가 시간에 하니까. 그래서 여기서 내가 하는 일과 부딪히지는 않아. 제시카랑 내가 집을 사려고 저축하려고 하거든. 이 회사에서 정규직으로 받는 월급은 생계유지에는 도움이 되지만, 그게 다야. 집을 사려면 돈을 저축해야 해. 내가 무슨 말하는지 알지?

아담: 알아. 하지만 조심해. 나야 M Corp에 대해서 아무에게도 말하지 않겠지만, 우리 사장님이 매우 엄격하게 회사 운영을 하시잖아.

앤드류: 나도 알아, 친구. 안다고. 저기, M Corp가 다른 프로젝트 하는데 한두 사람 더 필요할 것 같거든. 내가 하는 것과 똑같은 일이야. 몇 달만 하면 되고, 보수도 좋아.

아담: 꽤 괜찮은데. 나도 사실 돈을 좀 벌어야 하긴 하거든. 곧 새 차를 사야 해서 말이야. 나 좀 추천해 줄 수 있어?

**Adam:** Oh no, I just wrote down a password on a little sheet of paper and put it on my desk, and now I can't find it!

**Andrew:** Good luck! That'll ❶ **be like trying to find a needle in a haystack!** Look at your desk, you've got a ton of stuff on it.

**Adam:** Come on, bro, help me look for it.

**Andrew:** Hell no, I've gotta get out of here. Gotta get to ❷ **my side hustle** by 6 P.M.

**Adam:** I didn't know you had an extra job. What are you doing?

**Andrew:** I'm working on a project for M Corp; it's just for a few months, but the pay is very good.

**Adam:** M Corp? Our competitor. Does the boss know?

**Andrew:** No, and he doesn't need to know. I'm doing this during my free time, so it doesn't conflict with work. Jessica and I are trying to save money for a house. My full-time job here helps us ❸ **make ends meet**, but that's it. I need to save some Gs for a house…you know what I mean?

**Adam:** I do. But be careful. I won't tell anyone about M Corp, but our boss ❹ **runs a pretty tight ship**.

**Andrew:** I know, dude, I know. Hey, M Corp could use another person or two to work on some projects. Same thing that I'm doing. It's just a few months, and the pay is good.

**Adam:** That sounds pretty good. I need to earn some dough myself. I'm gonna need a new car soon. Do you think you could ❺ **put in a good word for me**?

---

**Hell no** '안 돼'의 강한 표현
**conflict with ~** ~와 충돌하다
**that's it** 그게 다야, 더는 없어
**Gs** 여기서 G는 1,000달러. 결국 돈을 의미함.
**could use** ~을 필요로 하다
**dough** 돈

165

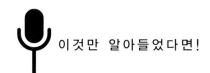 

이것만 알아들었다면!

## 1 To try to find a needle in a haystack:

To look for something very difficult to find

찾을 가망이 없는 것을 찾으려 하다

I need to find that paper, and I know it was on my desk last week, but I've been reorganizing my files, and now there are papers everywhere. This is like trying to find a needle in a haystack.

나 그 서류 찾아야 해. 지난주에 내 책상 위에 있는 걸 분명히 봤거든. 그런데 내가 파일들을 모두 다시 정리하고 있는 중이라 지금은 서류가 온 사방에 다 있어. 이거 모래사장에서 바늘 찾기가 돼 버렸네.

## 2 A side hustle: An extra, part-time job 부업

I think I need a side hustle so I can make a few extra bucks.

돈을 좀 더 벌기 위해서 나 부업이 필요할 것 같아.

## 3 To make ends meet: To have or make enough money to cover one's basic living expenses 겨우 먹고 살 만큼 벌다

It's not easy to make ends meet when you have four kids, but we've done well by being careful with our money.

아이가 네 명이면 수입과 지출 균형 맞추는 게 쉽지 않아. 하지만 우리는 돈을 조심스럽게 쓰면서 잘해내고 있어.

## 4 To run a tight ship: To run or manage an organization or team in a disciplined and orderly way

(어떤 기관이나 팀을) 엄격하고도 능숙하게 운영하다

Although Larry loves to have a good time, he is still a very organized person. He's known for running a tight ship at work.

래리가 재미있게 시간 보내는 건 엄청 좋아하지만, 그래도 걔 대단히 체계적인 사람이야. 직장에서 엄격하게 팀 운영하는 것으로 알려져 있다고.

## 5 To put in a good word for someone:

To recommend someone or say something positive or supportive about them, usually in relation to finding a job

누군가를 추천하거나 그에 대해 긍정적인 말을 해주다

I'm looking for a position in your department. When you see your supervisor, could you put in a good word for me?

내가 너네 부서에서 일자리를 찾고 있거든. 너희 상사 보면, 내 이야기 좀 잘해 줄 수 있겠어?

166

돈에 관한 슬랭 표현이 참 많습니다. 아마 달러를 뜻하는 bucks는 많이 들어보셨을 거예요. 또 미국인들은 '밀가루 반죽'을 뜻하는 dough도 돈의 의미로 사용합니다.

These shoes cost three hundred <u>bucks</u>.
이 구두 300 달러짜리야.

I'm broke. I need to earn some <u>dough</u>.
나 빈털터리야. 돈을 좀 벌어야겠어.

돈과 관련해서 많이 쓰이는 또 다른 슬랭 표현에 천 달러를 의미하는 grand가 있습니다. 그리고 남자 이름 Benjamin도 돈을 의미하는데요, 이건 백 달러를 뜻합니다. 그런데 왜 백 달러를 Benjamin이라고 할까요? 그 이유는 백 달러짜리 지폐에 Benjamin Franklin의 초상화가 있기 때문입니다.

I love that car, but it costs 30 <u>grand</u>.
난 그 차가 진짜 좋은데, 3만 달러나 해.

For emergencies, he kept a stack of <u>Benjamins</u> hidden in his closet.
비상시 대비해서 그는 자기 옷장에 백 달러짜리 지폐 더미를 숨겨 두었지.

## **CULTURE** POINT

앤드류는 아담에게 그가 일하는 회사의 경쟁사에서 부업을 한다고 말합니다. 한국도 마찬가지지만, 미국에서도 이는 직업적으로 비윤리적인 행동입니다. 그럼에도 불구하고 어떤 사람들은 그렇게 하기도 합니다. 실제로 많은 회사와 단체는 직원들에게 "non-compete agreement" 조항이 담긴 계약서에 사인하도록 합니다. 이 조항에 따르면, 직원은 자신이 일하는 회사의 경쟁사에서 일하면 안 됩니다. 만약 직원이 이 조항을 어기고, 회사 측이 이를 발견하게 되면, 해고될 수도 있습니다. 정직원이 부업을 가진다는 게 항상 문제가 되는 건 아니지만, 직원이 회사에 들어올 때 사인한 계약서 내용에 따라 문제가 되는 경우도 있습니다.

# LESSON 14

영어로 말하고 싶은, 또는 못 알아들을 것 같은 예문에 체크해 보세요.

월: 매트 씨, 발표는 어떻게 됐어요?

매트: 에휴, CEO 앞에서 발표하는 건 식은땀 나는 일이었어요.

월: 그렇죠. 그래서 CEO가 매트 씨 마케팅 계획은 어떻게 마음에 들어 하셨어요?

매트: 아직 모르지만, CEO가 팀의 계획안으로 갈 것 같은 인상을 받았어요.

월: 뭐라고요? 우리 팀 누구도 팀의 계획안 마음에 들어 하지 않았잖아요. 그래서 매트 씨가 이 새 계획안을 내놓은 것 아니에요?

매트: 맞아요. 하지만 CEO가 제가 내놓은 안과 팀이 내놓은 안의 차이점을 못 보는 것 같은 느낌이 들었어요. 게다가, 팀이 회의 내내 그분한테 어찌나 아첨을 하던지.

월: 대체 그 사람 왜 그래요? 지난번 회의 때도 그래서, 얼마나 성가셨는데요. 저 정말 뭐라고 한마디 해주고 싶었지만, 샘이 말려서 그냥 입 다물고 있어야 했거든요.

매트: 그거에 대해서는 신경도 쓰지 마세요. 팀이 어떤 사람인지 몰라요? 사장님한테는 계속해서 알랑방귀 꾸미면서 다른 모든 사람들한테는 쌀쌀맞게 대하잖아요.

월: 매트 씨 말이 맞아요. 그건 그렇고, 조쉬와 킴은 어땠어요? 그 사람들은 매트 씨가 내놓은 새로운 안 지지하지 않았나요?

매트: 그 두 사람은 회의 내내 수다만 떨었어요.

월: 세상에!

# English CONVERSATION

MP3 079

**Will:** Matt, how did your presentation go?

**Matt:** Gosh, it was a ❶ **nerve-racking** thing to present in front of the CEO.

**Will:** I know, so how did he like your marketing plan?

**Matt:** I don't know yet, but I'm under the impression that he will choose Tim's.

**Will:** What? None of our team members liked his plan. Isn't that why you came up with this new plan?

**Matt:** Yes, but I got a hunch that the CEO can't tell the difference between my plan and Tim's. On top of that, Tim ❷ **kept buttering him up** throughout the whole meeting.

**Will:** What's wrong with him? He did that in our last meeting too, which was so annoying. I really wanted to say something, but I had to ❸ **bite my tongue** because Sam stopped me.

**Matt:** Don't even bother with it. Don't you know Tim? He never stops brown-nosing the boss and ❹ **gives everyone else the cold shoulder**.

**Will:** Yeah, you're right. By the way, what about Josh and Kim? Didn't they support your new plan?

**Matt:** Those two ❺ **were just shooting the breeze** through the meeting.

**Will:** Oh, Lord!

---

hunch 예감
tell the difference 차이점을 분간하다

169

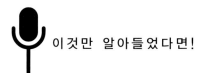 이것만 알아들었다면!

## 1 Nerve-racking (= Nerve-wracking)

골치 아픈/안절부절 못하게 하는 /신경이 많이 쓰이는

Today's science test was so nerve-racking!
오늘 과학 시험은 정말 신경이 많이 쓰였어.

## 2 To butter up

아부하다

John, my coworker, is always buttering up the boss, which is pretty annoying.
직장 동료 존은 맨날 우리 사장한테 아첨하는데, 그거 진짜 짜증나.

## 3 To bite one's tongue

하고 싶은 말을 참다

I really wanted to tell him what I saw that day, but I had to bite my tongue because of Emily.
나 정말 그날 내가 본 것 그에게 이야기하고 싶었지만, 에밀리 때문에 입 다물고 있어야 했어.

## 4 To give someone the cold shoulder (= To give the cold shoulder to someone)

~를 쌀쌀맞게 대하다/냉대하다

After Mary heard about Jerry's scandal, she gave him the cold shoulder.
제리의 추문을 들은 후로 메리는 그를 쌀쌀맞게 대했어.

## 5 To shoot the breeze

잡담하다

I was shooting the breeze with Trisha while waiting for mom to pick me up.
엄마가 데리러 오실 때까지 기다리는 동안 난 트리샤와 잡담을 나누고 있었어.

TV 예능 프로그램에 전라도 사투리를 구사하는 미국계 한국인 인요한(John Linton) 씨가 나온 적이 있습니다. 이국종 교수가 자기를 극찬했다는 얘기를 듣고는, "선배한테 빠~다칠 좀 한 거지."라고 하는 얘기에 다른 출연진들이 박장대소했습니다. 이에 대해 프로그램 제작진은 '짠이*의 우리말 사전'이라며 '빠다칠하다: 누군가를 추켜세우기 위해 과장하여 표현하다'라고 소개했습니다. 하지만 실제로 이 표현은 우리말이 아니라, '아부하다'라는 뜻을 가진 영어 이디엄 butter up을 인요한 씨가 한국식으로 재미있게 표현한 것입니다. 이제 여러분도 butter up 이디엄을 확실하게 외울 수 있겠죠?

---

\* 인요한 씨를 순천 동네 친구들은 짠이(John의 한국식 발음)라고 부른다고 합니다.

## CULTURE POINT

이 대화에 나오는 이름은 모두 줄임말입니다. 즉, Will은 William, Matt은 Matthew, Tim은 Timothy, Josh는 Joshua, Kim은 Kimberly를 줄여서 부른 거지요. 미국인들은 일상 회화에서 이렇게 이름을 줄여서 부르는 경우가 많습니다. 때로는 이렇게 줄인 이름 뒤에 -y를 붙이기도 하는데, 이는 매우 친밀한 표현으로, 주로 가족이나 친한 친구끼리 부르는 방식입니다.

Jennifer → Jen → Jenny
Timothy → Tim → Timmy

마리아: 프린터기 다시 작동됩니다!

펠리샤: 감사합니다, 하느님! 적어도 프린터기는 협조해 주네!

마리아: 펠리샤 씨. 스트레스를 좀 받나 봐요. 하긴 5시간짜리 워크숍을 진행하는 게 긴장되는 일이긴 하죠. 그렇지만, 펠리샤 씨가 우리 사무실에서 가장 체계적인 분이잖아요. 잘하실 거예요.

펠리샤: 저한테 아부하실 필요 없어요.

마리아: 펠리샤 씨, 저 아부하는 거 아니에요. 진심으로 드리는 말씀이에요.

펠리샤: 아, 그렇군요. 고마워요. 사실 제가 좀 불안해서 그래요. 이번엔 아무도 협조를 안 해 줘서요.

마리아: 페기 씨와 클레어 씨가 이 워크숍 준비를 도와야 하는 것 아니에요?

펠리샤: 그렇죠. 그런데 그 두 사람 모두 하루 종일 수다만 떨고 아무것도 안 했어요.

마리아: 그런 법이 어디 있어요! 제 말은, 대체 그 두 사람 왜 그래요? 둘 다 펠리샤 씨한테 계속 쌀쌀맞게 굴더니, 이제는 자기네가 해야 할 일조차 안 한다고요? 제가 사장님께 말씀드리겠어요.

펠리샤: 마리아 씨, 제가 할게요. 이 워크숍 끝나자마자 제가 사장님께 말씀드릴 거예요. 저도 더 이상 입 다물고 있으면 안 될 것 같아요.

**Maria:** The printer is back in business!

**Felicia:** Thank, God! At least the printer is cooperative.

**Maria:** Hey, you look kind of stressed out. I know conducting a 5-hour-workshop can be ❶ **nerve-wracking**, but you're the most organized person in this office. You'll be fine.

**Felicia:** You don't have to ❷ **butter me up**.

**Maria:** Felicia, ❷ **I'm not buttering you up**. I mean what I say.

**Felicia:** Okay, thanks. I'm just a little nervous because no one is cooperating this time.

**Maria:** Aren't Peggy and Claire supposed to assist you with the workshop?

**Felicia:** Yes, they are, and ❸ **they've been just shooting the breeze** all day and got nothing done.

**Maria:** That's so unfair! I mean…what's wrong with them? Both of them ❹ **have been giving you the cold shoulder**, and now they're not even doing their job? Let me talk to the boss.

**Felicia:** Maria, let me take care of it. I will talk to him as soon as I finish this workshop. I don't think I should ❺ **be biting my tongue** anymore.

---

**be back in business** (평상시처럼) 다시 작동하다
**I mean what I say. = I mean it.** 진심으로 하는 말이다.

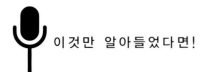

이것만 알아들었다면!

MP3 082

## 1 Nerve-racking (= Nerve-wracking):
### Causing lots of stress

Rena: How was your first job interview?
Brie: It didn't go well. Gosh, it was a really nerve-racking experience.
레나: 첫 번째 구직 면접은 어땠어?
브리: 잘 안 됐어. 에휴, 진짜 식은땀 나는 경험이었어.

## 2 To butter up: To flatter

Lisa took the boss out to lunch almost every day and buttered her up, but she didn't raise Lisa's salary.
리사가 거의 매일 사장님 모시고 나가서 점심 사 드리고 아첨했지만, 사장님은 리사 월급을 올려 주지 않았어요.

## 3 To shoot the breeze: To chit-chat

We were just shooting the breeze, doing nothing.
우린 아무것도 안 하고, 그냥 수다만 떨고 있었어.

## 4 To give someone the cold shoulder (= To give the cold shoulder to someone):
### To treat someone in an unfriendly way

I have no idea why Paige gave me the cold shoulder at Jamie's party.
난 제이미네 파티에서 페이지가 왜 날 쌀쌀맞게 대했는지 도무지 모르겠어.

## 5 To bite one's tongue:
### To stop oneself from saying something when one wants to

I wasn't really sure if I should let Miranda know about the incident, so I bit my tongue and didn't say anything about it.
난 그 사고에 대해 미란다에게 알려줘야 할지 말지 진짜 확신이 안 섰어. 그래서 그냥 입 다물고 그것에 대해서 아무 말도 안 했어.

대화에서 볼 수 있는 것처럼, nerve-racking은 nerve-wracking이라는 철자로도 쓰입니다. nerve-racking이 원조이긴 하지만, 많은 미국인들이 nerve-wracking을 쓰기 시작하면서 이 또한 용인되는 철자법이 됐지요. 물론 *규범문법(prescriptive grammar)을 엄격하게 따르려는 사람들은 nerve-racking만 맞는다고 주장하지만, 실제로 미국에서 두 가지 철자가 모두 흔하게 쓰이고 있습니다. 참고로, rack은 '몹시 괴롭히다/시달리게 하다'의 의미를, wrack은 '파멸하다/고문하다'의 의미를 가진 단어입니다. 그러니, nerve-racking이라고 하나, nerve-wracking이라고 하나 비슷한 말이기 때문에 이런 현상이 생겼겠지요?

---

\* 규범문법(prescriptive grammar) 신봉자들은 한 언어에는 올바른 용법이 존재하기 때문에 모든 사람들이 그 용법에 따라서 해당 언어를 사용해야 한다고 주장합니다. 참고로 규범문법과 대비되는 기술문법(descriptive grammar)은 언어가 보통 사람들에게 사용되고 있는 그 상태 그대로 기술하는 문법입니다. – 「미국 영어 문화 수업」 중 〈문법을 바라보는 두 가지 관점: 자장면은 짜장면의 느낌이 안 난다〉 참고.

## *Vocabulary Point*

영어에는 butter up외에도 '아부/아첨하다'라는 뜻의 이디엄이 많습니다. 많지만 이런 의미를 가진 다른 표현들이 거의 비속어인 반면에 상대적으로 butter up은 점잖은 표현에 속하지요. 여기서는 비속어이긴 하지만 미국인들이 가장 자주 쓰는 이디엄 두 가지만 소개할게요. 제일 많이 쓰이는 이디엄으로 kiss one's ass가 있는데, 직역하면 '〜의 엉덩이에 키스하다'이지만, '알랑방귀를 끼다'라는 말입니다. 그리고 이런 사람들을 ass-kisser라고 하지요.

The way he <u>kisses his boss's ass</u> is annoying everyone else.
그가 자기 상사에게 알랑거리는 방식 때문에 모두가 짜증이 나지.

또 다른 저속한 표현으로 brown-nose가 있습니다. 직역하면 '갈색 코'인데, 코가 갈색인 거랑 아부하는 거랑 무슨 관계가 있을까요? 힌트는 바로 kiss one's ass 이디엄에 있습니다. 남 엉덩이에 키스를 너무 많이 하면 코에 뭐가 묻을까요? 네, 그거예요^^; 그리고 이런 행동을 자주 하는 사람을 brown-noser라고 부릅니다.

That guy is always trying to <u>brown-nose</u> the boss.
저 사람은 맨날 사장님한테 아부하려고 한다니까.

**LESSON 14**

신부 아버지: 나 좀 도와줘요. 무슨 옷을 입어야 할지 고르기 참 힘드네. 에휴, 예비 사돈들 만나는 게 어찌나 긴장되는 일인지.

신부 어머니: 맘 편히 먹어요, 여보! 그냥 저녁 먹고, 그분들하고 잡담 좀 하고 그러면, 다 괜찮을 거예요.

신부 아버지: 어떻게 예비 사돈들하고 잡담을 해요? 이런 관계에서는 격식을 갖춰야 한다고요!

신부 어머니: 꼭 그런 건 아니죠! 게다가, 당신 그렇게 계속 굳은 표정을 하고 있으면, 그분들이 당신이 자신들한테 우호적이지 않다고 생각할 거예요. 난 그분들이 당신이 자기들을 냉대한다거나, 뭐 그런 식으로 생각하지 않으면 좋겠다고요.

신부 아버지: 알았소. 웃으려고 노력할게요, 됐죠?

신부 어머니: 또 아부도 살짝 좀 하는 게 때로는 서먹한 분위기를 깨는 좋은 방법이기도 해요.

신부 아버지: 알겠습니다!

신부 어머니: 참, 가장 중요한 건, 제발 마음에 떠오른다고 다 말하지 말아요. 때로는 입 다물고 있어야 하기도 해요, 아무리 불만이 있더라도 말이죠.

신부 아버지: 이거, 참! 거 제발 잔소리 좀 그만할 수 없소?

**Bride's father:** Can you help me out? It's so hard to choose which clothes to wear. Gosh, what a ❶ **nerve-racking** thing meeting the future in-laws!

**Bride's mother:** Relax, honey! We'll just eat dinner, ❷ **shoot the breeze** with them a little, and everything will be fine.

**Bride's father:** How can we ❷ **shoot the breeze** with our future in-laws? This kind of relationship is formal!

**Bride's mother:** Not necessarily! Plus, if you keep wearing that stern face, they'll think you're not being friendly with them. I don't want them to think ❸ **you're giving them the cold shoulder** or something.

**Bride's father:** All right. I'll try to smile, okay?

**Bride's mother:** Also, ❹ **buttering up** people a little bit is sometimes a good way to break the ice.

**Bride's father:** All righty!

**Bride's mother:** Oh, the most important thing is…please don't say everything that comes to mind. Sometimes you should ❺ **bite your tongue** even if you're not pleased.

**Bride's father:** Oh, my God! Could you please stop lecturing me?

---

**stern** 굳은, 근엄한, 엄격한
**break the ice** 서먹서먹한 분위기를 깨다

177

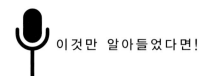 

MP3 084

## 1 Nerve-racking (= Nerve-wracking):
### Causing lots of stress 골치 아픈/안절부절 못하게 하는/신경이 많이 쓰이는

In order to obtain my green card, I had to prepare plenty of documents. It was a nerve-racking process.
나 영주권 받으려고 엄청 많은 서류를 준비해야 했어. 골치 아픈 과정이었지.

## 2 To shoot the breeze: To chit-chat 잡담하다
Instead of shooting the breeze there, why don't you guys do your homework?
너희들 거기서 잡담하는 대신, 숙제하는 게 어떠니?

## 3 To give someone the cold shoulder (= To give the cold shoulder to someone): To treat
### someone in an unfriendly way ~를 쌀쌀맞게 대하다/냉대하다

Please don't give me the cold shoulder.
제발 나한테 쌀쌀맞게 대하지 마.

## 4 To butter up: To flatter 아부하다
Laura is good at buttering up people when she needs something from them.
로라는 자기가 뭔가 필요할 때는 사람들에게 아부하는 걸 참 잘해.

## 5 To bite one's tongue: To stop oneself from saying
### something when one wants to
### 하고 싶은 말을 참다

Bite your tongue! I'm sick and tired of hearing your complaints.
입 다물어! 너 불평하는 소리 듣는 것 정말 신물이 나.

남편의 마지막 문장(Could you please stop lecturing me?)에서 lecture는 '강의'라는 의미의 명사가 아니라, '강의하다'라는 동사 의미로 쓰인 겁니다. 이렇게 거의 대부분의 영어 단어는 하나가 아닌 여러 가지 품사로 기능합니다. 몇 가지 예를 더 살펴볼까요?

Work:

I've got lots of work to do. 나 할 일이 많아. (명사)

I work for this company. 나 이 회사에서 일해. (동사)

E-mail:

Shoot me an e-mail. 나한테 이메일 보내. (명사)

He e-mailed me a couple of days ago.
그가 이틀쯤 전에 내게 이메일했어. (동사)

Frequent:

After I started taking this medicine, I experience frequent changes in mood.
이 약을 복용하기 시작한 뒤로, 난 잦은 기분 변화를 경험해. (형용사)

I frequent this restaurant. 난 이 식당에 자주 와. (동사)

## **CULTURE** POINT

자녀를 결혼시키기 위해 처음 예비 사돈을 만나는 자리를 *상견례[相見禮]라고 하지요. 상견례를 국어사전에서는 '서로 공식적으로 만나보는 예'라고 정의합니다. 이렇게 예비 사돈을 처음 만나는 자리는 우리나라에서 매우 격식을 갖춰야 하는 행사입니다. 한국만큼은 아니지만, 미국인 중에도 상견례를 할 때 격식을 갖춰야 한다고 생각하는 사람들이 많아요. 그래서 주인공 딸의 결혼 과정을 그린 〈신부의 아버지〉라는 미국 영화를 보면, 예비 사돈을 만나기 전에 너무 긴장한 나머지 무슨 옷을 입어야 할지 결정을 못하고 옷을 여러 번 갈아입었다는 대사가 나옵니다. 실제로 결혼 관련한 미국 잡지들을 보면 예비 사돈을 처음 만나서 어떻게 행동해야 하는가에 관한 글도 흔히 볼 수 있습니다. 한국 부모님들이 상견례 자리에 한복이나 양복을 입고 나가는 것처럼, 미국인들 역시 정장 차림을 합니다. 그렇지만, 미국과 한국이 큰 차이를 보이는 부분이 있는데, 바로 상견례 날짜입니다. 한국은 대체로 결혼식 한두 달 혹은 그 이전에 하는 것이 대세지만, 미국은 천차만별입니다. 일례로 제 친구는 결혼식 하루 전날 있었던 리허설 디너에서 상견례를 했다고 하네요. 한국에서는 상견례가 결혼에 대한 양가 부모의 허락을 받는 기능을 하는 경우가 많은 반면, 미국에서는 양가 부모가 서로 인사하는 자리일 뿐이기 때문입니다. 대부분의 미국인들에게 결혼은 부모나 집안일이 아닌, 개인의 선택이기 때문이지요.

---

\* 다음(DAUM) 국어사전 참고.

**LESSON 15**

영어로 말하고 싶은, 또는 못 알아들을 것 같은 예문에 체크해 보세요.

앨리슨: 메건, 이번 주말에 뭐 해?

메건: 내 계획은 카우치 포테이토가 돼서 주말 내내 넷플릭스에 있는 새 TV 프로를 한꺼번에 몰아서 보는 거야.

앨리슨: 그거야말로 진짜 편안한 주말 같다! 어떤 프로를 볼 건데?

메건: 아직 모르겠어. 몇 개 프로그램 들은 게 있는데, 아직 내 이목을 진짜 확 끄는 건 하나도 없어. 〈브레인 트러스트〉를 볼까 했는데, 그 프로그램에 대한 안 좋은 리뷰를 들었어.

앨리슨: 맞아, 나도 그 프로 진짜 오글거린다는 소리 들었어. 거기 나오는 사람들은 돈을 위해서 창피한 일을 뭐든 다 해야 해. 보기에도 고통스러울 정도라니까.

메건: 맞아. 편안하게 휴식을 취하겠다는 내 생각과는 안 맞아. 〈스타더스트〉라는 프로도 있다는데, 난 그걸 한번 보고 싶어.

앨리슨: 나 그거 얘기 들었어. 나한테는 너무 시시한 프로 같아. 그냥 평범한 공상 과학 프로라고 하니까.

메건: 사실, 인터넷에서 리뷰를 하나 읽었는데, 그 사람이 그 프로에 대해 몇 가지 좋은 점을 이야기하기에 난 한번 볼까 해.

앨리슨: 하긴, 이 프로가 별로면, 다른 TV 프로도 엄청 많아.

메건: 얘, 그러고 싶으면 이번 주말에 우리 집에 와. 나하고 같이 TV나 실컷 몰아서 보는 거야.

앨리슨: 그거 신나는 계획이네! 좋지!

# English CONVERSATION

**MP3 085**

**Allison:** Megan, what are you doing this weekend?

**Megan:** My plan is to be a couch potato and ❶ **binge watch** a new show on Netflix all weekend.

**Allison:** That sounds really relaxing! Which show are you watching?

**Megan:** I don't know yet. There are a few new shows I've heard about, but nothing ❷ **has really caught my eye** yet. I was thinking of "Brain Trust", but I've heard bad reviews about that one.

**Allison:** Oh yeah, I heard that was really ❸ **cringey**. The people in the show have to do all kinds of embarrassing things for money. It's kind of painful to watch.

**Megan:** Yeah, not my idea of relaxing. There's another one called "Stardust" that I've wanted to ❹ **check out**.

**Allison:** I've heard about that one. It sounds too ❺ **basic** for me, just your average science fiction show.

**Megan:** Actually, I read a review online, and they said good things about it, so I might try this one.

**Allison:** Well, there are hundreds of other shows out there if this one isn't good.

**Megan:** Hey, come over this weekend if you want—we can ❶ **binge watch** together!

**Allison:** That sounds great! Cool beans!

---

**show** (TV 등의) 프로그램

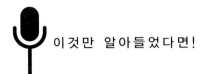

## 1 To binge watch

On Friday night we binge watched a historical K-drama, "Dae Jang Geum". We watched four episodes in a row.

금요일 밤에 우리는 한국 사극 드라마 〈대장금〉을 몰아서 봤어. 연달아 네 편을 봤지.

(드라마나 TV쇼 시리즈 등을) 한꺼번에 몰아서 보다

'폭음/폭식하다'의 동사 binge에 '보다'의 watch가 더해진 이디엄이다.

## 2 To catch one's eye

I was out shopping, and a pair of fabulous red shoes caught my eye—I had to try them on.

쇼핑하고 있었는데, 멋진 빨간 구두 한 켤레가 내 눈길을 끌더라고. 난 그걸 신어 봐야 했지.

눈길을 끌다

## 3 Cringey

He tripped coming in the door, dropped his backpack, and then his cell phone. It was cringey, but at least his cell phone was okay!

그는 문 안으로 들어오다가 발을 헛디뎌 넘어지면서 가방을 떨어뜨리더니 핸드폰까지 떨어뜨렸어. 창피한 일이었지만, 그래도 다행히 핸드폰은 괜찮았어.

오글거리는/ 창피한

## 4 To check something out

There's a new coffee shop downtown. I haven't been there yet, but I plan to check it out this week.

시내에 커피숍이 새로 생겼어. 나 아직 거기 못 가 봤지만, 이번 주에는 가 볼 생각이야.

~해 보다/확인해 보다

## 5 Basic

You didn't miss anything at the party the other night. It was pretty basic.

요전 날 밤 파티에서 너 놓친 거 하나도 없어. 그 파티 정말 시시했거든.

시시한/재미없는/특별할 것 없는

메건이 〈스타더스트〉라는 TV 프로그램에 대한 리뷰를 하나 읽었다고 하면서 "I read a review online, and they said good things about it."이라고 말합니다. 분명히 하나의 리뷰인데, 왜 그 리뷰를 쓴 사람(reviewer)을 He나 She가 아닌, They라고 표현했을까요? They는 복수형이기 때문에, 이 문장에서는 3인칭 단수형인 He나 She를 써야 문법적으로 맞는 것이 아닐까요? 사실 이런 문맥에서 They, He, She 모두 다 사용 가능한 대명사입니다. 하지만, 미국 영어에서 이런 경우 They를 사용하는 사람들이 점점 더 많아지고 있습니다. 그래서 미국인들의 대화에서 They가 어느 한 사람을 나타내는 대명사로 쓰이는 것을 요즘은 자주 들을 수 있습니다.

## *Vocabulary Point*

Binge는 '~을 지나칠 정도로 마음껏 하다'라는 의미의 동사입니다. 사실 이 단어는 먹거나 마신다는 의미를 가진 문맥에서 주로 사용됩니다.

I binged on ice cream last night.
나 어젯밤에 아이스크림 왕창 먹었어.

위의 예문에서처럼, binge가 이런 의미의 동사로 쓰일 때는 주로 전치사 on과 함께 쓰입니다. 또 binge는 알코올 섭취와 관련된 문맥에서도 자주 들을 수 있는 단어인데요, 동사뿐 아니라 명사형으로도 쓰입니다. 이렇게 binge가 명사로 쓰일 때는 to go on a binge가 미국 영어에서 가장 흔히 쓰이는 표현입니다.

They went on a binge and were too drunk to drive home.
그들은 진탕 술을 마시며 놀다가 너무 취해서 집에 운전해서 갈 수 없을 지경이었다.

데보라: 진, 토요일에 우리 도시에 '핑크 푸들즈'라는 밴드가 오는데, 나 정말 가 보고 싶어. 같이 안 갈래?

진: 토요일? 나 〈길모어 걸즈〉 몰아서 볼 계획이었는데. 내가 이 시리즈를 늦게 시작해서 인제 두 번째 시즌 보고 있거든.

데보라: 〈길모어 걸즈〉? 그 프로 너무 시시한데.

진: 너한테야 그렇겠지. 그런데 난 정말 재미있어. 너무나 기다려진다니까. 보송보송한 잠옷 입고 내가 좋아하는 양말 신고 편안하고 따뜻한 차림을 해야지. 그리고 TV보는 동안에는 쿠키와 우유도 먹을 거야.

데보라: 네, 그러세요. 진짜 오글거리네. 너 다섯 살 아이 같은 것 아니?

진: 너한테 오글거리는 일이 나한테는 너무 좋은 걸. 내가 지적하고 싶은 건, 내가 그 바보 같은 푸들인지 두들인지 하는 밴드 가지고 놀리지 않잖아.

데보라: 핑크 푸들즈야, 푸들 두들이 아니라.

진: 어쨌든! 그런데 어떻게 그런 밴드의 팬씩이나 됐니?

데보라: 팬은 아니야. 인터넷하다가 지역 음악 공연 관련 광고가 내 눈길을 끌더라고. 흥미로울 것 같아서.

진: 애, 네가 팬이나 뭐라도 된다면, 내가 함께 가는 걸 고려해 볼 수도 있을 거야. 하지만 그건 너무 큰 모험 같아. 쿠키랑 우유 먹으면서 소파에서 보낼 보송보송하고 포근한 내 TV 몰아보기 타임을 포기할 수 없어.

데보라: 뭐, 네가 그런 식으로 말하니까, 네 계획도 꽤 좋은 것 같네. 하지만 그 프로는 언제든 볼 수 있으니까. 난 이 밴드 보러 갈 거야. 밴드가 별로면, 너희 집에 가서 쿠키나 먹지 뭐.

진: 마음대로 해라!

**Deborah:** Jin, there's this band coming to town on Saturday, The Pink Poodles, and I really want to ❶ **check them out**. Wanna come with?

**Jin:** Saturday? I was planning to ❷ **binge watch** "Gilmore Girls". I started the series late, and I'm only in the second season.

**Deborah:** "Gilmore Girls"? That show is so ❸ **basic**.

**Jin:** Maybe to you, but I love it. I'm looking forward to it. I'm gonna snuggle up in my fuzzy pajamas and my favorite socks…and I plan to enjoy cookies and milk while I watch.

**Deborah:** Oh, please, that is so ❹ **cringey**! Are you like five years old?

**Jin:** What's ❹ **cringey** to you is heaven to me. I would like to point out that I am not making fun of your stupid Poodle Doodle band.

**Deborah:** The Pink Poodles, not Poodle Doodle.

**Jin:** Whatever! How did you even become a fan of this band?

**Deborah:** I'm not a fan. I was online, and this ad for local music performances ❺ **caught my eye**. They sound interesting.

**Jin:** Look, if you were a fan or something, I might consider going, but it sounds like too much of a risk. I am not giving up my cuddly, snuggly ❷ **binge watching** session on the couch with cookies and milk.

**Deborah:** Well, now that you put it that way, your plan does sound pretty good. But I can always watch that show. I think I'll go see this band. If they suck, I can come over to your place and eat some cookies.

**Jin:** Suit yourself!

---

**snuggle up** 꼭 끌어안다
**cuddly** 꼭 껴안고 싶은
**suck** 엉망이다, 형편없다

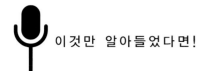 이것만 알아들었다면!

### 1 To check something out: To examine something

Hey, check out my new cell phone—the camera is fantastic!

야, 내 새 핸드폰 좀 봐. 카메라가 기가 막힌다니깐!

---

### 2 To binge watch: To watch multiple episodes of a television series in one sitting

I wasn't able to watch the final season of *Game of Thrones* when it first came out, so I'm catching up by binge watching it this week.

내가 〈왕좌의 게임〉 마지막 시즌을 처음 나왔을 때 보지 못 봤거든. 그래서 이번 주에 몰아서 봐서 따라잡으려고.

---

### 3 Cringey: Embarrassing

My colleague did a terrible job with the presentation. He forgot his notes and wasn't able to answer questions. It was cringey to watch.

내 동료가 발표를 너무 엉망으로 했거든. 노트를 잊어버리고 안 가져와서 질문에 답할 수도 없었어. 보고 있기도 창피하더라.

---

### 4 To catch one's eye: To attract your attention

When my grandparents first met, my grandfather was wearing a sharp-looking suit that caught my grandmother's eye.

우리 조부모님이 처음 만나셨을 때, 우리 할아버지가 할머니의 눈길을 끄는 멋져 보이는 양복을 입고 계셨대.

---

### 5 Basic: Boring

My professor asked us to watch some videos on the topic we're covering in class. I couldn't keep my eyes open while watching them; they were so basic.

우리 교수님이 우리가 수업 시간에 공부하고 있는 그 주제에 관한 비디오를 보라고 하셨거든. 그 비디오를 보는 동안 잠이 와서 죽겠더라. 너무 재미없더라고.

Collocation(연어)은 흔하게 같이 쓰이는 단어들의 결합을 말합니다. 대화에서 진은 cookies and milk를 먹고 싶다고 말하는데, 이 또한 collocation의 일종입니다. 이런 collocation이 생긴 이유는 실제로 미국인들이 많은 경우 쿠키를 우유와 함께 먹기 때문입니다. 〈빅뱅 이론(The Big Bang Theory)〉이라는 시트콤에도 이를 시사하는 장면이 나옵니다. 그림으로 단어를 설명하고 맞히는 게임을 하던 중, 친구가 초콜릿칩 쿠키 그림을 그렸는데 이걸 못 맞힌 쉘던이 이렇게 말합니다. "초콜릿칩 쿠키 그림을 그린다면 바로 옆에 우유도 한 잔 그렸어야지!" 이렇게 collocation은 미국 문화를 담고 있기도 합니다. 그러니 제대로 된 미국 영어를 공부하고 싶다면 Collocations Dictionary(연어 사전)로 공부해 보세요. 그 단어들이 주로 어떤 단어들과 함께 쓰이는지와 더불어, 그 단어들이 쓰이는 문맥까지 함께 배울 수 있을 거예요. 예를 들어, 형용사와 명사가 결합한 collocation의 예인, heavy drinker(술고래)와 heavy smoker(골초)를 보면서 형용사 heavy가 나쁜 습관을 표현하는 문맥에서 자주 쓰인다는 사실까지 함께 배울 수 있습니다. 이런 식으로 단어를 공부하면, 단어 사용의 직감도 함께 기를 수 있답니다.

## **CULTURE** POINT

〈길모어 걸즈〉는 2000년에서 2007년까지 7시즌이나 방영됐던 인기 TV 드라마입니다. 이 드라마는 편모인 로렐라이와 그녀의 10대 딸 로리가 미국 동북부 지방의 작은 마을에서 살아가는 이야기를 그립니다. 이 드라마가 마니아층을 형성한 이유는 바로 전형적인 Comfort TV이기 때문입니다. Comfort TV란 단순하고 소박한 주제로 위안을 주는 TV 프로그램을 말하는데, 이런 드라마에서 갈등은 늘 해결되고 삶은 큰 스트레스 없이 안정적이지요. 예를 들어, 〈길모어 걸즈〉의 배경이 되는 작은 마을은 모두가 서로를 알고, 사람들은 항상 여유롭게 커피를 마시고 있으며, 어떤 사건이 발생하더라도 결국은 주인공들에게 좋은 일이 일어나는 것으로 이야기는 마무리됩니다. 이런 Comfort TV 시리즈물을 몰아서 한꺼번에 보는 것이 많은 미국인들이 스트레스가 풀리게 휴식하는 방법이기도 합니다.

마이클: (동료에게 귓속말로) 에휴, 내가 데니스 씨와 민망한 일이 좀 있었어.

그레그: 저런! 무슨 일이 있었는데?

마이클: 내가 레베카 씨가 하는 그 프로젝트 하고 있는 것 알지?

그레그: 알아.

마이클: 원래, 데니스 씨가 그 일을 해야 하는 것이었는데, 막판에 그 사람을 다른 프로젝트로 보내고는 나한테 레베카 씨랑 같이 일하라고 하더라고.

그레그: 그래서?

마이클: 그래서 모두가 데니스 씨도 이 일을 알고 있는 줄 알았지. 그런데 알고 보니 아무도 데니스 씨한테 그 이야기를 안 한 거야. 내가 그 프로젝트에 관한 이야기를 하기 시작하자 데니스 씨가 너무 놀라는 거 있지. 난 그 사람이 알고 있는 줄 알았고! 물론 그 일에 대해 기분이 썩 좋지 않다는 것도 알 수 있었지.

그레그: 기분 나빠하지 말고 들어. 사실 네가 하고 있는 그 프로젝트 정말 재미없는 거야. 내 말은, 그 사람, 그 일을 안 해도 된다는 것에 기뻐해야 한다고.

마이클: 나도 알아. 네 말이 맞아. 나도 그 일 하는 게 그리 즐겁지는 않아. 그래도 말이야, 내가 말했듯이 그냥 어색하고 민망한 순간이었어.

그레그: 뭐, 그래도 다행히 오늘 금요일이고, 퇴근할 때까지 2시간 밖에 안 남았잖아. 이번 주말에 뭐 해?

마이클: 새로 오픈한 식당 하나를 오늘 밤에 가 보려고 계획했었지. 내가 지난번에 시내에 갔을 때 내 눈길을 확 끌더라고. 하지만 데니스 씨가 오늘 거기에 간다는 말을 우연히 들었거든. 그냥 집에서 넷플릭스에 있는 TV 프로나 몰아서 봐야 하나 생각 중이야.

그레그: 뭐, 그거야 언제든 좋은 계획이지!

**MP3 089**

**Michael:** (Whispering to a co-worker) Oh, gosh! I just had this ❶ **cringey** moment with Dennis.

**Greg:** Oh, no! What happened?

**Michael:** You know I'm working on that project for Rebecca.

**Greg:** Yeah.

**Michael:** Originally, Dennis was the one who was supposed to work on it, but at the last minute they moved him to another project and asked me to work with Rebecca.

**Greg:** So?

**Michael:** So, everyone thought that Dennis knew this…but apparently, no one told him. He was very surprised when I started talking about the project. I thought he knew! I could tell he was not happy about it.

**Greg:** No offense, but that project you're working on is so ❷ **basic**. I mean, he should be glad he's not having to work on it.

**Michael:** I know, you're right. I'm not thrilled to be working on it either, but you know, like I said, it was just awkward and ❶ **cringey**.

**Greg:** Well, at least it's Friday, and we only have two more hours before quitting time. What are you doing this weekend?

**Michael:** I had planned to ❸ **check out** this new restaurant tonight—it ❹ **caught my eye** the last time I was downtown, but then I overheard Dennis saying that he plans to go there tonight. I think I might just stay home and ❺ **binge watch** something on Netflix.

**Greg:** Well, that's never a bad plan!

---

**No offense!** 기분 상하게 할 의도는 없어.
**quitting time** 퇴근 시간

189

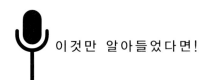 이것만 알아들었다면!

MP3 090

**1**

# Cringey: Embarrassing 오글거리는/창피한

When she walked out of the bathroom, she had toilet paper stuck to the bottom of her shoe. It was cringey.

그녀가 화장실에서 걸어 나올 때, 휴지가 그녀 구두 바닥에 착 붙어 있었어. 창피한 일이었지.

**2**

# Basic: Boring 시시한/재미없는/특별할 것 없는

Unfortunately, the new *Star Wars* movie was pretty basic. The best one, in my opinion, was the first one.

유감스럽게도, 새 〈스타워즈〉 영화는 정말 특별할 것이 없었어. 내 생각에, 가장 최고는 제일 처음 것이었어.

**3**

# To check something out: To examine something
~해 보다/확인해 보다

Have you checked out the latest *Star Wars* movie yet?

가장 최신판 〈스타워즈〉 영화 봤니?

**4**

# To catch one's eye: To attract your attention 눈길을 끌다

The restaurant was crowded, but I managed to catch the waiter's eye so we could order.

그 식당이 사람들로 바글바글했지만, 내가 겨우 웨이터의 주의를 끌어서 우리가 주문할 수 있었어.

**5**

# To binge watch: To watch multiple episodes of a television series in one sitting
(드라마나 TV쇼 시리즈 등을) 한꺼번에 몰아서 보다

I love the *Harry Potter* movies, and I plan to binge watch all of them this weekend.

난 〈해리포터〉 영화 시리즈 정말 좋아하거든. 이번 주말에 전부 다 몰아서 볼 생각이야.

대화 중 마이클의 문장, "…Dennis was the one who was supposed to work on it…"을 보세요. 구어체 미국 영어에서 supposed to는 스펠링과 매우 다르게 발음되는데, 그 이유는 미국인들이 발음 편의상 이를 줄여서 말하기 때문입니다. 그래서 이 부분을 들으면 [spoz-tuh]에 가깝게 들립니다.

## **CULTURE** POINT

우리도 그렇지만 미국인들은 상대방의 기분을 상하게 하는 말은 극도로 피하려는 경향이 있습니다. 하지만, 살다 보면 어쩔 수 없이 상대방이 기분 나빠할 수 있는 말을 해야 할 때가 있습니다. 이때, 그런 부정적인 뉘앙스를 조금이나마 줄여 주는 표현 중 하나가 바로 No offense, but ~입니다. 우리말로 하면 '기분 상하게 하려는 건 아니지만, ~'이지요. 같은 의미를 가진 다른 표현으로 I hate to say it, but ~(이런 말 정말 하기 싫지만, ~), I'm sorry, but ~(미안하지만, ~) 등이 있습니다.

## LESSON 16

영어로 말하고 싶은, 또는 못 알아들을 것 같은 예문에 체크해 보세요.

에마: 저기, 벨라! 최근에 벤 본 적 있니? 일주일 동안 걔를 못 봤거든.

벨라: 가까이 와 봐. (속삭이며) 벤이 지금 마리화나 중독 치료 프로그램에 다니고 있어.

에마: 벤이 마리화나에 중독됐었다고? 그런 사람 같아 보이지는 않았는데.

벨라: 그게, 걔가 하버드에 들어간 후로 항상 스트레스를 받고 있었거든. 난 걔가 포기하고 싶다고 하는 말 여러 번 들었어. 물론, 내가 아직은 포기하기에 너무 이르다고 했지.

에마: 네가 그렇게 말하니까 하는 이야긴데, 걔가 나한테도 시험 칠 때마다 초조해진다는 말을 자주 해. 그래서 지금은 걔 어때?

벨라: 뭐, 지금은 그 프로그램에 다니면서 자기 엄마랑 같이 지내고 있어.

에마: 최소한 보살핌을 잘 받고는 있겠네.

벨라: 그건 잘 모르겠어. 벤은 자기 엄마가 헌신적인 엄마라는 건 알지만, 동시에 자기한테 기대를 너무 많이 한다고 생각하거든.

에마: 저런, 걔가 엄마랑 있는 동안 속마음을 꼭 털어놔야 할 텐데.

# English CONVERSATION

MP3 091

**Emma:** Hey, Bella! Have you seen Ben lately? I haven't seen him for a week.

**Bella:** Please come closer. (Whispering) Ben's attending a marijuana addiction treatment program.

**Emma:** He ❶ **was hooked on** marijuana? He didn't seem like that type of person.

**Bella:** Well, ever since he entered Harvard, he has always been stressed out. I've heard him say that he wants to ❷ **throw in the towel** multiple times. Of course, I told him it's too soon to ❷ **throw in the towel**.

**Emma:** Now that you mention it, he often tells me that he ❸ **gets cold feet** whenever he takes a test…so how is he doing now?

**Bella:** Well, right now, he's staying with his mom attending the program.

**Emma:** At least, ❹ **he's in good hands**.

**Bella:** I don't know about that. Ben knows she's a dedicated mother, but at the same time, he thinks she expects too much from him.

**Emma:** Oh, no. I think he really needs to ❺ **get it off his chest** while he's with her.

---

**stressed out** 스트레스를 받는

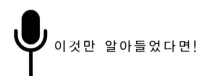 이것만 알아들었다면!

MP3 092

## 1 To be/get hooked on

~에 중독되다/빠져 있다

She has just found out her husband is hooked on drugs.

그녀는 자기 남편이 마약에 중독됐다는 사실을 알게 됐다.

## 2 To throw in the towel

포기하다
/패배를
인정하다

I thought it over and have decided to throw in the towel. I just don't have what it takes to do this job, and everything has been falling apart.

내가 생각해 봤는데, 그냥 포기하는 쪽으로 결정했어. 이 일을 해내는 데 필요한 능력이 나한테 없어서 모든 게 엉망이 되어 가고 있거든.

권투 시합에서 선수의 코치가 링 안으로 수건을 던지면 시합을 포기할 테니 경기를 중단하라는 뜻인데, 바로 여기서 유래된 이디엄이다.

## 3 To get/have cold feet

주눅 들다/초조해지다/겁이 나다

I bought a ticket for the roller coaster, but I couldn't ride it because I got cold feet.

내가 롤러코스터 타려고 표를 샀는데, 너무 무서워서 타지는 못했어.

## 4 To be in good hands

보살핌을 받다/
잘 관리되고
있다

When my mom watches the kids, I can focus on my work because I know they are in good hands.

우리 엄마가 애들을 봐줄 때는 내가 일에 집중할 수가 있어. 아이들이 보살핌을 받고 있다는 걸 아니까.

## 5 To get something off one's chest

속마음을 말하고
마음의 부담을 덜다
/마음의 짐을 털어 버리다

Paige: I really don't like the way Peggy treats me.

Emma: I would talk to her and get it off my chest.

페이지: 난 페기가 날 대하는 방식이 정말 싫어.
에마: 나라면 걔한테 말하고 내 맘을 털어놓겠다.

대화 속 에마의 문장, "He's in good hands."에서 To be in good hands는 사람에게 쓰이고 있어요. 하지만 이 이디엄은 사물을 말할 때도 쓸 수 있습니다. 이를 테면, 자동차가 고장 나서 실력 있는 정비사에게 맡기고 "My car is in good hands."라고 말할 수 있는 거지요. 비슷한 문맥에서 "Your computer is in good hands."도 물론 가능한 문장입니다. 또, 어느 가게에서 능력 있는 매니저를 고용하고는 "The shop is in good hands now."라고 말할 수도 있습니다.

## **CULTURE** POINT

벨라가 "I don't know about that."이라고 말한 건 에마 말에 완전히 동의하지는 않기 때문입니다. 이렇게 미국인들은 상대방 말이 사실이 아니라고 생각하거나 상대방 의견에 동의하지 않을 때, 주로 "I don't know." 또는 "I don't know about that."이라고 말합니다.

Ryan: I don't think Andrew Jackson is a talented writer.

Graham: Well, I don't know about that.

라이언: 난 앤드류 잭슨이 재능 있는 작가라는 생각이 안 들어.
그래엄: 글쎄, 난 그런지 모르겠는데.

**LESSON 16**

매디슨: 노라, 우리 아들이 게임 중독인데, 어떻게 해야 할지 모르겠어.

노라: 나라면 너무 심각하게 안 받아들이겠어. 걔 그냥 십 대가 하는 행동을 하는 거잖아.

매디슨: 나도 게임 중독이 요즘 십 대 남자애들 사이에서 점점 더 퍼져 가고 있다는 건 아는데, 그래도 우리 애는 정말 너무 심해.

노라: 지금까지 어떤 조치를 취해 봤니?

매디슨: 당연하지. 내가 할 수 있는 건 다 해 봤는데, 이제 포기할 참이야.

노라: 걔가 밖에서 같이 놀 친구는 있니?

매디슨: 실은, 우리 옆집 사는 고등학생이 우리 애한테는 형 같거든. 난 우리 애가 걔하고 놀 때는, 걔가 잘 봐준다고 생각했지. 그러니까 내 말은, 최소한 걔가 비디오 게임은 안 할 거라고 생각했지. 그런데 내가 잘못 생각했더라고.

노라: 둘이 같이 게임했구나?

매디슨: 그렇다니까!

노라: 세상에! 이거 그레그하고는 상의해 봤니?

매디슨: 뭐, 안 해 봤지만, 그러기 싫어. 그 사람 이 문제에 대해서는 날 비난할 테니까. 실은, 그 게임 세트를 사 준 사람이 바로 나거든. 지난 학년 말 시험 앞두고 애가 잔뜩 긴장해 있을 때, 내가 힘 좀 내라고 게임 세트 사 주겠다고 약속했어.

노라: 그렇지만 넌 아이한테 동기 부여를 하려고 했을 뿐이잖아. 그레그가 그런 건 이해해야지.

매디슨: 네가 그 사람을 몰라서 그래, 노라. 난 그 사람이 아이들 양육 문제에 관해서는, 항상 날 평가하려 든다는 느낌이 들거든.

노라: 매디슨, 나라면 그래도 그레그랑 상의해 보겠어. 그 사람 네 남편이잖아. 내 말은 최소한 네 속마음은 털어놔야 한다는 거지.

**Madison:** Nora, my son ❶ **is hooked on** video games, and I don't know what to do.

**Nora:** I wouldn't take it too seriously. He's just being a teenager.

**Madison:** I'm aware that video game addiction is becoming more and more prevalent among teenage boys, but still, he's playing way too much.

**Nora:** What have you tried so far?

**Madison:** Of course, I've tried everything, but now I'm about to ❷ **throw in the towel**.

**Nora:** Does he have friends that he can play with outside?

**Madison:** You know, the high school kid living next door is kind of like my son's older brother. I thought when he was playing with that kid, he ❸ **was in good hands**. I mean I thought at least he wouldn't play video games, and I was wrong.

**Nora:** They played the games together?

**Madison:** Yup!

**Nora:** Oh, my God! Have you discussed this with Greg?

**Madison:** Well, I haven't, but I don't want to because he's going to blame this on me. You know, I'm the one who bought the game set for him. When he ❹ **had cold feet** before the end of the school exam, I promised to buy him the game set to cheer him up.

**Nora:** But you were just trying to motivate him, and Greg should understand that.

**Madison:** You don't know him, Nora. I feel like he's always judging me when it comes to bringing up the kids.

**Nora:** Madison, I would still discuss it with him. He's your husband… I mean you should at least ❺ **get it off your chest**.

---

**prevalent** 널리 퍼진
**bring up** 아이를 키우다

197

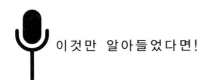 이것만 알아들었다면!

 MP3 **094**

## 1   To be/get hooked on:   To be addicted to

After watching "Swing Kids", I started taking this tap-dance class, and now I'm hooked on it.

〈스윙키즈〉를 보고 난 후, 이 탭댄스 교실에 다니기 시작했는데, 지금은 거기 푹 빠져 있어.

## 2   To throw in the towel:
### To give up/To admit defeat

The gambler threw in the towel after losing 30,000 dollars.

그 도박꾼은 30,000 달러를 잃고 나서야 패배를 인정했지.

## 3   To be in good hands:
### To be well taken care of

No worries! Your computer is in good hands. Mike has been fixing computers for almost 10 years.

걱정하지 매 네 컴퓨터 잘 관리되고 있으니까. 마이크 씨는 거의 10년 동안 컴퓨터 고치는 일을 했거든.

## 4   To get/have cold feet:   To be timid and afraid

I have cold feet about getting married.

난 결혼하는 것에 겁이 나.

## 5   To get something off one's chest:
### To unburden oneself

I know you're upset about something. Why don't you just get it off your chest?

네가 뭔가에 화가 나 있다는 거 나 알거든. 그게 뭔지 그냥 솔직히 말해 주지 그러니?

매디슨이 아들을 걱정하자, 노라가 "I wouldn't take it too seriously."라고 이야기 합니다. 이는 가정법 과거 문장에서 if절을 빼고 주절만 말한 것인데요, 생략된 if절을 포함한 전체 문장을 살펴보면 이렇습니다.

 If I were you, I wouldn't take it too seriously.
내가 너라면, 너무 심각하게 받아들이지는 않겠어.

미국인들은 상대방 입장이 되어 조언해 줄 때, 이렇게 "If I were you," 부분은 생략 하고 주로 주절 부분만 말합니다. 하지만 If절이 생략됐는데도 이 문장이 가정법 문장 이라는 사실을 알 수 있는 이유는 조동사 would 때문입니다.

## Grammar Point 2

노라의 문장 "He's just being a teenager."를 보세요. 정통 영문법에 따르면, 동작동사(action verbs)는 진행 형 시제를 쓸 수 있지만, 상태동사(state verbs)는 진행 형 시제를 쓸 수 없다고 합니다. 그런데 미국인인 노라는 왜 우리가 대표적인 상태동사라고 배운 be동사를 현재 진행형을 사용해서 is being이라고 말하는 걸까요? 그 건 이 문맥에서 be동사가 상태가 아닌 '동작'의 의미로 쓰이고 있기 때문입니다. 그러니까 이 문장을 해석하면, 매디슨의 아들이 10대가 하는 전형적인 행동을 하고 있 다는 말이 되는 거죠. 이를 좀 더 확실하게 이해하기 위 해서, 같은 문맥에서 be동사가 상태동사로 쓰였을 때와 의 차이점을 살펴봅시다.

He is a teenager. 그는 10대다. (상태동사)
He's just being a teenager. 그는 10대가 하는 행동을 하 고 있을 뿐이다. (동작동사)

올리버: 이사벨라, 내가 아무래도 너한테 털어놔야겠다. 작년에 루카스를 카지노에 데리고 갔던 사람이 바로 나라는 걸 고백해야겠어. 그 전에는 루카스가 도박에 대해서 아무것도 몰랐거든. 나 정말 너무 죄책감 느껴져!

이사벨라: 미안한테, 나 지금 네가 무슨 말 하는지 도무지 이해가 안 되는데?

올리버: 소피아가 루카스랑 이혼한다는 말 들었거든. 내 생각에 그게 루카스가 도박에 빠져 있어서 그런 것 같아.

이사벨라: 아, 개네들 이혼하는 거 말하는 거였구나. 그렇지만, 내 생각에 그건 사실이 아닌 것 같은데.

올리버: 개네 이혼 안 한대?

이사벨라: 아니, 이혼은 하는데 그게 도박 때문은 아니야. 소피아랑 루카스가 결혼 생활에 문제가 많았고, 1년 동안 상담사를 만났거든. 하지만 그건 아무 문제도 해결해 주지 못했고, 결국 포기하기로 했지.

올리버: 이런! 소피아는 괜찮니?

이사벨라: 처음에는 이혼하는 것에 겁내긴 했지만, 자기 엄마네 집으로 이사 들어가고 나서는 괜찮은 것 같아. 지금은 최소한 따뜻한 보살핌을 받고는 있겠지.

**Oliver:** Isabella, I have to ❶ **get something off my chest**. I want to confess that I was the one who took Lucas to the casino last year. Before then, he didn't know anything about gambling, and I feel horrible!

**Isabella:** I'm sorry, but I have no idea what you're talking about.

**Oliver:** I've heard Sophia is getting divorced from Lucas, and I think that's because he ❷ **is hooked on** gambling.

**Isabella:** Oh, you were talking about their divorce, but I don't think that's true though.

**Oliver:** They're not getting a divorce?

**Isabella:** Yes, they are, but not because of gambling. Sophia and Lucas have lots of marital issues, and they've been seeing a counselor for a year. However, it hasn't fixed any of their problems, and they've finally decided to ❸ **throw in the towel**.

**Oliver:** Oh, no. Is she okay?

**Isabella:** At first, she ❹ **had cold feet** about her divorce, but she seems fine after moving into her mother's. I guess at least ❺ **she's in good hands** now.

---

**confess** (죄, 잘못을) 고백하다
**marital issues** 결혼 생활 문제

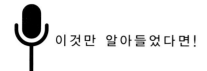 이것만 알아들었다면!

MP3 096

**1**

## To get something off one's chest: To unburden
oneself 속마음을 말하고 마음의 부담을 덜다/마음의 짐을 털어 버리다

I didn't want to offend her, but I really had to get it off my chest.
그 여자를 화나게 하고 싶진 않았지만, 나도 내 속마음을 꼭 말해야만 했다고.

**2**

## To be/get hooked on:
### To be addicted to ~에 중독되다/빠져 있다

I think my daughter is hooked on social media.
She uses it too often.
우리 딸이 SNS에 중독된 것 같아. 지나치게 자주 하거든.

**3**

## To throw in the towel:
### To give up/To admit defeat 포기하다/패배를 인정하다

Can I give it a try one more time? I don't want to throw in the towel yet.
한 번 더 시도해 봐도 될까요? 아직은 포기하고 싶지 않거든요.

**4**

## To get/have cold feet:
### To be timid and afraid 주눅 들다/초조해지다/겁이 나다

I always get cold feet before giving a presentation in his class.
난 그분 수업 시간에 발표하기 전에는 늘 초조해져.

**5**

## To be in good hands:
### To be well taken care of
**보살핌을 잘 받다/잘 관리되고 있다**

Ms. Davis is a very experienced teacher. Your child will
be in good hands.
데이비스 선생님은 경험이 아주 풍부하셔. 네 아이가 지도 잘 받을 거야.

영어의 부정의문문에 답하는 법을 살펴볼까요? 올리버가 "They're not getting a divorce?"(그럼 걔네들 이혼 안 하는 거니?)라고 묻자, 이사벨라가 "Yes, they are."(아니, 이혼해.)이라고 대답합니다. 이때 "Yes."가 한국어로 해석하면 "아니"가 되어 버리니, 한국인들 입장에서는 이게 참 헷갈리는 단어 사용이죠. 하지만 전혀 헷갈리지 않게 기억하는 방법이 있습니다. 영어는 긍정의문문이든 부정의문문이든 대답하는 법은 다 똑같다고 생각하세요. 예를 들어, "Do you like 김치?"라고 하든 "Don't you like 김치?"라고 하든 김치를 좋아하면, "Yes, I do."고, 안 좋아하면, "No, I don't."가 됩니다. 그러니, 부정의문문이든 그냥 의문문이든, 기면 Yes, 아니면 No라고 기억하세요.

## CULTURE POINT

대화에서 이사벨라는 소피아와 루카스의 결혼 생활에 문제가 많아서 그 부부가 상담사(counselor)를 만난다고 합니다. 이때의 상담사는 결혼 문제 전문 상담가인 marriage counselor를 말합니다. 미국에서 결혼 문제 상담(marriage counseling)은 보통 심리학 석사나 박사 학위를 받은 사람들이 주로 합니다. 미국에서는 부부 간에 문제가 생겼을 때 이렇게 marriage counselor를 찾아가 부부가 함께 상담받는 것이 매우 일반화되어 있습니다.

## LESSON 17

영어로 말하고 싶은, 또는 못 알아들을 것 같은 예문에 체크해 보세요.

피터: 라일리, 안녕! 오늘 뭐 하니?

라일리: 안녕, 피터! 나 실은 지금 헬스클럽 가는 길이야.

피터: 잘하고 있구먼. 사실 안 그래도 너한테 물어보려고 했는데, 너 살 빠졌니? 진짜 좋아 보여.

라일리: 고마워! 맞아, 내가 지금 석 달 동안 운동하고 있는데, 25파운드(= 11.34 kg)가 빠졌어. 다섯 달쯤 전에 건강 검진을 했거든. 의사가 노골적으로 말하더라. 의사 말로는 내가 살을 빼지 않으면 건강에 심각한 문제가 생길 수 있다고 했어.

피터: 아, 나 그거 무슨 말인지 알아. 나 좀 봐. 나 정말 자제력 없이 마음 내키는 대로 하고 살았거든. 나도 체력적으로 건강해져야 하는데. 넌 무슨 운동하니?

라일리: 난 거의 매일 걷고, 또 일주일에 네 번은 크로스핏을 해. 크로스핏이 정말 좋은데, 벽을 기어오르고, 줄을 타고, 모든 종류의 격한 운동은 다 해. 내 목표는 트랙터 타이어를 뒤집을 수 있게 되는 거지.

피터: 트랙터 타이어를 뒤집는다고?

라일리: 그래! 그런 게 있어. 하지만 그렇게 하려면, 좀 더 근육질이 되어야 해. 지금은 그 과정인데, 정말 재미있어.

피터: 언젠가 나도 같이 해도 될까?

라일리: 물론이지, 친구! 전화만 해. 그럼 내가 이번 주 후반에 나 다니는 헬스클럽에 너 데리고 갈게. 처음에는 무료로 하게 해 줄 거야.

# English CONVERSATION

MP3 097

**Peter:** Riley, hi there! What are you up to today?

**Riley:** Hi, Peter! I'm on my way to the gym actually.

**Peter:** Good for you! I was going to ask, have you lost weight? You look really good.

**Riley:** Thanks! Yeah, I've been working out now for three months, and I've lost 25 pounds. About five months ago I had a check-up with my doctor. He ❶ **didn't mince words**; he told me that I needed to ❷ **get into shape**, or I'd have serious health problems.

**Peter:** Oh, I know what you mean. Look at me—❸ **I've really let myself go**. I need to ❷ **get back into shape** too. What kind of workout do you do?

**Riley:** I walk most days, and I do CrossFit four times a week. CrossFit is great, we climb walls and ropes and do all sorts of crazy stuff. My goal is to be able to flip over a tractor tire.

**Peter:** Flip a tractor tire?

**Riley:** Oh yes! ❹ **It's a thing**. But, in order to do that, I've got to ❺ **get a little more ripped**. It's a process, but I'm really enjoying it.

**Peter:** Would you mind if I joined you sometime?

**Riley:** Not at all, man! Call me, and I'll take you to my gym later this week. They'll let you try it for free.

---

**What are you up to?** 뭐 할 거야?, 뭐 해?
**flip over** 홱 뒤집다

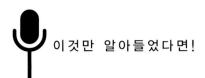 이것만 알아들었다면!

MP3 098

## 1 To not mince words

I asked my professor if she thought my writing was improving. She did not mince words and told me that I had to work much harder.

교수님께 내 글쓰기가 향상되고 있다고 생각하시는지 여쭤 봤거든. 그분은 돌려 말씀하시지 않고, 내가 훨씬 더 열심히 해야 한다고 하셨어.

돌려서 말하지 않다/솔직하고 직설적으로 말하다

## 2 To get into shape (= To be in shape) ≠ To be out of shape

I started running to get into shape. Then I added swimming and got into even better shape.

나는 몸매 유지를 위해 달리기 시작했어. 그리고 수영까지 했더니, 몸매가 훨씬 더 좋아졌지.

건강을/몸매를 유지하다 ≠ 건강이 안 좋은 상태다/ 몸매가 엉망이다

## 3 To let oneself go

When I was a teenager, I stayed inside playing video games all day and eating potato chips. I was so unhealthy then; I really let myself go.

십대였을 때, 난 비디오 게임 하면서 하루 종일 실내에만 있었어. 감자칩을 먹으면서 말이야. 그때는 정말 건강하지 않았어. 진짜 자제력 없이 내 마음대로 살았던 거지.

자제력을 잃고 마음대로 하다/살다

## 4 It's a thing.

Sam: So we went to this restaurant where they do Korean and Puerto Rican food; they call it "Ko-rican."

Tom: What an interesting combination!

Sam: It's a thing.

샘: 우리가 한국 음식과 푸에르토리코 음식을 같이 하는 식당에 갔거든. 그걸 코리칸이라고 부르더라고.
톰: 정말 재미있는 조합이네!
샘: 그런 게 있더라고.

그런 게 있어/존재해.

## 5 To get/be ripped

His girlfriend trained to be an American Ninja Warrior. She's not very big, but she is strong and totally ripped.

그의 여자친구는 미국인 닌자 전사가 되는 훈련을 받았어. 그녀는 몸집이 크지는 않지만, 강하고 완전히 근육질 몸을 가졌어.

근육질의 탄탄한 몸을 가지다

몸매가 좋은 사람을 묘사할 때 쓸 수 있는 단어로 buff와 ripped가 있습니다. buff 는 '몸짱인', 그리고 ripped는 '근육질의'라는 의미인데, be동사, 또는 get 동사와 함 께 쓰입니다.

He works out six days a week and is really <u>buff</u>.
그는 일주일에 6일 운동하는데, 정말로 몸짱이야.

She's been training for a triathlon and has <u>gotten ripped</u>.
그녀는 철인 3종 경기에 나가려고 훈련하더니, 근육질 몸매가 됐어.

## **CULTURE** POINT

미국인들은 과체중에 패스트푸드를 많이 먹는 것으로 알 려져 있지만, 다이어트와 운동에 집착하는 것 역시 미 국 문화의 일부랍니다. 여러 다른 종류의 운동이 인기 있 는데, 요즘은 Barre와 크로스핏이 미국에서 유행이죠. Barre는 프랑스어로 발레 연습할 때 무용수들이 사용하 는 봉(막대기)을 가리키는 말입니다. Barre 운동은 발레 스타일의 스트레칭을 이용해 몸매를 가꾸게 합니다. 크 로스핏은 매일 다른 것들을 시도하는 것인데, 이를 테면, 역도, 턱걸이, 스쿼트, 싯업 등을 포함한 각종 힘든 운동 이 다 포함됩니다. 모든 운동은 대략 20분 정도만 센 강 도로 하는데, 그래서 짧지만 하고 나면 굉장히 많이 지치 는 운동이기도 합니다.

# UNIT 2

영어로 말하고 싶은, 또는 못 알아들을 것 같은 예문에 체크해 보세요.

랜달: 에린, 와, 너 정말 멋져 보인다! 요즘 운동하니?

에린: 안녕, 랜달! 맞아. 건강 유지하면서 스트레스가 좀 덜하게 살려고 노력 중이지. 실은 내가 작년에 너무 절제 없이 살았거든. 그래서 이제 단 것은 더 이상 안 먹고, 달리기도 하고, 염소 요가도 해.

랜달: 염소 요가? 염소랑 같이 요가한다는, 뭐 그런 뜻이니?

에린: 새끼 염소하고 해. 진짜 너무 재미있어.

랜달: 진심으로 하는 말이야? 정말 그런 게 있어?

에린: 그런 게 있다니까.

랜달: 에린, 나 돌려서 말 안 할게. 염소 요가는 정말 말도 안 되는 소리 같아.

에린: 그게 조금 이상하긴 하지만, 일단 너도 한번 해 보면 푹 빠질 걸. 내 말은, 염소 요가를 한다고 해서 근육질 몸매가 되지는 않겠지만, 그래도 그게 내 스트레스 레벨을 아주 많이 낮춰 줬거든.

랜달: 글쎄, 네가 염소 몇 마리를 들어올리면 근육질이 될 수 있지 않을까 싶은데.

에린: 오, 랜달!

**Randal:** Erin, hey, wow, you look terrific! Have you been working out?

**Erin:** Hi, Randal! Yes, I've been trying to ❶ **get into shape** and lead a less stressful life. You know, I really ❷ **let myself go** last year, so I've stopped eating sugar, I run, and I do goat yoga.

**Randal:** Goat yoga? As in yoga with goats?

**Erin:** Baby goats, yes. It's so much fun.

**Randal:** You're serious? ❸ **It's a thing**?

**Erin:** ❸ **It's a thing**.

**Randal:** Erin, ❹ **I'm not going to mince words**. Goat yoga sounds ridiculous.

**Erin:** It is a little ridiculous, but once you've tried it, you'll be hooked. I mean, I won't ❺ **get ripped** doing goat yoga, but it's lowered my stress levels so much!

**Randal:** Well, maybe you could ❺ **get ripped** if you lifted the goats.

**Erin:** Oh, Randal!

---

**hooked** 중독된

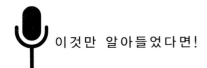
이것만 알아들었다면!

MP3 100

## 1 To get into shape (= To be in shape):
### To be physically fit

## ≠ To be out of shape: To not be physically healthy

My daughter is on the rowing team for her university; she's in great shape.
우리 딸이 자기네 대학 조정팀에 있거든. 걔 몸매가 정말 멋져.

---

## 2 To let oneself go: To be careless
## in one's appearance and/or health

He looks like he hasn't shaved or showered in two days; he's really let himself go.
걔 한 이틀 면도도 안 하고 샤워도 안 한 것 같아. 아주 자기 마음 내키는 대로 살고 있구먼.

---

## 3 It's a thing: It exists.

David: I started doing aerial yoga. We hang on ropes in the air and do yoga this way.
Mina: You're kidding me, right?
David: No, it's a thing. I go every week.

데이비드: 나 공중 요가라는 걸 시작했거든. 공중에 밧줄을 매달아서 이런 식으로 요가해.
미나: 너 지금 나한테 농담하는 거지, 그렇지?
데이비드: 아냐, 그런 게 있어. 난 매주 가.

---

## 4 To not mince words To speak honestly and directly

I asked my financial adviser how much I need to save for retirement. He did not mince words and told me that unless I save half of my paycheck each month, I won't retire until I'm 80.
내 재정 관리 조언자에게 내가 퇴직하려면 얼마나 저축해야 하는지 물어봤어. 그 사람이 단도직입적으로 말했는데, 내 급여의 반을 매달 저축하지 않으면, 80이 될 때까지 퇴직 못할 거라고 했어.

---

## 5 To get/be ripped:
### To have a muscular and athletic body

Bruce used to be the weakest guy on the tennis team, but he's been on a special diet and exercise plan for six months, and now he got really ripped.
브루스가 테니스 팀에서 가장 약한 선수였는데, 걔가 여섯 달 동안 특별 다이어트와 운동 병행 프로그램을 하더니 지금은 완전히 근육질이 됐어.

"Have you been working out?"은 〈have/has+been+-ing〉의 형식을 하는 현재완료진행형입니다. 그렇다면, 〈have/has+과거분사〉 형식을 하고 있는 현재완료형과는 어떤 차이가 있을까요? 현재완료형은 동작이 완성되었을 때 사용하는 반면, 현재완료진행형은 동작이 아직 끝나지 않았다는 뉘앙스가 있습니다. 각각의 예를 보면서 이해해 보세요.

Maria: You're covered in flour!
Darryl: Yes, I've been baking bread.
마리아: 너 완전히 밀가루 범벅이네.
대릴: 응, 빵을 굽고 있거든.

→ 빵을 아직 굽고 있는 중인, 다시 말해, 빵 굽는 행위가 아직 완전히 끝나지 않았다는 뉘앙스가 있습니다.

Maria: Oh, that smells good!
Darryl: Thanks! I've just baked some bread; would you like some?
마리아: 우와, 냄새 정말 좋다!
대릴: 고마워! 지금 막 빵 구웠거든. 좀 먹어 볼래?

→ 현재완료형을 썼기 때문에 빵을 다 구웠다는 의미가 있습니다. 즉, 빵 굽는 일을 완전히 다 끝냈다는 얘기죠.

## Vocabulary Point

"It's a thing."이라는 표현은 어떤 현상이 존재한다는 것을 말하기 위해서 쓰이는 표현입니다. 이를 테면, 아주 새로운 트렌드나 뭔가 신기한 것에 관한 이야기를 할 때 종종 쓰이죠. 이 표현은 좀 더 구체적으로 사용되기도 하는데, 이를 테면, "It's a girl/guy thing.(여자들끼리 하는/남자들끼리 하는 그런 게 있어.)"처럼 말할 수도 있습니다.

My girlfriends and I were discussing whether we preferred bras with or without underwire. My husband didn't know what we were talking about. I told him it was a girl thing.
내 여자친구들과 난 와이어가 있는 브래지어가 좋은지 없는 게 좋은지 이야기하고 있었거든. 내 남편은 우리가 뭔 얘기를 하는지 모르더라고. 그래서 내가 여자들끼리 하는 그런 게 있다고 했지.

**LESSON 17**

에이미: 브라이언, 나 돌려 말하지 않을게. 너 정말 절제 없이 살고 있어. 네 몸이 너무 엉망이 돼서 나까지 네 건강이 걱정될 정도라고.

브라이언: 그렇게 나빠?

에이미: 응. 너 금년에 30파운드(=13.6 kg)가 쪘어. 너 그냥 앉아서 칩 먹으면서 TV만 보잖아. 너 완전히 네 멋대로 살고 있는 거라고.

브라이언: 그냥 직장에서 너무 스트레스를 받아서 그래. 일단 집에 오면, 쉬고 싶은 생각뿐이야.

에이미: 봐 봐. 나 너한테 몸매가 탄탄해야 한다고 말하는 게 아니야. 운동을 좀 하고 좀 더 몸에 좋은 음식을 먹는 게 스트레스를 덜 받고 살게 해 줄 것 같은데.

브라이언: 글쎄, 뭔가 새로운 걸 해보고 싶긴 해.

에이미: 좋았어! 나도 우리가 매일 아침에 걷는 걸 해 볼 수도 있겠다 생각 중이었는데, 우리 팔레오 다이어트 한 달 동안 시도해 볼까?

브라이언: 팔레오 다이어트?

에이미: 그런 게 있어. 다들 그걸 하더라고. 곡물, 콩, 유제품을 끊고, 고기와 채소만 먹는 거지.

브라이언: 칩은 채소로 분류되지? 칩 먹어도 괜찮다면 나한테 좀 더 동기 부여가 될 텐데.

에이미: 브라이언! 우리의 목표는 건강해지는 거야!

브라이언: 알아, 나도 안다고!

**Amy:** Brian, ❶ **I'm not going to mince words.** You ❷ **have really let yourself go.** ❸ **You've gotten so out of shape** that I'm worried about your health.

**Brian:** Is it that bad?

**Amy:** Yes! You've gained 30 pounds this year! You just sit around eating chips and watching TV. ❷ **You've totally let yourself go**!

**Brian:** I'm just so stressed out at work. Once I get home, all I want to do is relax.

**Amy:** Look, I'm not saying that you have to ❹ **get ripped**, but I do think that a little exercise and healthier food would make your life less stressful.

**Brian:** Well, I'm willing to try something new.

**Amy:** Cool beans! I was thinking we could start walking every morning, and we could try this paleo diet for a month.

**Brian:** Paleo diet?

**Amy:** ❺ **It's a thing.** Everyone's doing it. You eat no grains, beans, or dairy, just meat and vegetables.

**Brian:** Do chips count as vegetables? I'd be more motivated if chips were okay.

**Amy:** Brian! The goal is to ❻ **get into shape**!

**Brian:** I know, I know!

---

**I do think** 정말 ~라고 생각해(동사 앞에 do, does, did가 오면 동사의 내용을 강조한다.)
**paleo diet** 원시 시대 스타일의 다이어트

213

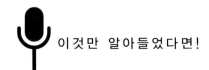

**1** **To not mince words:** To speak honestly and directly
돌려서 말하지 않다/솔직하고 직설적으로 말하다

Susan hasn't been completing her work on time. This week our boss had a meeting with her, and she did not mince words. She told Susan to improve her work, or she'd be fired.
수잔은 자기 일을 제때 마치지 못하고 있어. 이번 주에 사장님이 수잔과 회의를 했는데, 사장님께서 까놓고 말씀하셨지. 수잔이 일을 더 잘 해내지 않으면 해고당할 거라고.

**2** **To let oneself go:** To be careless in one's appearance and/or health 자제력을 잃고 마음대로 하다/살다

Robert started eating a lot of fast food, and then he started gaining weight. He needs to change his diet; he's let himself go.
로버트가 패스트푸드를 엄청나게 먹기 시작하더니, 체중이 늘기 시작했어. 걔는 식습관을 바꿔야 해. 자제력을 잃고 제멋대로 살고 있다니깐!

**3** **To get into shape (= To be in shape):** To be physically fit 건강을/몸매를 유지하다

**≠ To be out of shape:** To not be physically healthy
건강이 안 좋은 상태다/몸매가 엉망이다

I hurt my leg and couldn't work out properly for six months, after that I was so out of shape.
내가 다리를 다쳐서 여섯 달 동안 제대로 운동을 못 했거든. 그 후에 몸매가 완전히 엉망이 됐어.

**4** **To get/be ripped:**
To have a muscular and athletic body
근육질의 탄탄한 몸을 가지다

My new year's resolution is to eat right and start a weight lifting program. I want to be ripped by this time next year.
내 새해 결심은 건강하게 먹고 역도를 시작하는 거야.
내년 이맘때쯤에는 근육질의 탄탄한 몸을 가지고 싶어.

**5** **It's a thing:** It exists. 그런 게 있어/존재해.

I met a friend at a sober pub the other night; it's a bar that only serves cocktails with no alcohol. I never knew these existed, but apparently it's a thing.
난 요전 날 밤에 술 안 파는 바에서 친구를 하나 만났거든. 거긴 무알콜 칵테일만 내놓는 바더라고.
난 그런 데가 있는지도 몰랐는데, 보니까 그런 곳도 있더라.

**Grammar Point**

Once는 보통 부사로 쓰이지만, as soon as나 after의 의미를 가진 접속사로 쓰일 때도 많습니다. 그래서 브라이언이 "Once I get home, all I want to do is relax."라고 말했을 때, once 대신 as soon as나 after를 사용해도, 이 문장의 의미는 똑같습니다. 비슷한 용례의 다른 문장도 한 번 볼까요?

Once I finish making dinner, I plan to watch TV.
일단 저녁 요리가 끝나면, 난 TV 볼 생각이야.

# **CULTURE** POINT

많은 외국 사람들이 미국인들은 패스트푸드만 먹고 건강에 신경 쓰지 않는다고 생각하지만, 그것은 사실이 아닙니다. 물론 그런 사람들도 있지만, 음식에 관해서 우리 기준으로는 까다롭게 보이는 미국인들도 많습니다. 예를 들어, 미국에는 채식주의자들이 아주 많습니다. 이 채식주의자에도 종류가 여러 가지 있는데, 육류와 생선, 달걀은 먹지 않지만 유제품은 먹는 lacto-vegetarian, 육류, 생선, 유제품은 먹지 않지만, 달걀은 먹는 ovo-vegetarian, 육류는 안 먹지만 생선은 먹는 pescatarian, 그리고 육류, 생선, 달걀, 유제품을 포함한 모든 동물성 식품은 입에도 안 대는 vegan 등이 있습니다. 제 친구 중에도 vegan이 한 명 있는데, 이 친구를 초대할 때면 대체 어떤 음식을 만들어야 하는지 스트레스를 받곤 합니다.

## LESSON 18

영어로 말하고 싶은, 또는 못 알아들을 것 같은 예문에 체크해 보세요.

카렌: 저기, 댄한테 무슨 일 있어요?

메그: 모르겠는데요. 왜 그래요?

카렌: 난 그냥 금요일 회의에 대해서 물어봤을 뿐인데, 갑자기 댄이 나한테 버럭 화를 내잖아요. 전혀 댄답지 않은 행동이었어요. 그것 때문에 얼마나 놀랐는지 몰라요.

메그: 저런. 댄이 받는 스트레스 레벨이 엄청난 것 같네요.

카렌: 확실히 그래요! 내 말은, 어휴, 난 그저 간단하게 질문 하나 했을 뿐이거든요.

메그: 그래요. 댄이 지금 개인적으로 좀 문제가 있는데, 자기 감정을 드러내지 않고 계속 억누르고 있는 것 같아요.

카렌: 그 말 들으니까 좀 이해할 수 있긴 하지만, 그래도 나한테 화풀이하지 않았으면 좋았을 텐데요. 저도 그것 때문에 정말 화났거든요.

메그: 왜 화났는지 이해해요. 제가 댄한테 가서 이야기해 볼게요. 듣자 하니, 댄이 캐런 씨에게 사과해야겠네요. 그리고 댄도 하루 연차 내고 쉬는 게 낫겠어요.

216

Karen: Hey, what's up with Dan?

Meg: I don't know. What do you mean?

Karen: All I did was ask him a simple question about the meeting on Friday, and out of the blue he ❶ **bit my head off**. It's not like Dan at all; it really ❷ **caught me off guard**.

Meg: Oh no, it sounds like his stress levels are ❸ **off the charts**.

Karen: Clearly! I mean, jeez, all I did was ask a simple question.

Meg: Yeah, well, he's dealing with some personal issues right now, and I think ❹ **he's been keeping it bottled up**.

Karen: Well, that's good to know, but I wish he hadn't taken it out on me. It really ❺ **ruffled my feathers**.

Meg:  I can see why you'd be upset. I'll go talk to him. Sounds like he owes you an apology, and maybe he should take a day off and relax.

---

**take it out on** ～에게 마구 호통치며 분풀이하다

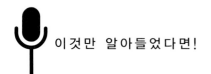 이것만 알아들었다면!

## 1 To bite someone's head off

~에게 버럭 화를 내다

I think Frank really frustrated Tim. Normally, Tim is calm, but he got mad at Frank and bit his head off.

프랭크가 팀을 화나게 한 것 같아. 보통 팀은 참 침착한데, 프랭크에게 엄청 화가 나서는 그에게 마구 악을 쓰더라고.

## 2 To be caught off guard

예상치 못한 일을 당해서 놀라다

We knew there would be a thunderstorm, but the strong winds caught us off guard.

우리는 천둥번개가 칠 거라는 건 알았지만, 강풍이 불어서 완전히 놀랐어.

## 3 Off the charts

보통의 범위에서 벗어나 있는 /굉장한

Oh my gosh, this pizza is so delicious—the flavor is just off the charts!

어머나. 이 피자 정말 맛있다. 그냥 보통 맛있는 정도가 아닌 걸!

## 4 To keep something bottled up

(힘든 감정을 드러내지 않고) 억누르다/가슴에 묻어두다

It's never good to keep your feelings bottled up.

네 감정을 억누르고 있는 건 절대 좋지 않아.

## 5 To ruffle one's feathers

~를 성가시게 하다/화나게 하다

Ryan implied that Katy wasn't working fast enough, and that really ruffled her feathers.

라이언이 케이티가 충분히 빠른 속도로 일하지 않는다는 뜻으로 말한 게 그녀를 정말 화나게 했어.

캐런의 또 다른 문장인, "I wish he hadn't taken it out on me."를 보세요. To take out something on someone은 '~에게 화풀이하다'라는 말입니다. 댄이 다른 곳에서 화가 나는 일이 있었는데, 캐런에게 와서 소리를 질렀습니다. 캐런은 댄에게 아무 잘못도 하지 않았는데 말이죠. 이 표현은 이런 상황에서 쓰이는 이디엄인데, 그래서 주로 anger나 frustration 같은 단어와 함께 쓰입니다.

He was furious about getting a parking ticket, and he <u>took his anger out on</u> everyone at work.
그는 주차 위반 딱지를 받은 게 너무 화가 나서, 직장 내 모든 사람들에게 화풀이를 했어.

## **CULTURE** POINT

캐런의 문장, "I mean, jeez, all I did was ask a simple question."을 보세요. 여기서 jeez는 Jesus(예수)를 완곡하게 표현한 말입니다. Jeez와 Jesus는 둘 다 짜증이나 불만을 나타내는 단어지만, Jesus가 훨씬 더 강한 표현이죠. 그렇기 때문에 직장이나 학교에서 이 단어를 쓰면 굉장히 무례하게 들리며, 불쾌감을 줄 수도 있습니다. Jeez는 비록 같은 의미를 담고 있기는 하지만, Jesus와는 달리 대체적으로 어디서건 받아들여지는 표현입니다.

Oh, <u>jeez</u>! I forgot that the report was due today!
이런! 그 보고서가 오늘 마감이라는 걸 깜박했네!

**LESSON 18**

다이앤: 지난 주말에 스미스 씨네 크리스마스 파티에 갔는데, 나 그 사람들 크리스마스 불빛 장식 보고 완전히 놀랐다니까!

앤: 진짜 장난 아니지, 안 그래?

다이앤: 세상에나, 맞아! 내 생각에 그 사람들 아마 십만 개 불빛은 쓴 것 같아.

앤: 그렇지만, 메리 스미스 씨는 그 불빛 장식을 매년 하는 것 싫어해.

다이앤: 정말?

앤: 그래. 메리 말로는, 그것들 다 설치하고, 불빛 켜진 상태로 계속 두다가 다 걷어서 내리고, 다시 정리해서 넣어 두고 하는 데 몇 주씩 걸린대. 남편은 그걸 엄청 좋아하는데, 자긴 이제 정말 지겹다나.

다이앤: 아, 그래서 메리가 메건 코스타한테 그렇게 화를 낸 거구나.

앤: 어, 메건도 그 크리스마스 파티에 왔어?

다이앤: 응, 그리고 그 근처에 올해 150,000개 불빛을 설치한 어떤 사람에 대한 이야기를 했거든.

앤: 그게 얼마나 메리 씨 심기를 불편하게 했을지 상상이 가네.

다이앤: 확실히 그랬어. 메리 씨가 엄청난 스트레스를 억누르고 있는 게 틀림없는 것 같더라.

**Diane:** We went to the Smith's Christmas party last weekend, and I ❶ **was totally caught off guard** by their Christmas light display.

**Anne:** ❷ **Off the charts**, isn't it?

**Diane:** Oh my God, yes! I think they used something like 100,000 lights.

**Anne:** But you know, Mary Smith doesn't like doing those lights every year.

**Diane:** Really?

**Anne:** No, she says it takes weeks to install them, keep them up, take them down, and store them. Her husband loves them, but she's really tired of them.

**Diane:** Well, that explains why she ❸ **bit Megan Costa's head off**.

**Anne:** Oh, Megan was at the Christmas party, too?

**Diane:** Yes, and she mentioned something about someone else in the neighborhood who had put up 150,000 lights this year.

**Anne:** Well, I can imagine how that would ❹ **ruffle Mary's feathers**!

**Diane:** Yes, indeed, and it sounds like she must ❺ **be keeping a lot of stress bottled up**.

---

**put up** 게시하다

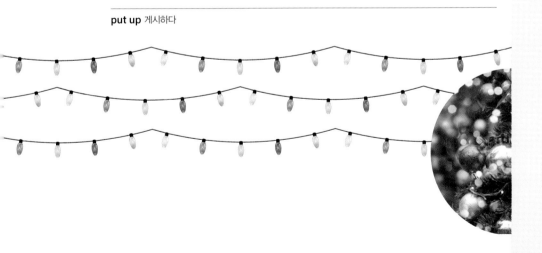

221

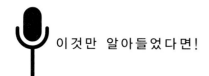
이것만 알아들었다면!

MP3 106

**1**

## To be caught off guard: To be shocked by something because you are not prepared for it

My colleague made some very inappropriate remarks in a meeting. I was caught off guard and did not know what to say.

내 동료 하나가 회의 때 아주 부적절한 말을 했어. 예상치 못한 일에 난 놀라서 뭐라고 해야 할지를 모르겠더라고.

**2**

## Off the charts: Out of the normal range, beyond expectation

They just bought a new Tesla; the technology in that car is off the charts!

그 사람들이 테슬라 자동차를 새로 구입했어. 그 차 기술면에서 아주 굉장하더만!

**3**

## To bite someone's head off:
### To speak angrily to someone

Her teenage son has been really difficult lately. Yesterday he used the car, but didn't put more gas in it. When she found out, she bit his head off.

그 여자 십대 아들이 최근에 정말 다루기가 힘들어졌어. 어제는 그 애가 차를 사용하고는 기름을 넣지 않은 거야. 그걸 알게 되자, 그 여자가 아들한테 엄청 화를 냈지.

**4**

## To ruffle one's feathers:
### To upset or annoy someone

Even though I'm great friends with her, she didn't invite me to her wedding—that really ruffled my feathers.

내가 걔의 아주 좋은 친구인데도, 걔는 자기 결혼식에 날 초대하지 않았어. 그것 때문에 나 정말 화났어.

**5**

## To keep something bottled up: To keep difficult feelings inside rather than expressing them

If you're upset about this situation, say something. No use keeping it bottled up.

네가 이 상황에 대해 화가 난다면 말해. 가슴에 억누르고 있어 봐야 소용없어.

다이앤이 한 말 중 "I was totally caught off guard ～"라고 한 부분을 봅시다. Totally는 구어체 영어에서 굉장히 자주 쓰이는 말이기 때문에 이 단어를 미국인들이 어떻게 발음하는지 알아둘 필요가 있습니다. 어느 음절에 강세가 들어가는지, 모음 소리는 어떻게 내는지, 가운데 껴 있는 [t]는 어떻게 발음하는지 주목하세요. 이 단어를 미국인들이 발음하는 그대로 적어 보면 [TOE-du-li]입니다. 보다시피 첫 번째 음절의 TO는 마치 '발가락'을 뜻하는 단어 toe처럼 들리는데, 바로 이 음절에 강세가 있습니다. 이와 달리, 가운데 있는 [t]는 강세가 없기 때문에 오히려 [d] 발음에 더 가깝습니다. 이렇게 [t]가 단어 중간에 껴 있을 경우에, 미국인들은 빠르게 아주 살짝만 발음하고 넘어가기 때문에 그렇습니다. 이를 미국 영어 선생님들은 "Flap [T] Sound"라고 부릅니다.

## CULTURE POINT

미국에서는 크리스마스 시즌이 되면, 많은 사람들이 집 앞에 크리스마스 불빛 장식을 합니다. 어떤 사람들은 좀 지나치다 싶을 정도로 화려하게 하는데, 수천 개의 불빛을 사용해 산타클로스나 루돌프 같은 모양을 만들기도 하죠. 대부분의 사람들은 몇 주에 걸쳐 온 가족들이 함께 불빛 장식을 합니다. 돈이 많은 사람들은 서비스 업체를 불러서 높은 나무 위나 지붕 위까지 모두 장식하게 하기도 합니다. 그래서 12월이 되면 사람들이 동네를 산책하거나 차를 몰고 다니면서 이웃들의 크리스마스 불빛 장식을 구경하기도 하지요. 지역 신문은 그 도시에서 가장 멋진 불빛 장식을 한 동네를 리스트로 만들어 싣기도 합니다.

**LESSON 18**

재커리: 아휴, 나 댄한테 한 말 때문에 기분이 많이 찜찜하네.

제이미: 어, 이거 별로 좋은 이야기 같지 않은데. 무슨 일 있었어?

재커리: 지난 2주간 내 업무량이 지나치게 많았거든. 나 며칠 동안 하루에 12시간씩 근무하면서 얼마나 큰 압박감을 느꼈는지 몰라.

제이미: 여전히 좋지 않은 이야기인 것 같군.

재커리: 나 정말 너무 스트레스 받고 있었어. 내 전문 분야도 아닌 프로젝트를 하고 있었고, 그래서 자신감도 좀 바닥이었거든.

제이미: 여전히 안 좋아.

재커리: 그러던 중 댄이 내 사무실에 와서는 어떻게 내가 그 업무량을 다 소화 못할 지에 대해 농담 따먹기를 하는 거야. 그냥 나 웃기려고 한 거였지.

제이미: 오, 올 것이 왔군!

재커리: 난 내가 스트레스를 내 안에 얼마나 많이 억누르고 있었는지 몰랐는데, 댄한테 화를 엄청 냈어.

제이미: 에휴!

재커리: 내 반응에 나도 충격 받았다니까! 그 사람은 그저 웃기려고 한 말인데, 그게 날 너무 화나게 했거든. 그거 때문에 진짜 참 미안하네.

제이미: 뭐, 지금이라도 네가 가서 이야기하면 되잖아. 댄이 충분히 이해할 거야. 하지만 아마 이제 너한테 농담 같은 건 절대 안 하겠지!

**Zachary:** Oh boy, I feel so *badly about what I said to Dan.

**Jamie:** Uh oh, this doesn't sound good. What happened?

**Zachary:** My workload the last two weeks was ❶ **off the charts**. I was working 12-hours days, and I was under so much pressure.

**Jamie:** This still doesn't sound good.

**Zachary:** I was totally stressed out, and I was working on a project that wasn't my area of expertise, so I wasn't feeling very confident either.

**Jamie:** Still not good.

**Zachary:** So Dan comes into my office and was just joking around about how I wouldn't be able to handle the workload. He was just trying to make me laugh.

**Jamie:** Uh oh…here it comes.

**Zachary:** I didn't realize how much stress I ❷ **had kept bottled up inside**, and I ❸ **bit his head off**.

**Jamie:** Oh, dear!

**Zachary:** Even I ❹ **was caught off guard** by my own reaction—he was trying to be funny, but he really ❺ **ruffled my feathers**. I feel awful about it.

**Jamie:** Well, you can still go talk to him. I'm sure he'll understand…but that's probably the last time he tries to tell you a joke!

---

**workload** 업무량

---

\*　Zachary의 맨 첫 번째 대사 "I feel so badly about what I said to Dan."은 문법적으로는 "I feel so bad ～"가 맞지만 미국인들이 구어체 회화에서는 badly라고 하는 경우도 있습니다.

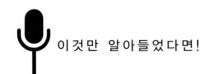 이것만 알아들었다면!

MP3 108

**1**

## Off the charts: Out of the normal range, beyond expectation 보통의 범위에서 벗어나 있는/굉장한

She was very sick, and when they checked her blood pressure, it was off the charts.
그 여자가 많이 아팠는데, 병원에서 혈압을 재보니까 너무 너무 높은 거야.

**2**

## To keep something bottled up: To keep difficult feelings inside rather than expressing them

### (힘든 감정을 드러내지 않고) 억누르다/가슴에 묻어두다

He's a quiet guy and doesn't share much; he tends to keep his true feelings bottled up.
그는 조용한 사람이고 우리와 이야기를 잘 안 해. 자기 진짜 감정을 꼭꼭 묻어 두는 경향이 있지.

**3**

## To bite someone's head off:

### To speak angrily to someone ~에게 버럭 화를 내다

All I did was ask him if he wanted some coffee, and he bit my head off. That's the last time I offer him some coffee!
난 그냥 그 사람한테 커피 좀 마시겠냐고 물어봤을 뿐인데, 나한테 버럭 화를 내는 거야. 내가 두 번 다시 그 사람한테 커피 권하나 봐라!

**4**

## To be caught off guard: To be shocked by something because you are not prepared for it

### 예상치 못한 일을 당해서 놀라다

He dyed his hair purple, and when I first saw him, I was so caught off guard that I just stared at him with my mouth wide open.
그 남자가 머리를 자주색으로 염색해서, 나 그 사람 처음 봤을 때 너무 놀라서 입 크게 벌린 채로 쳐다만 봤어.

**5**

## To ruffle one's feathers:

### To upset or annoy someone ~를 성가시게 하다/화나게 하다

My team won the championship, and his lost badly, but I didn't say anything about it because I knew it would ruffle his feathers.
우리 팀은 챔피언이 됐고 그 사람 팀은 대패했지만, 난 그것에 대해서 아무 말도 안 했어. 내가 그러면 그 사람 화나게 할 거라는 걸 알았으니까.

재커리의 문장, "So Dan comes into my office…" 부분을 봅시다. 과거에 일어난 일을 말하면서 단순현재 시제를 쓰고 있습니다. 이것은 이야기를 서술할 때 사용하는 하나의 기법, 즉, 스타일(Style)의 일종입니다. 물론 과거에 일어난 일이기 때문에 단순과거형 시제를 쓰는 것도 가능합니다. 다시 말해, 재커리가 "So Dan came into my office…"라고 말해도 같은 의미의 문장이 됩니다. 그러니 여기서 단순현재를 쓰느냐 단순과거를 쓰느냐는 무엇이 틀리고 맞느냐의 문제가 아니라, 어떤 스타일의 화법으로 말하느냐의 문제일 뿐이라는 사실, 기억하세요.

## *Vocabulary Point*

Off the charts와 비슷한 의미에 비슷한 구조를 가진 구문이 몇 가지 있습니다. 그 중 하나가 off the Richter scale입니다. Richter는 여러분도 알다시피 지진 규모를 나타내는 리히터 척도를 말합니다. 그러니 좀 더 과장된 표현이라고 볼 수 있겠죠?

We went surfing last weekend, and the waves were huge! They were off the Richter scale!
우리 지난 주말에 서핑하러 갔는데, 파도가 엄청 컸어! 완전히 끝내줬다니까!

비슷한 의미를 가진 또 다른 표현으로 off the chain이 있습니다. 흑인들이 '신난다' 혹은 '끝내주게 좋다'라는 의미로 쓰기 시작했다는 이 표현은, 미국 흑인 노예 역사를 생각해 보면 쉽게 이해되는 이디엄입니다. 그 당시에는 흑인 노예들이 쇠사슬(chain)에 묶여 일하는 경우가 많았으니, 그걸 풀어 주면 얼마나 좋았겠습니까? 결코 반복되어서는 안 될 미국의 슬픈 역사와 함께 이 이디엄도 기억해 주세요.

That party last weekend was off the chain!
지난 주말의 그 파티 끝내주게 좋았어!

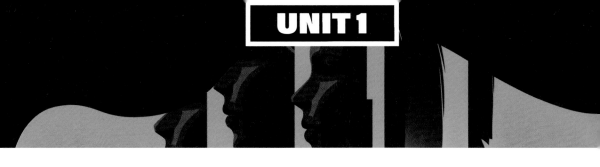

## LESSON 19

영어로 말하고 싶은, 또는 못 알아들을 것 같은 예문에 체크해 보세요.

앨리: 캐시, 회의 얘기 들었니?

캐시: 아니, 잘 됐어?

앨리: 완전히 엉망진창이었어. 바네사 씨가 우리 프로젝트 몇 개에 대해 보고 하면서 클레어 씨네 팀이 목표 달성에 실패했다고 말했거든.

캐시: 뭐? 하지만 그건 사실도 아니잖아. 와, 바네사 씨가 클레어 씨를 완전히 곤경에 빠뜨렸네.

앨리: 내 말이! 나 그 사람이 하는 행동에 완전히 충격 받았다니까. 어떻게 그렇게 부당한 짓을 할 수 있지? 뭐라고 한마디 해 주고 싶었지만, 일단 참았어. 괜히 말실수할까 봐 겁나서. 확실히 클레어 씨도 화는 났지만, 흥분하지 않으려고 최선을 다하더라고.

캐시: 그러고는 무슨 일이 있었어?

앨리: 브라이언 씨가, 왜 너도 알지? 그 사람이 클레어 씨 팀에 있잖아. 아무튼 브라이언 씨가 바네사 씨를 비난했고, 자기네가 목표를 달성하지 못했다고 말하는 근거가 뭐냐고 묻기 시작했지. 아휴, 회의가 끝났을 때 내가 다 얼마나 기뻤는지 몰라. 완전히 처참했다니까!

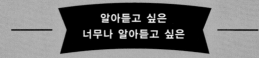

MP3 109

Allie: Cathy, did you hear about the meeting?

Cathy: No, did it go well?

Allie: It was ❶ **a total train wreck**. Vanessa was reporting on some of our projects and said that Claire's team had failed to meet its goals.

Cathy: What? But that's not even true. Wow, Vanessa really ❷ **threw Claire under the bus**!

Allie: I know. I ❸ **was completely shaken up by** her behavior—how could she be so unfair? I wanted to say something, but I ❹ **held off** because I was afraid that I would say the wrong thing. Obviously, Claire was upset, but she did her best not to lose her cool.

Cathy: So then what happened?

Allie: So Brian, you know he's on Claire's team, ❺ **took Vanessa to task** and started asking her what proof she had to say that they had not met their goals. Girl, I was so glad when that meeting was over. It was a hot mess!

---

**lose one's cool** 이성을 잃다

229

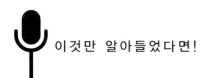 이것만 알아들었다면!

MP3 **110**

## 1 A train wreck

엉망진창/실패작

That dinner last night was a train wreck! First, the food was cold…then, they ran out of drinks, and finally the waiter dropped a bowl of ice cream on one of the guests.

어젯밤 저녁 식사는 엉망진창이었어! 일단, 음식이 차가웠고, 그러더니 음료는 다 떨어졌고, 급기야 웨이터가 손님 중 한 사람에게 아이스크림을 한 사발 쏟았지.

## 2 To throw someone under the bus

~를 배신하다 / 곤경에 빠뜨리다

I was told to prepare some information for a meeting this week, which I did. But once I was at the meeting, my coworker asked me to discuss something completely different. When I told her that I had prepared something different for the meeting, she accused me, in front of everyone, of not being very organized. She threw me under the bus!

내가 이번 주 회의로 뭘 좀 조사하라고 지시를 받아서 그렇게 했거든. 하지만 회의에 참석했을 때, 내 동료가 완전히 다른 주제에 대해서 이야기하라고 하더라. 그 사람한 테 내가 회의를 위해서 다른 걸 준비했다고 했더니, 모두가 보는 앞에서 내가 전혀 체계적이지 않은 사람이라며 나를 비난하는 거야. 날 완전히 곤경에 빠뜨린 거지!

## 3 To be shaken up by something

무언가에 감정적으로나 심리적으로 충격을 받다

I could not believe that the president insulted members of Congress. I was so shaken up by his words that it made me doubt our political system.

난 대통령이 국회의원들을 모욕했다는 사실을 도저히 믿을 수가 없었어. 대통령이 하는 말에 너무 충격을 받아서, 우리 정치 시스템에 대한 회의감마저 들게 됐다니까.

## 4 To hold off

미루다 / 연기하다

We want to buy a house, but we have to hold off on doing this until we have saved more money.

우리가 집을 하나 사고 싶긴 하지만, 돈을 좀 더 모을 때까지 그걸 미뤄야겠어.

## 5 To take someone to task:

~를 비난하다 / 책망하다/꾸짖다

I didn't do a very good job on my essay for French class. My instructor was not pleased and took me to task—I had to correct every mistake.

내가 프랑스어 수업에서 에세이를 그리 잘 쓰지 못했어. 선생님께서 만족하지 못 하시고 나를 꾸중하셨어. 모든 실수를 다 고쳐야 했지.

대화에서 앨리가 클레어에 대해 "She did her best <u>not to lose her cool.</u>"이라고 말합니다. 이는 클레어가 화가 났음에도 불구하고 차분하면서도 프로답게 행동하려고 노력했다는 뜻입니다. 이렇게 불안하거나, 스트레스를 엄청 받거나, 화가 나거나 하는 등의 상황에서도 침착함을 유지하는 사람이 있다면, "He has kept his cool." 이라고 말할 수 있습니다. 반면, 그런 상황에서 감정적으로 대응하는 사람에 대해서는, "He has lost his cool."이라고 표현할 수 있습니다. 이 또한 일상생활에서 매우 자주 쓰이는 이디엄이니 꼭 익혀 두세요.

## Vocabulary Point 2

앨리의 마지막 대사에 나오는 hot mess라는 표현을 봅시다. 이것 역시 train wreck과 비슷한 의미를 가진 이디엄으로, 극도로 정리가 안 됐거나 완벽하게 실패한 무언가를 말할 때 쓰는 표현입니다. 격식을 차리지 않아도 되는 일상생활 회화에서 많이 쓰이지요. 기억해야 할 것은, 이 이디엄은 어떤 상황을 가리키는 말이기도 하지만, 다음과 같이 사람에게도 쓸 수 있는 표현이라는 사실입니다.

She had the flu and was so sick, but she came in to work today. She looked awful and sounded even worse —she was a hot mess!
그 사람은 독감에 걸려서 많이 아팠는데도 오늘 출근을 했더라. 보기에도 많이 아파 보였는데, 목소리 상태는 더 안 좋더라고. 몰골이 엉망이었어!

교사 1: 폴레트, 이번 학교 연극은 완전히 실패작이야!

교사 2: 나도 그렇게 생각해. 스미스 교장 선생님께 우리가 리허설 하는 중에는 강당에 페인트칠 하는 작업을 좀 미뤄야 한다고 말씀드렸거든. 우리 그것 때문에 2주 동안 전혀 연습을 못했어.

교사 1: 에휴, 나도 들었어. 스미스 교장 선생님이 정말 우리를 곤란하게 만들어 버리셨어. 이제는 우리가 그 연극에 아이들을 충분히 연습 안 시킨 것처럼 보이잖아.

교사 2: 그래. 그뿐만이 아니라, 교장 선생님이 요전 날엔 나를 꾸짖으시면서 내가 잘해내지 못했으니 내년에는 학교 연극을 하지 말아야겠다고까지 하셨어.

교사 1: 뭐라고? 완전 어이가 없어서 말도 안 나오네. 어떻게 그렇게 말씀하실 수가 있지?

교사 2: 내 말이! 나 교장 선생님 말씀에 너무 충격 받아서 내 사무실에 가서 울었다니까. 다른 직장을 알아볼까 생각까지 하는 중이야.

교사 1: 이를 어쩌니!

**Teacher 1:** Paulette, this school play is ❶ **a total train wreck**!

**teacher 2:** I know! I told Principal Smith that she needed to ❷ **hold off** on having the auditorium painted while we were rehearsing. We lost two whole weeks of practice because of that.

**Teacher 1:** Ugh. I know. Principal Smith really ❸ **threw us under the bus**. Now it looks like we didn't prepare the kids well enough for the play.

**teacher 2:** Yeah, and on top of that she ❹ **took me to task** the other day and said that maybe we shouldn't do a school play next year because I obviously was not able to handle it.

**Teacher 1:** What? I'm totally speechless. How can she say that?

**teacher 2:** I know. I ❺ **was so shaken up by** her comments that I had to go back to my office and cry. I'm even thinking of looking for a new job.

**Teacher 1:** Oh, no!

---

**rehearse** 예행 연습하다

233

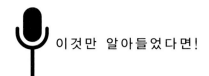 이것만 알아들었다면!

MP3 112

### 1 A train wreck: A disaster

We had the birthday party outside at the park, but there was a thunderstorm with a lot of rain. It was a bit of a train wreck.

우리는 야외 공원에서 생일 파티를 했는데, 폭풍우를 동반한 엄청난 비가 쏟아졌어. 좀 엉망이었지.

### 2 To hold off: To delay doing something

We're going to buy tickets for a trip to Hawaii, but we're holding off because we know we can get a better deal on the price next week.

우리는 하와이 여행 티켓을 살 거지만, 다음 주에 좀 더 좋은 가격에 살 수 있다는 걸 알아서 미루고 있어.

### 3 To throw someone under the bus:
To betray someone

Ben lied and told us that the mistake was Anthony's fault, but Anthony had done nothing wrong. Ben really threw Anthony under the bus.

벤이 거짓말해서 우리에게 그 실수가 안토니 잘못이라고 했거든. 그런데 안토니는 아무 잘못도 안 했어. 벤이 안토니를 완전히 곤경에 빠뜨린 거지.

### 4 To take someone to task: To scold someone or hold them accountable for something

When I was a kid, I had to help my dad paint a fence. I did a sloppy job, and my dad took me to task and made me redo the paint job.

아이였을 때, 나 우리 아빠가 울타리에 페인트칠 하는 걸 도와드려야 했거든. 내가 그 일을 대충하자, 우리 아빠가 나를 몹시 꾸짖으시고는 내가 페인트칠을 다시 하게 하셨지.

### 5 To be shaken up by something: To be emotionally or psychologically shocked by something

I need to go be with my friend. She just got a call that her brother was in a serious car accident, and she's really shaken up about it.

나 가서 친구와 함께 있어 줘야겠어. 친구가 걔네 오빠가 심각한 교통사고를 당했다는 전화를 받고 너무 크게 충격을 받았거든.

* by 대신 about을 쓰기도 한다.

To take someone to task(비난하다/책망하다/꾸짖다)를 사용하면서, 구체적으로 무엇 때문에 비난하는지 덧붙이고 싶으면 다음과 같이 전치사 for를 사용하면 됩니다.

She took me to task <u>for my sloppy work</u>!
그녀는 내가 엉터리로 한 일 때문에 나를 책망했어.

이렇게 for뒤에는 명사가 와야 하기 때문에, 동사를 사용하고 싶다면 당연히 동명사 형태(V+-ing)로 해서 쓰면 되겠죠?

He took Alex to task <u>for making a mess</u> in the office.
그는 알렉스가 사무실을 어질러 놓은 걸 비난했어.

## *Vocabulary Point*

폴레트가 대화 중에 "… on top of that…"이라고 말하는 부분이 있습니다. 이는 '그 뿐만 아니라' 혹은 '게다가' 라는 의미로 in addition to that과 같은 의미를 가진 표현입니다. 이렇게 자신의 의견이나 논점을 설득력 있게 하기 위해 뭔가 정보를 더할 때 사용하는 표현이 여러 가지 있는데, on top of that은 구어체 일상회화에서 가장 많이 쓰이는 말입니다. 이 표현이 쓰인 또 다른 예를 볼까요?

Our trip to Disney World was great. The weather was perfect, and it was during low season so the lines were not long, and <u>on top of that (= in addition to that)</u>, we got to meet Mickey Mouse!
디즈니 월드로의 여행은 정말 근사했어. 날씨는 완벽했고, 방문객이 별로 없는 시기여서 줄도 길지 않았지. 게다가, 미키 마우스까지 만나게 됐다니깐!

**LESSON 19**

피터: 행크 씨, 오늘 기분이 별로 안 좋아 보여요.

행크: 맞아요, 제 자신에게 만족을 못하겠어서 그래요. 사장님께서 제가 작성한 연례 보고서를 보시고 절 꾸중하셨거든요.

피터: 무슨 일 있었어요?

행크: 그게, 원래는 리아 씨가 그 일 세부 사항을 맡아서 해야 하는 것이었는데, 아파서 결근했거든요.

피터: 맞아요, 저도 기억나요. 리아 씨가 많이 아팠죠.

행크: 그래요. 그래서 리아 씨 없는 동안 제가 리아 씨 일을 맡으라는 지시를 받았어요. 난 리아 씨가 금방 올 거라고 생각해서 일들을 많이 미뤘는데, 리아 씨가 돌아오지 않은 거죠. 2주 동안 회사 안 왔잖아요.

피터: 그래도 그 보고서는 행크 씨가 다 하신 거잖아요, 그렇죠?

행크: 대충요. 리아 씨가 돌아와서 날 돕지 못할 거라는 사실을 깨닫게 되었을 때는, 내가 완전 허둥거렸어요. 내 말은, 어쨌든 전부 내 탓이라는 거죠. 그렇다고 내가 사장님한테 "이 보고서는 사실 리아 씨 일이었어요."라고 말할 수도 없잖아요. 그렇게 하는 건 부당한 거니까.

피터: 그렇죠. 그건 기본적으로 리아 씨를 곤경에 처하게 하는 거죠.

행크: 그래요. 그리고 사장님도 리아 씨가 아파서 결근한 사실을 아셨고요. 뭐, 어쨌든 제가 그 보고서를 막판에 임박해서 작성했는데, 사장님이 그걸 읽으시고는 불만족스러워 하셨어요. 게다가, 바로 전에 사장님 할머니께서 돌아가셨다는 소식까지 들으셨던 참이었으니까요. 그것 때문에도 이미 엄청 충격받으시고 힘든 하루를 보내고 계신 중이었어요.

피터: 오, 세상에!

행크: 네. 모든 게 완전 재앙 수준이었네요.

Peter: Hank, you don't look happy today.

Hank: No, I'm not pleased with myself. The boss just ❶ **took me to task** for my work on the annual report.

Peter: What happened?

Hank: Well, Leah was supposed to handle most of the details, but she was out sick.

Peter: Yeah, I remember that—she was really sick.

Hank: Yes, and I was asked to take over while she was out. I assumed that she would be back quickly, so I ❷ **held off** on doing a lot of stuff, but then she didn't come back. She was out for two weeks.

Peter: But you got the report done, right?

Hank: Sort of. By the time I realized that Leah wouldn't be back to help me, I was really scrambling. I mean, it's all my fault…and it's not like I can tell the boss, "Oh, this report was really Leah's job." That wouldn't be fair.

Peter: No, that would basically ❸ **be throwing her under the bus**.

Hank: Yes, and the boss knows she's been out sick. Anyhow, I did the report at the last minute, and the boss wasn't happy when he read it. On top of that, he had just gotten news that his grandmother had passed away, so he ❹ **was already shaken up by** that and having an awful day.

Peter: Oh, dear!

Hank: Yeah. The whole thing was ❺ **a total train wreck**.

---

**take over** (다른 사람 일을) 떠맡다
**sort of** 어느 정도, 다소
**scramble** 허둥지둥 간신히 해내다

237

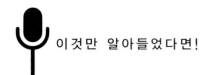

**1**

## To take someone to task: To scold someone or hold them accountable for something ~를 비난하다/책망하다/꾸짖다

My son did not do any of the chores I had asked him to do today. I took him to task for it and made him complete everything before he went to bed.

우리 아들이 오늘 내가 걔한테 하라고 한 일을 아무것도 안 했더라고. 내가 그것 때문에 걔를 꾸짖었고 잠자기 전에 걔가 모든 걸 다 끝내도록 했어.

**2**

## To hold off: To delay doing something 미루다/연기하다

I'm still not sure how many people are coming to the party, so I'll hold off buying more food until I know who's coming.

파티에 몇 명이 오는지 내가 아직 확실히 몰라서, 누가 오는지 알게 될 때까지 음식을 더 사는 건 미뤄야겠어.

**3**

## To throw someone under the bus: To betray someone ~를 배신하다/곤경에 빠뜨리다

Erin totally threw me under the bus today. She told Phil that the improvement plan was mostly her idea and that I was too busy to help with it. I've been working on that plan for two months!

오늘 에린이 날 완전히 곤경에 빠뜨렸어요. 필한테 그 개선 방안이 거의 다 자기 아이디어라고 이야기하면서 내가 너무 바빠서 그 일을 돕지 않았다고 했다나? 내가 그 일을 두 달 동안 하고 있는데 말이에요!

**4**

## To be shaken up by something: To be emotionally or psychologically shocked by something 무언가에 의해 감정적으로나 심리적으로 충격을 받다

Phil knew I had been working on the plan for a long time, so he was very surprised when Erin told him that the plan was her idea. I was really shaken up by Erin's action; I'm one of her good colleagues, and why would she do this to me?

필은 내가 그 기획안을 붙잡고 오랫동안 일했다는 걸 알고 있어서, 에린 씨가 그 안이 자기 아이디어라고 했을 때 무척 놀랐어요. 난 에린의 그런 행동에 정말 너무 충격 받았어요. 난 그 사람과 잘 지내는 동료 중 한 사람인데, 대체 왜 나한테 이런 행동을 하는 걸까요?

**5**

## A train wreck: A disaster 엉망진창/실패작

Our whole trip was a train wreck. Our flight was delayed so long that we missed our connection, and when we finally got to our destination, the hotel had lost our reservation.

우리 여행은 완전히 엉망진창이었어. 비행편이 너무 오래 지연돼서 연결편을 놓쳤고, 결국 우리 목적지에 도착했을 때는 호텔에서 우리 예약한 걸 누락시켜 버렸더라니까.

행크의 문장, "The boss just took me to task for <u>my work on the annual report</u>."를 보세요. Work on something은 구어체 영어에서 아주 흔히 듣는 표현입니다. 행크는 이때 work를 명사로 사용했지만, 사실 이 표현은 to work on something(무언가 결과물을 내기 위해서, 혹은 더 좋게 향상시키기 위해서 시간과 노력을 들이다)과 같이 동사구로 훨씬 더 많이 쓰입니다.

Hank says that he had to <u>work on the annual report</u>.
행크는 자기가 연례 보고서를 작성해야 했다고 말하네.

The mechanic <u>works on my car</u>.
그 정비사가 내 차를 고쳐.

The writer is <u>working on his second book</u>.
그 작가는 자기 두 번째 책을 집필하고 있어.

The writer is <u>working on his second book</u>.

My doctor <u>worked on my knee</u>, and now it's better.
의사가 내 무릎을 치료해서, 이제는 괜찮아.

## CULTURE POINT

미국인들은 개인주의적이라고들 하지만, 실제 미국 문화에는 친구들과 동료들, 그리고 이웃들을 서로 돌봐주고 도와주는 걸 장려하는 문화도 공존합니다. 누군가 힘든 일을 겪을 때에는 특히 더 그렇습니다. 앞의 대화에서도 행크는 리아가 아파서 못 나오는 동안 리아의 일을 맡아서 도우려고 합니다. 미국인들은 친구나 동료, 또는 이웃이 힘든 일을 겪을 때, 아이들을 돌봐주거나 집안일을 거들어 주거나 필요한 물품을 갖다주는 등의 도움을 주기도 합니다. 이런 미국 문화를 잘 보여주는 웹사이트가 "Take Them A Meal"입니다. 친구나 이웃이 아프거나, 어느 집에 아기가 태어났거나, 혹은 누군가의 가족이 죽었거나 했을 경우, 사람들은 다음과 같이 이 웹사이트를 이용해서 친구나 이웃을 도와줍니다. 먼저, 한 친구가 이 웹사이트에 계정을 만들어 스케줄을 짠 후 다른 친구들 모두에게 이메일을 합니다. 그러면 이메일을 받은 다른 친구들이 가능한 시간을 골라서 이름을 적고, 자신이 선택한 시간에 도움이 필요한 친구에게 음식을 갖다주는 거지요. 그렇게 큰 부담 없이 어려움에 처한 친구나 동료들을 효과적으로 도울 수 있는 방법이라서 많은 미국인들이 이 웹사이트를 애용합니다.

LESSON 20

영어로 말하고 싶은, 또는 못 알아들을 것 같은 예문에 체크해 보세요.

크리스티나: 그래, 넌 베이비 샤워 재미있었어?

레이시: 응, 재미있었어. 사라 동생이 정말 멋지게 해냈더라고. 난 걔가 만든 핑크 벨벳 케이크가 정말 맛있더라.

크리스티나: 맞아. 모든 게 다 잘 됐어.

레이시: 그건 그렇고, 사라네 할머니는 괜찮으시니? 그분하고 대화를 좀 나눴는데, 두서없이 이런저런 말씀을 하시더라. 그러더니 나중에는 그분이 하시는 말씀을 내가 하나도 못 알아듣겠더라고. 아무튼 좀 이상하다고 생각했어.

크리스티나: 아, 너 베이비 샤워 전에 사라가 보낸 이메일 안 읽었니?

레이시: 아니, 안 읽었는데. 무슨 이야기였어?

크리스티나: 사라가 자기 할머니께 치매가 있다고 우리 모두에게 귀띔을 해 줬어.

레이시: 아, 그래서 그랬구나.

크리스티나: 사라 말로는, 베이비 샤워 하는 동안 자기 여동생이 할머니를 돌보기로 했는데, 걔가 그날 미모사 칵테일을 너무 많이 마셨지.

레이시: 무슨 말인지 알아. 걔 너무 취해서 화장실이 어딘지도 모르더라.

크리스티나: 하하, 그래도 난 걔 뭐라고 못하겠어. 그 미모사는 내가 마셔 본 중에 최고의 미모사였거든.

레이시: 맞아. 정말 맛있었지. 그래도 그것 때문에 사라가 화났잖아. 사라는 자기 여동생이 무책임하게 굴었다고 생각하니까.

크리스티나: 난 좀 놀라운데. 난 언제나 사라가 느긋하고 속 편하게 산다고 생각했거든.

레이시: 그건 사실이야. 아마도 임신 중 감정 변화 때문에 그런 게 아닐까 싶어.

**Christina:** So did you have fun at the baby shower?

**Lacey:** Yes, I did. Sarah's sister did a fabulous job, and I really liked the pink velvet cake that she made.

**Christina:** Yeah, everything turned out well.

**Lacey:** Oh, by the way, is Sarah's grandma okay? I had a conversation with her, and she was just ❶ **all over the map**. Then later, ❷ **what she said was all Greek to me**. I just thought it was kind of odd.

**Christina:** Oh, didn't you check Sarah's e-mail before the shower?

**Lacey:** No, what was it about?

**Christina:** She ❸ **gave everyone a heads-up** that her grandma has dementia.

**Lacey:** Oh, that makes sense.

**Christina:** According to Sarah, her sister was supposed to look after her grandma during the shower, but she had too many glasses of Mimosa that day.

**Lacey:** I know what you mean. She was so ❹ **hammered** that she didn't even know where the bathroom was.

**Christina:** Ha-ha, but I don't blame her. That was the best Mimosa I've ever had!

**Lacey:** Yeah, it was pretty good, but that really ruffled Sarah's feathers because she thought her sister was being irresponsible.

**Christina:** I'm surprised because I've always thought Sarah's so ❺ **laid-back** and carefree.

**Lacey:** That's true. Maybe it's the mood swings during pregnancy.

---

dementia 치매
mood swings 두드러진 기분 변화

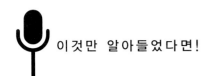 

MP3 116

## 1 All over the map

The witness was all over the map as well, and we were puzzled.

증인 또한 두서없이 말해서 우린 혼란스러웠어.

(대화 등의) 주제가 여기저기
옆길로 새는
/체계적이지 않은

## 2 It's all Greek to me.

Tina: Did the professor explain this hypothesis?

Greta: She did, but it was all Greek to me.

티나: 교수님께서 이 가설에 대해서 설명해 주셨니?
그레타: 해 주셨는데, 난 무슨 말인지 하나도 모르겠더라.

무슨 말인지
하나도 모르겠다.

## 3 To give someone a heads-up

I wanted to send you an e-mail to give you a heads-up concerning this matter.

이 문제에 대해서 너한테 미리 귀띔해 주려고 이메일을 보내고 싶었거든.

~에게 미리 알려주다

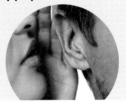

## 4 Hammered

I don't wanna get hammered tonight because I have a test tomorrow.

나 오늘 밤에 술 취하기 싫어. 내일 시험이 있거든.

고주망태가 된

## 5 Laid-back

I'm so stressed out here. I really wanna move to a laid-back country.

난 여기서 너무 스트레스 받아. 정말로 좀 여유 있게 살 수 있는 나라로 이민 가고 싶어.

느긋한/여유 있는

To give someone a heads-up(∼에게 미리 알려주다)에서 heads-up은 명사로 '알림' 또는 '귀띔'이라는 의미가 있습니다. 그래서 이 단어를 이용해서 다음과 같은 표현들도 가능합니다.

Just a heads-up for you!
그냥 너도 알고 있으라고!

Thank you for the heads-up!
알려주셔서 감사합니다.

## **CULTURE** POINT

미국 드라마에서 여성들이 베이비 샤워(baby shower) 하는 모습을 많이 보셨을 거예요. 베이비 샤워는 임신한 친구나 가족에게 태어날 아기를 위한 선물을 챙겨 주는 파티입니다. 주로 토요일이나 일요일 오후 2시나 4시쯤 하기 때문에, 식사보다는 간단하게 케이크와 쿠키, 그리고 과일 등을 먹으면서 담소를 나눕니다. 음료의 경우 탄산음료, 차, 커피, 주스, 레모네이드 등을 마시지만, 술이 있을 경우에는 와인이나 칵테일을 마시기도 합니다. 특히, 미모사(mimosa)는 베이비 샤워나 bridal shower(예비 신부 파티)에 단골로 등장하는 칵테일로 미국 여성들에게 아주 인기가 있습니다. 오렌지 주스와 스파클링 와인(sparkling wine)을 섞어 만드는데, 그 맛이 일품이랍니다.

**LESSON 20**

크리스: 이봐, 테드. 우리 오늘 일 끝나고 한잔하러 갈 거거든. 너도 같이 갈래?

테드: 그러고는 싶은데, 아내가 오늘 자기 친구들이랑 밖에서 만나기로 해서 내가 아이를 봐야 해.

크리스: 알았어.

테드: 그건 그렇고, 사장님도 가셔?

크리스: 그럴 것 같아.

테드: 그렇다면, 내가 너한테 귀띔 하나 해 줄게. 사장님 옆에는 앉지 않는 게 좋을 거야.

크리스: 왜?

테드: 너도 알다시피, 사장님이 술 엄청 드시잖아. 이말 저말 옆길로 막 새는 것 같으면, 그건 좋지 않다는 신호거든. 그 시점에서는 사장님과 떨어져 앉는 게 좋을 거야. 아주 취하셨다는 뜻이니까.

크리스: 그래서?

테드: 에휴, 네가 불편하게 될 거라고. 사장님을 겪어 본 바에 따르면, 사장님이 만취 상태가 되실 때마다 무슨 말씀을 하셔도 난 하나도 못 알아듣겠더라니까.

크리스: 귀띔해 줘서 고맙긴 한데, 나라면 그런 걱정은 안 하겠다. 사장님께서 그 정도로 취하시면 내가 무슨 말을 해도 별로 개의치 않으실 테니까.

테드: 하하! 네 말이 맞네. 인마, 난 네 그런 느긋한 태도가 좋아!

244

Chris: Hey, Ted, we're going out for a drink after work today. Wanna join us?

Ted: I'd love to, but my wife is having a girls' night out, so I'm on kid duty.

Chris: Okay.

Ted: By the way, is the boss going as well?

Chris: I think he is.

Ted: Well, then let me ❶ **give you a heads-up**. You'd better not sit by him.

Chris: Why not?

Ted: You know, he's a heavy drinker, and when he seems ❷ **all over the map**, that's a bad sign. At that point, I'd stay away from him because that means he's very drunk.

Chris: So?

Ted: Oh, boy, that's going to make you feel uncomfortable. Based on my experience with him, whenever he's ❸ **hammered**, ❹ **everything he says is all Greek to me**.

Chris: Thanks for the heads-up, but I wouldn't worry about that. When he's that drunk, he's not gonna care about whatever I say.

Ted: Haha! You're right. I like your ❺ **laid-back** attitude, dude!

---

**a girls' night out** 여자들만의 밤 외출

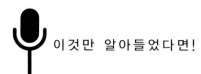 이것만 알아들었다면!

MP3 **118**

**1**

## To give someone a heads-up: To give someone a notice about something that is going to happen

The boss says 30 people will show up today. I'm just giving you a heads-up.
사장님이 오늘 30명이 올 거라고 하시네. 너한테 미리 알려주는 거야.

**2**

## All over the map:  Unorganized

The meeting was all over the map.
회의가 너무 두서가 없었어.

**3**

## Hammered:  Very drunk

Let's get hammered!
진탕 마시고 취하자!

**4**

## It's all Greek to me.:  I can't understand it at all.

Jimmy explained how to solve this math problem, but it was all Greek to me.
지미가 이 수학 문제 어떻게 푸는지 설명해 줬지만, 난 무슨 말인지 하나도 못 알아들었어.

**5**

## Laid-back:  Relaxed

Laura never gets angry. I think her character is pretty laid-back.
로라는 절대 화내는 법이 없어. 내 생각에 걔는 성격이 아주 느긋한 것 같아.

테드의 문장, "You'd better not sit by him."은 "You had better not sit by him." 의 축약형입니다. Had better는 '~하는 게 좋을 거다'라는 의미인데, 이런 식의 표현 중에서 굉장히 강한 편에 속합니다. 내 말을 듣지 않으면 나쁜 결과가 생길 거라는 경고를 포함하고 있기 때문이죠. 이 대화에도 테드는 '내 말 안 듣고 사장님 옆에 앉으면, 나중에 네가 어떤 고초를 겪게 될 지도 몰라'라는 의미를 포함하고 있다고 볼 수 있습니다. Had better는 조동사 역할을 하기 때문에 쓰임새 또한 여느 조동사와 똑같습니다. 즉, had better 뒤에는 동사원형이 와야 하며, 부정문을 만들 때는 테드의 문장처럼 had better 바로 뒤에 not을 붙이면 됩니다.

**You'd better** bite your tongue.
입 다무는 게 좋을 거다.

**You'd better not** tell anyone about this.
이 일에 대해서 아무에게도 말하지 않는 게 좋을 거야.

## *Vocabulary Point*

"It's all Greek to me." 이디엄은 셰익스피어의 〈줄리어스 시저(The Tragedy of Julius Caesar)〉에 실제로 나오는 대사에서 유래했다고 합니다. 흥미롭게도 이 작품 속에서도 그리스어를 몰라서 이해 못하겠다는 의미로 쓰였습니다. 영어에서 외국어와 관련된 이디엄 중 자주 쓰이는 또 다른 표현으로 "Excuse my French!"(함부로 말해서 미안합니다.)가 있습니다. 이 또한 19세기 영국에서 처음 쓰일 때는, 그저 문자 그대로의 뜻으로 쓰인 말이었다고 해요. 그 당시 영국인들이 가장 흔히 배웠던 외국어가 프랑스어였는데, 가끔 프랑스어를 섞어서 말하다가 사람들이 못 알아들으면 "Excuse my French!"라고 했지요. 그러나 현재 이 말은 미국인들이 욕설, 금기어, 막말, 불쾌한 말을 하는 것에 사과할 때 사용하는 표현입니다.

Excuse my French, but something smells like shit here.
말 함부로 해서 미안한데, 여기 무슨 똥 냄새가 나는 것 같아요.

---

shit은 금기어로 되도록 쓰지 않는 편이 나은 단어입니다.

**LESSON 20**

댄: 넌 앤드류가 발표한 거 이해했니? 솔직히, 난 무슨 말인지 하나도 모르겠더라.

데릭: 왜냐하면 걔 발표가 두서없이 여기저기 옆길로 막 샜으니까.

댄: 맞아! 네가 아주 정곡을 찔렀다. 걔 발표 준비 하나도 안 한 것처럼 보였어. 요즘 너무 바빴나?

데릭: 응, 맞아. 여기저기서 파티하느라 바빴지. 어제 내가 우리 팀 프로젝트 때문에 전화했는데, 그 자식이 아주 고주망태가 돼서는 그 과제에 대해서 완전히 까먹었더라고.

댄: 이제야 왜 제이미가 학기 초에 우리한테 앤드류에 대해 귀띔해 줬는지 알겠네. 하지만 그래도 넌 걔랑 그 프로젝트 같이 하고 싶어 했잖아. 기억나?

데릭: 그래, 기억나지. 그런 얘기가 오갔던 것. 그때는 그 녀석의 느긋한 태도가 난 좀 마음에 들었거든. 여유 있는 사람들이 성공할 가능성이 높다고 주장하는 기사도 막 읽은 터였고.

댄: 그 자식은 그냥 여유 있는 게 아냐. 게으름뱅이라고.

데릭: 그래, 나도 알아.

**Dan:** Did you understand Andrew's presentation? Honestly, ❶ **it was all Greek to me**.

**Derrick:** That's because his presentation was ❷ **all over the map**.

**Dan:** Exactly! You just hit the nail on the head. It looked like he didn't prepare for his presentation at all. Has he been too busy?

**Derrick:** Oh, yeah. He has been so busy having parties here and there. Yesterday, I called him about our team project, and he was so ❸ **hammered** that he had completely forgotten about it.

**Dan:** Now I know why Jamie ❹ **gave us a heads-up** about Andrew early on, but you still wanted to do the project with him. Remember?

**Derrick:** Yes, I remember having that conversation. I kind of liked his ❺ **laid-back** attitude at that time. It was right after I read that article, which claimed that ❺ **laid-back** people are more likely to be successful.

**Dan:** He's not just ❺ **laid-back**. He's a slacker.

**Derrick:** Yes, I agree.

---

claim (~이 사실이라고) 주장하다
be more likely to+동사원형 ~하기 쉽다
slacker 게으름뱅이

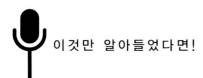 이것만 알아들었다면!

MP3 **120**

**1** ## It's all Greek to me.:

I can't understand it at all. 무슨 말인지 하나도 모르겠다.

I'm trying to understand what's written in this document, but it's all Greek to me.
내가 지금 이 문서에 적힌 내용을 이해해 보려고 하는데, 도대체 무슨 말인지 하나도 이해가 안 되네.

**2** ## All over the map:

Unorganized (대화 등의) 주제가 여기저기 옆길로 새는/체계적이지 않은

We can't find any pattern in this. It's all over the map.
여기서는 어떤 패턴도 찾아볼 수가 없어. 전혀 체계가 없네.

**3** ## Hammered: Very drunk 고주망태가 된

I was so hammered last night, and I don't remember anything he said.
나 어젯밤에 너무 취해서 그 사람이 무슨 말을 했는지 하나도 기억 안 나.

**4** ## To give someone a heads-up: To give someone a notice about something that is going to happen

~에게 미리 알려주다

Please give me a heads-up when you send out those documents.
그 서류들 보낼 때 저한테도 미리 알려주세요.

**5** ## Laid-back: Relaxed 느긋한/여유 있는

All my friends are laid-back and easy-going.
내 친구들은 모두 느긋하고 여유가 있어.

"He has been so busy having parties here and there."에서 having은 동명사가 아니라 현재분사입니다. 동명사와 현재분사는 똑같은 형태(동사+-ing)를 가지고 있지만, 동명사는 명사 기능(주어, 목적어, 보어)을 하고, 현재분사는 형용사나 부사 같은 수식어 기능을 합니다. 이 문장에서도 '여기저기서 파티를 하느라'(having parties ~)가 바쁘다(busy)를 꾸며 주는 수식어 역할을 하기 때문에 현재분사입니다. 또 다른 예를 하나 볼까요?

We usually chitchat drinking coffee during the break.
쉬는 시간에 우리는 보통 커피 마시면서 수다를 떨어.

이 문장에서도 '커피를 마시면서'(drinking coffee)가 '수다를 떨어'(chitchat)를 꾸며 주는 수식어이기 때문에 동명사가 아니라 현재분사입니다.

## *Vocabulary Point*

댄의 마지막 문장에 나오는 slacker라는 단어를 볼까요? 이 단어는 '게으름을 피우다'라는 뜻의 동사 to slack에 '~하는 사람'이라는 의미를 가진 접미사 -er이 더해져 만들어진 겁니다. 동사 to slack은 주로 다음과 같이 off와 함께 동사구로 쓰입니다.

My coworker, Sebastian, slacks off all day long.
내 동료 세바스찬은 하루 종일 게으름을 피워.

## LESSON 21

영어로 말하고 싶은, 또는 못 알아들을 것 같은 예문에 체크해 보세요.

남편: 여보, 저녁 식사 곧 차릴 거예요?

아내: 아뇨, 비 오기 전에 정원에서 몇 가지 일 좀 먼저 끝내고 싶어요. 곧 폭풍우가 올 것 같아서요.

남편: 뭐, 그렇다면 가서 그 일 해요. 내가 우리 저녁 금방 만들 테니까. 그 태국식 매운 그린 카레 만들 수 있어요. 지난번에 내가 만들었을 때 꽤 맛있었다고 생각했거든요.

아내: 아주 맛있었어요, 매웠다는 것만 빼고. 이번에는 그 매운 맛을 좀 줄일 수 있겠어요?

남편: 그렇게 하겠습니다, 마님!

아내: 고마워요. 오, 먹구름이 점점 더 몰려와요. 빨리 서둘러서 폭풍 오기 전에 정원 일을 끝내는 게 좋겠어요.

**Husband:** Honey, were you planning to fix dinner any time soon?

**Wife:** No, I want to get a few things done in the garden before it rains. It looks like ❶ **it's fixing to** storm.

**Husband:** Well, then you go ahead and do that, and I'll ❷ **whip something up** for us. I could make that spicy green Thai curry. I thought it was delectable the last time I made it.

**Wife:** It was scrumptious except for the spiciness. Could you ❸ **dial down** the heat a bit this time?

**Husband:** ❹ **Your wish is my command**, my love.

**Wife:** Thank you. Ooh, the clouds are getting darker; I'd better ❺ **shake a leg** and get my gardening done before the storm!

---

**delectable** 아주 맛있는
**scrumptious** 아주 맛있는

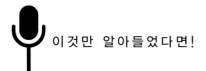

이것만 알아들었다면!

MP3 **122**

## 1 To be fixing to do something

I'm fixing to go to the store, do you need anything while I'm there?

나 가게에 갈 참인데, 너 거기서 뭐 필요한 것 있니?

~할 참이다

미국 남부에서 많이 쓰이는 표현이다.

## 2 To whip something up

The kids will be home from school soon. I think I'll whip up some brownies as an after school treat.

아이들이 학교에서 곧 집으로 와. 방과 후 간식으로 브라우니를 빨리 만들어야지.

빠르게 ~를 준비하다

주로 식사나 음식에 관련된 표현이지만, 다른 문맥에서도 쓰인다.

## 3 To dial something up ≠ To dial something down

This salad tastes best when you dial up the acid by adding a little lemon juice.

이 샐러드는 레몬주스를 조금 더 넣어서 신맛을 끌어 올리면 가장 맛있어.

Be careful what you say; you might want to dial down the sarcasm.

말조심해. 빈정대는 것 좀 줄이고.

~을 증폭시키다/늘리다 ≠ ~을 완화시키다/누그러뜨리다

## 4 Your wish is my command.

Friend 1: Hey, can you bring me some coffee?
Friend 2: Your wish is my command.

친구 1: 저기, 나 커피 좀 갖다 줄래?
친구 2: 그럽지요.

네가 원하는 대로 다 해 줄게.

## 5 Shake a leg!

Kids, we're going to be late for school; shake a leg!

얘들아, 우리 학교 지각할 거야. 서둘러!

대화에서 남편은 "I could make that spicy green Thai curry."라고 합니다. 만일 이때, "I could make that Thai, spicy green curry."라고 하면, 같은 의미인데도 문법적으로 맞지 않는 문장이 됩니다. 왜냐하면, 명사 앞에 형용사를 여러 개 한꺼번에 사용할 때는, 따라야 하는 순서가 있기 때문입니다. 그 순서는 대략 다음과 같습니다.

**수량〉의견〉크기〉상태〉나이〉모양〉색상〉출신〉재료**

이 순서를 지키지 않으면 어법에 맞지 않으며 듣기에도 어색한 문장이 됩니다.

the latest political policy (O) 최근의 정치 정책

the political latest policy (X)

a large square brown leather backpack (O)
큰지막한 정사각형 갈색 가죽 가방

a leather brown large square backpack (X)

## Vocabulary Point

대화에서 두 부부는 그 태국식 카레가 얼마나 맛있었는지 표현하려고, delicious, tasty, yummy처럼 일반적으로 많이 쓰는 단어 대신, scrumptious와 delectable이라는 단어를 사용합니다. 그럼 여기서 '맛있는'의 뜻을 가지면서도 좀 더 구체적인 의미를 포함하고 있는 단어를 몇 가지 더 정리해 봅시다.

**Mouthwatering: 군침 돌게 하는**

On New Year's day, my grandmother always cooks a mouthwatering dish of pork and sauerkraut for good luck in the new year.
설날이면, 새해 복 많이 받으라고, 우리 할머니는 언제나 군침 돌게 하는 돼지고기 요리와 사워크라우트(독일 스타일의 김치)를 만드셔.

**Succulent: 즙이 많은 (과일, 채소, 고기에 모두 쓸 수 있는 단어 - 과즙/육즙이 풍부한)**

We went to the best steak place in town and ordered filet mignon—the most succulent cut of steak you can order.
우리는 마을에서 가장 좋은 스테이크 집에 가서 필레미뇽을 주문했어. 주문할 수 있는 가장 육즙이 풍부한 부위지.

**Luscious: 감미롭고 풍부한 (풍부하고 크리미한 음식을 묘사할 때 주로 쓰임)**

Alex, this chocolate mousse is so rich and luscious. You'll have to give me the recipe.
알렉스, 이 초콜릿 무스 정말 진하고 맛이 풍부하다. 나한테 꼭 레시피 알려줘야 해.

# UNIT 2

영어로 말하고 싶은, 또는 못 알아들을 것 같은 예문에 체크해 보세요.

케이틀린: 조쉬, 제가 몇 분 후에 회의에 들어갈 참이라서요. 제가 슬라이드는 다 준비했는데 그래프를 두어 개 더 넣고 싶네요.

조쉬: 제가 차트랑 그래프를 빨리 몇 개 만들어 드릴까요?

케이틀린: 그래 주실래요? 그럼 너무 좋죠! 제가 좀 빨리 서둘러야 하거든요. 회의가 곧 시작해서요. 그리고 그 전에 해야 할 일이 한두 가지 더 있고요.

조쉬: 분부대로 하겠습니다! 바로 시작할게요. 데이터만 저한테 주시면 제가 해 보겠습니다.

조쉬: (잠시 후) 케이틀린, 이 그래프 좀 보세요. 어때요?

케이틀린: 네! 정말 좋네요. 그런데 음, 여기 이건, 전 숫자가 잘 안 보이네요.

조쉬: 걱정하지 마세요. 제가 명암 대비를 높이기만 하면 케이틀린 씨가 숫자 글꼴 색을 좀 더 선명하게 보실 수 있어요.

케이틀린: 그러네요. 훨씬 나아요. 정말 감사합니다, 조쉬. 제 은인이세요!

조쉬: 이런 건 언제든 해 드릴 수 있어요!

Caitlin: Josh, ❶ **I'm fixing to** go in to that meeting in a few minutes. I've got my slides ready, but I wanted to add a couple of graphs.

Josh: Want me to ❷ **whip up** a couple of charts and graphs for you?

Caitlin: Would you? Oh, that would be great! I kind of have to ❸ **shake a leg** because the meeting starts soon, and I have a couple of things I need to do before then.

Josh: ❹ **Your wish is my command**! I'll jump right on it. Just give me the data, and I'll put something together.

Josh: (Moments later) Caitlin, take a look at these graphs, what do you think?

Caitlin: Yes! I like these. But, hmm, this one here, I can't see the numbers very well.

Josh: No worries, let me just ❺ **dial up** the contrast so you can see the font color a little better.

Caitlin: Oh yes, that's much better. Thanks so much, Josh, you're a lifesaver!

Josh: Anytime!

---

**jump right on it** (어떤 일에) 달려들다
**contrast** 명암 (대비)
**font color** 글꼴 색

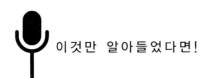 이것만 알아들었다면!

 MP3 **124**

## 1  To be fixing to do something: To be going to do

I'm fixing to finish that report for my boss.
제 상사에게 제출할 보고서를 곧 끝낼 참입니다.

---

## 2  To whip something up:

### To make or prepare something very quickly

My sister is really good at home decorating. She can whip up a floral arrangement in a matter of minutes.
우리 언니는 집 꾸미는 일을 정말 잘해. 꽃꽂이를 단 몇 분 만에 만들어 낼 수 있어.

---

## 3  Shake a leg!: Hurry up!

The movie starts in 10 minutes; we'd better shake a leg, or we'll miss the beginning.
10분 후면 영화 시작해. 빨리 서둘러야지, 안 그러면 영화 첫 부분 놓칠 거야.

---

## 4  Your wish is my command: I will do as you ask.

Mother: Could you vacuum the living room?
Son: Your wish is my command.

엄마: 거실 청소기 좀 돌려 줄래?
아들: 네, 분부대로 하겠습니다!

---

## 5  To dial something up:

### To amplify/increase something

## ≠ To dial something down:

### To reduce something

Let's dial up the red in this paint—I want it to be very vibrant.
이 페인트에 붉은 색을 좀 더 섞자. 이걸 아주 생동감 넘치는 색으로 만들고 싶거든.

I think you should dial down the humor in this letter; you're writing about something serious.
내 생각에는 네가 이 편지에서 유머를 좀 줄여야 할 것 같아. 지금 심각한 일에 대해 쓰고 있잖아.

대화에서 조쉬가 "Want me to whip up a couple of charts…?"라고 합니다. 즉, 완전한 문장인 "<u>Do you</u> want me to whip up a couple of charts…?"에서 밑줄 친 부분을 빼고 말한 거죠. 이런 현상을 언어학에서는 생략(ellipsis)이라고 부릅니다. 이렇게 문장의 어떤 부분을 생략하고 말하게 되면, 메시지가 격식 없이 편안한 톤으로 전달되는 결과를 낳게 됩니다. 그래서 격식을 차리지 않아도 되는 일상생활 회화에서 이는 굉장히 빈번하게 일어나는 언어적인 현상입니다. 왜냐하면, 이 경우에서도 볼 수 있듯이, 조쉬가 Do you를 생략하고 질문해도 전달하는 메시지는 여전히 분명하기 때문이죠. 다시 말해, 그 부분을 생략하는 것이 의미를 바꾸거나 헷갈리게 하지 않는다는 이야기입니다. 이 대화에는 이런 생략의 예가 하나 더 있습니다. Caitlin의 문장, "Would you?" 역시 "Would you do that for me?"를 부분적으로 생략한 형태입니다.

## Vocabulary Point

누군가 "Thank you."라고 하면, 이에 대답하는 방식은 다양합니다. 이 대화에서는 케이틀린이 조쉬에게 감사를 표하자, 조쉬가 "Anytime!"이라고 합니다. Anytime은 언제든 도와줄 수 있다는 말입니다. Thank you에 답하는 다른 표현들도 함께 살펴볼까요?

You got it! 천만에요.

Don't mention it. 별 말씀을요.

No problem! 천만에요.

No worries! 천만에요.

My pleasure! 도울 수 있어서 제가 기쁩니다.

I'm happy to help; it was nothing.
도울 수 있어서 제가 기쁩니다. 정말 별 거 아니었어요.

Sure! 그 정도는 당연히 제가 해 드려야죠.

폴라: 저기, 마틴, 내가 볼일 좀 보러 나갈 참이거든. 혹시 내가 외출하는 동안 뭐 필요한 것 없니?

마틴: 있어. 실은, 트레이시랑 숀이 오늘 저녁에 한잔하러 올 거라서 내가 뭐 먹을 걸 빨리 준비할까 생각했거든.

폴라: 와, 그거 좋은 생각이네. 내가 뭐 사 올까?

마틴: 맛있는 치즈하고 살라미 좀 사 올 수 있어?

폴라: 분부대로 하지요!

마틴: 그리고 올리브도 좀 사고. 후무스도?

폴라: 또 다른 건?

마틴: 맞다. 와인도 더 사 오고, 한 병밖에 없는 것 같으니까 세 병 더 사. 그리고 빵도, 빵도 좀 먹을 수 있겠네.

폴라: 응.

마틴: 아, 그 작은 채소 들어 있는 페이스트리 알아? 냉동식품 코너에 있어. 그거 맛있거든. 그거 한두 박스 사 가지고.

폴라: 우리 지금 일개 부대를 먹이는 거니? 네 음식물 사재기 충동은 지금 좀 자제할 수 있을 것 같은데.

마틴: 뭐, 난 그저 우리가 음식이 안 부족하게 하려는 거라고.

폴라: 우리 배고파 죽지는 않을 것 같아. 걔네들은 언제 와?

마틴: 한 시간 후에.

폴라: 어머나, 그럼 서둘러야겠네.

**Paula:** Hey, Martin, ❶ **I'm fixing to** run some errands. Do you need anything while I'm out?

**Martin:** Yeah, actually, Tracie and Sean were coming over this evening for drinks, and I thought I'd ❷ **whip up** a little something to eat, too.

**Paula:** Oh, that sounds nice. What would you like me to get?

**Martin:** Could you pick up some nice cheese and maybe some salami?

**Paula:** ❸ **Your wish is my command**!

**Martin:** And some olives, too. And, maybe some hummus?

**Paula:** Anything else?

**Martin:** Oh yeah, more wine. I think we only have one bottle, so get three more. And bread. We could use some bread.

**Paula:** Uh huh.

**Martin:** Oh, and you know those little vegetable puffs? They have them in the frozen section. Those are good. Maybe grab a box or two of those…

**Paula:** Are we feeding an army? I think you can ❹ **dial down** on the food hoarding impulse here.

**Martin:** Well, I just want to make sure we have enough.

**Paula:** I don't think we'll starve. When do they arrive?

**Martin:** In an hour.

**Paula:** Yikes! Well, I'd better ❺ **shake a leg** then!

---

run some errands 볼일을 보다, 심부름을 하다
come over (집에) 놀러 오다
hummus 후무스 (병아리콩 으깬 것과 오일, 마늘을 섞은 중동 지방 음식)

261

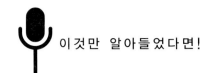

이것만 알아들었다면!

**1** ## To be fixing to do something:

### To be going to do ~할 참이다

That is an unhappy baby. I think he's fixing to cry.
짜증이 난 아기네. 금방 울 것 같아.

**2** ## To whip something up: To make or prepare

## something very quickly 빠르게 ~를 준비하다

I just found out that I need to teach my colleague's class, so I need to whip up some activities for her students.
내 동료의 수업을 내가 가르쳐야 한다는 걸 방금 알았거든. 그래서 그 수업 듣는 학생들을 위한 액티비티를 빨리 준비해야 해.

**3** ## Your wish is my command.:

### I will do as you ask. 네가 원하는 대로 다 해 줄게.

Husband: Oh no, we've run out of stamps. Can you get some from the post office?
Wife: No problem! Your wish is my command.
남편: 이런, 우표가 다 떨어졌네. 우체국 가서 우표 좀 사 올 수 있어요?
부인: 물론이죠! 분부대로 하겠습니다.

**4** ## To dial something up:

### To amplify/increase something ~을 증폭시키다/늘리다

## ≠To dial something down:

### To reduce something

### ~을 완화시키다/누그러뜨리다

Mmm, this curry is really good, but I think it will be better if you dial up the salt.
음, 이 카레 정말 맛있긴 한데, 소금을 더 뿌리면 더 맛있겠네.

We were trying to talk in the restaurant, but the music they were playing was too loud. I asked the waiter if they could dial it down a little.
우리는 식당에서 이야기하려고 했지만, 그들이 연주하던 음악 소리가 너무 컸어. 나는 웨이터에게 음악 소리 좀 줄여 줄 수 있냐고 물어봤지.

**5** ## Shake a leg!: Hurry up! 빨리 빨리 해!

They're having a big sale at the mall this weekend. You'd better shake a leg before all of the good stuff is gone.
이번 주말에 쇼핑몰에서 큰 세일을 하거든. 좋은 물건 다 팔리기 전에 빨리 서두르는 게 좋을 거야.

대화 속 마틴의 문장, "…Tracie and Sean <u>were coming</u> over this evening."을 보세요. 여기서 트레이시와 숀이 오는 것은 곧 일어날 가까운 미래의 일이지만, 보다시피 마틴은 과거진행형 시제를 쓰고 있습니다. 이는 미래의 일이기는 하지만 과거에 계획됐기 때문에 가능한 문법 사용입니다. 조금 특별한 케이스이긴 하지만, 가끔 이런 식의 과거진행형 시제의 사용을 개인적인 일과 관련된 문맥에서 볼 수 있습니다.

## **CULTURE** POINT

여러분도 알다시피 미국은 세계 여러 나라에서 온 이민 자로 이루어진 나라이기 때문에, 음식에 독특한 이름이 많고 음식 문화 또한 굉장히 다양합니다. 앞의 대화에서 만 해도, 이탈리아 소시지인 살라미, 중동 음식인 후무스, 그리고 프랑스식 페이스트리인 채소 퍼프가 나옵니다. 〈스트리트 푸드 파이터〉라는 TV 프로그램의 뉴욕 편에서 백종원 씨도 미국 음식 문화의 이런 부분을 지적합니다. 훈제 연어 베이글 샌드위치를 설명하면서, 베이글은 원래 폴란드계 유태인들의 빵이었고, 미국에서 lox라고 불리는 훈제 연어는 실은 동유럽에서 '염장한 연어'라는 의미를 가진 단어가 미국으로 와서 이렇게 변형되었다고 설명했습니다. 음식 전문가인 백종원 씨도 언급하듯이, 미국인들의 식문화는 세계 여러 나라를 품고 있습니다. 그래서 한국인들이 별로 없는 도시인 저희 동네 슈퍼마켓에 가도 김치나 간장, 고추장, 불고기 소스 등을 쉽게 살 수 있답니다.

**LESSON 22**

영어로 말하고 싶은, 또는 못 알아들을 것 같은 예문에 체크해 보세요.

도미니크: 숀, 안녕! 이번 주말에 뭐 좀 재미있는 거 했어?

숀: 새로 나온 〈스파이더맨〉 영화 보러 갔어.

도미니크: 어땠어? 난 그런 영화의 특수 효과를 보면서 항상 쾌감을 느끼거든.

숀: 이번 건 크게 특별할 게 없었어.

도미니크: 문제가 뭐였는데?

숀: 구성이 정말 재미없었어. 이렇게 약한 스토리라인 쓰느라 그렇게 공을 들였어야 했나 싶더라고.

도미니크: 저런, 뭐 그건 유감이지만, 그래도 컴퓨터 효과는 잘 만든 부분이 좀 있지 않았어?

숀: 있었고, 그런 부분은 멋지긴 했는데, 그것도 너무 오버했다고나 할까. 이를 테면, 특수 효과를 모든 장면 하나하나에 다 썼더라고. 그래서 난 계속 생각한 게 너도 알다시피, 영화에는 연기를 해야 하는 배우들이 있잖아.

도미니크: 그래, 네가 무슨 말 하는지 알아.

숀: 하지만, 그래도 난 〈스파이더맨〉 완전 좋아. 단, 이번 건 영화관에서 보라고 권하지는 않겠어. 그냥 넷플릭스에 나올 때까지 기다려.

# English CONVERSATION

MP3 127

Dominick: Hi, Sean! Did you do anything fun this weekend?

Sean: I went to see that new *Spider Man* film.

Dominick: How was it? I always ❶ **get a kick out of** the special effects in those films.

Sean: This one was ❷ **nothing to write home about**.

Dominick: What was the problem with it?

Sean: The plot was just really ❸ **lame**. I think they had to ❹ **go out of their way** to write a storyline that was this weak.

Dominick: Oh, that's too bad, but were the computer effects any good?

Sean: Yes, they were great, but it was also ❺ **overkill**. Like they used special effects for every single scene, and I kept thinking…you know, there are actors in this movie who should act.

Dominick: Yeah, I see what you mean.

Sean: But, still, I love *Spider Man*! I just wouldn't recommend going to see this one on the big screen. Wait until it comes out on Netflix.

---

**special effects** 특수 효과
**like** 이를 테면, 가령

265

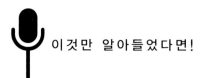 이것만 알아들었다면!

MP3 **128**

## 1 To get a kick out of something

I love going to amusement parks. I get such a kick out of riding roller coasters.

난 놀이공원에 가는 게 정말 좋아. 롤러코스터를 타는 데서 스릴을 느끼거든.

~에서 재미(쾌감)를 느끼다

여기서 명사 kick은 '쾌감'의 뜻으로 쓰인다.

## 2 Nothing to write home about

Everyone was saying that we should try this new restaurant, so we did, but the food was just okay. Certainly nothing to write home about.

모두들 새로 생긴 이 식당에 가 봐야 한다고 해서 우리도 가 봤는데. 음식은 그냥 괜찮은 정도였어. 확실히 특별할 건 없었고.

특별할 것 없는

## 3 Lame

My friend was going to meet me for drinks tonight, but she cancelled because she says she has too much laundry. That's a really lame excuse.

내 친구가 오늘 밤 나랑 한잔하러 만나기로 했었는데. 약속을 취소했어. 그 이유가 빨래할 게 너무 많아서라나. 정말 시답잖은 변명이잖아.

독창성 없는/재미없는

## 4 To go out of one's way

I was buying a pair of jeans for my niece, and she needed a size 26, cropped, boyfriend style, in a dark wash. The store clerk went out of her way to help me and looked through every pair of jeans in the store to find them.

조카딸에게 청바지를 한 벌 사 주려고 했어. 사이즈가 26이면서. 무릎 정도까지 오는 길이에, 보이프렌드 스타일이면서. 진한 색인 그런 청바지를 갖고 싶어 했거든. 가게 점원이 굳이 힘들게 날 도와주면서. 그 청바지를 찾으려고 가게 안의 모든 청바지를 하나하나 다 훑어봤다니까.

굳이 힘들여 ~하다

## 5 Overkill

I prefer simple, classic fashion. Too much jewelry and makeup, in my opinion, is overkill.

난 심플하면서도 고전적인 스타일의 패션이 더 좋아. 액세서리를 너무 많이 하거나 화장을 너무 진하게 하는 건, 내 생각엔 과한 것 같아.

오버/과잉/지나침

'권유하다'의 동사, recommend를 사용한 문장의 다양한 문법 구조를 살펴봅시다.

### 1. recommend + 동명사

I recommend waiting for *Spider Man* to come out on Netflix.
〈스파이더맨〉이 넷플릭스에 나올 때까지 기다릴 것을 권한다.

I recommend seeing *Star Wars* on the big screen.
영화관 가서 〈스타워즈〉 볼 것을 권해.

### 2. recommend + 목적어 + 원형부정사

I recommend you wait for *Spider Man* to come out on Netflix.
너한테 〈스파이더맨〉이 넷플릭스에 나올 때까지 기다리라고 하고 싶어.

I recommended you see *Star Wars* on the big screen.
내가 너한테 〈스타워즈〉를 영화관에서 보라고 했잖아.

### 3. recommend + that절

I recommend that you wait for *Spider Man* to come out on Netflix.
〈스파이더맨〉이 넷플릭스에 나올 때까지 기다리길 추천한다.

I recommend that you see *Star Wars* on the big screen.
〈스타워즈〉를 영화관에서 보는 걸 추천한다.

## *Vocabulary Point*

To watch a movie on the big screen은 '영화를 영화관에 가서 보다'라는 말입니다. On the big screen은 누군가 영화에 출연한다는 말을 할 때에도 쓰입니다.

The rock star is now on the big screen and appearing in his first film role.
그 록스타가 이제 영화에 나오는데, 첫 영화에서 역할을 맡아 출연 중이야.

**LESSON 22**

존: 이렇게 말하는 게 씁쓸하긴 하지만, 축구 경기는 정말 특별할 게 하나도 없었어.

앤드류: 맞아. 나도 이 경기 보러 간다고 정말 들떠 있었거든. 베이시티 키커즈가 내가 좋아하는 팀이라서. 난 이 팀 플레이 하는 걸 보면서 보통은 큰 재미를 느끼거든.

존: (짜증이 잔뜩 난 목소리로) 야, 정말 재미없는 농담이야.

앤드류: 미안. 그렇게 말하고 싶은 걸 참을 수가 없어서. 그렇지만, 정말 그거 너무 지루한 경기였다고. 내 말은, 최종 스코어가 1 대 1? 이게 실화냐? 진짜 재미없었어.

존: 그래서 나 지금 돈한테도 정말 미안하게 생각해. 왜냐하면 돈이 우리한테 그 티켓 구해 주려고 무리해서 애썼거든.

앤드류: 알지. 우리한테 모자랑 티셔츠랑 골들 넣을 때 드는 플래카드까지 구해 줬잖아.

존: 골들이 아니라 골(a goal) 하나를 말하는 거지?

앤드류: 악! 맞아. 뭐, 어쨌든, 그런 것들 전부 다 오버일 뿐이었지. 하프 타임에 그냥 떠날 수도 있었으니 말이야.

---

팀 이름에 Kicker가 들어가 있는데, 앤드류가 장난을 치려고 '재미, 쾌감'이라는 말을 다른 단어가 아닌 kick을 사용하고 있다.

**John:** I'm sad to say it, but that soccer game was really ❶ **nothing to write home about**.

**Andrew:** I know, and I was so excited to go to this one—the Bay City Kickers are my favorite team. I usually ❷ **get such a 'kick' out of** watching them.

**John:** (Groaning) Oh, that was a bad joke.

**Andrew:** Sorry, I couldn't resist. But seriously, that was a ❸ **lame** game. I mean, a final score of 1 to 1? Really? It was so boring.

**John:** And now I feel badly for Don because he ❹ **went out of his way** to get tickets for us.

**Andrew:** I know, and he even got us hats, T-shirts, and that banner to hold up when they scored goals.

**John:** You mean a goal.

**Andrew:** Ugh. Yes. Well, anyhow, all of that stuff was just ❺ **overkill**. We could have left at halftime.

---

**groan** 신음하다
**I couldn't resist.** 못 참겠더라고.

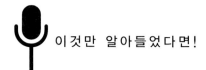 이것만 알아들었다면!

 MP3 130

## 1 Nothing to write home about:
### Ordinary, not special

We just moved into a new apartment. It's an okay place, but very basic, nothing to write home about.

우리 막 새 아파트로 이사했어. 괜찮은 곳이긴 하지만, 아주 기본적인 것만 갖춘, 뭐 특별할 건 없는 곳이야.

## 2 To get a kick out of something:
### To enjoy something very much

My dad loves to play with my three-year-old son. He really gets a kick out of his grandchild.

우리 아빠는 세 살짜리 내 아들이랑 노는 걸 정말 좋아하셔. 손자 보는 재미에 푹 빠지셨지.

## 3 Lame: Unoriginal or boring

I was looking forward to the latest book by my favorite author, but I was really disappointed. The plot was so lame, it was really slow, and there was no character development.

내가 좋아하는 작가의 최신작을 기대하고 있었는데. 나 진짜 실망했어. 구성은 별로 새로울 것도 없었고, 너무 천천히 전개되면서 캐릭터 변화도 전혀 없었다니까.

## 4 To go out of one's way:
### To make a special effort to do something

Although we live 40 miles from Atlanta, when my cousin was flying into the city, he went out of his way to come visit us.

우리가 애틀랜타에서 40마일이나 떨어진 곳에 사는 데도, 내 사촌 동생이 비행기 타고 여기 애틀랜타로 왔을 때, 일부러 우리 집까지 방문하러 왔어.

## 5 Overkill:
### Something that is too much or an excessive amount

The concert was good, but they had three guitarists. Two would have been enough; the third guy was just overkill.

콘서트는 괜찮았지만, 기타 연주자가 세 명이나 있었어. 두 명이면 충분했을 텐데. 세 번째 연주자까지 있는 건 좀 과했지.

앤드류는 자기가 좋아하는 축구 팀 이름에서 딴 Kickers 단어와 이디엄 to get a kick out of ~로 말장난을 칩니다. 이는 단어를 이용한 말장난의 일종인 pun의 좋은 예입니다. Pun이란 여러 가지 의미를 가진 단어나 동음이의어 등을 이용해서 재미있게 만든 말장난을 말합니다. 그럼, 미국인들이 잘 쓰는 pun의 예를 한 가지 살펴볼까요?

The English writer was very smart. She had a lot of comma sense.
그 영국 작가는 참 똑똑했어. 그녀는 쉼표를 어떻게 사용하는지 아주 잘 이해하고 있었지.

여기서 comma sense는 쉼표를 어떻게 사용하는지에 관한 지식을 말합니다. 별로 특별할 것도 없는 이 문장은, 그러나 이와 비슷한 단어인 common sense(상식) 때문에 pun이 됩니다. 미국인들이 아주 흔하게 말하는 문장 "She had a lot of common sense."(그녀는 상식이 풍부했어.)를 약간 비튼 문장이니까요.

## Pronunciation Point

앤드류의 마지막 문장, "We could have left at halftime."을 봅시다. 절대 다수의 미국인들은 이때 could have를 줄여서 축약형(could've)으로 말합니다. 그런데 이를 발음하는 방식이 두 가지가 있습니다. 첫 번째는 [COULD-uv]처럼 발음하는 것입니다. 보다시피, 이때는 첫 번째 음절에 강세가 있습니다. 두 번째는 마지막의 [v] 소리를 빼고, 그냥 [COULD-a]처럼 발음하는 방법입니다. 이 또한 첫 번째 음절에 강세가 있지만, 마지막 모음은 중성모음인 [ə]로 발음되는 거죠. 이 중성모음을 미국인 영어 선생님들은 schwa sound라고 부릅니다. 이 두 가지 다 구어체 영어에서 굉장히 흔하게 들을 수 있는 발음 방식입니다.

어니: 저기, 달린, 너랑 빈스가 이번 주말에 이사한다는 말 들었어.

달린: 맞아. 새집은 기대되지만, 이사하는 건 휴. 그래도 다행히 새집이 우리 마을 바로 건너편이니까.

어니: 저기, 너도 알지만 내가 트럭이 한 대 있잖아. 너희 짐 옮기는 걸 좀 돕고 싶어.

달린: 어냐, 정말 고맙긴 하지만, 네가 일부러 무리하면서까지 그렇게 해 주길 바라지는 않아.

어니: 아냐, 전혀 무리될 것 없어. 난 친구들 이사하는 걸 돕는 데서 어떤 쾌감 같은 걸 느끼거든. 나한테도 사실 좀 지겨운 일이긴 하지만, 그래도 그날 하루 끝나고 났을 때 가장 중요한 뭔가를 성취한 느낌이 들어서.

달린: 그래 주면 정말 도움이 되겠지! 이런 때가 바로 트럭이 정말 필요한 시기 니까. 작고 오래된 내 도요타 차로는 제대로 이사하기 힘들 것 같거든. 작은 차가 있는 다른 친구들 두세 명도 도와주겠다고 했지만, 오히려 도움보다 수 고스러운 일만 더 많아질 것 같아.

어니: 맞아. 차 여러 대로 짐을 옮기는 게 때로 과할 수 있지. 트럭 한두 대로 왔 다 갔다 하는 게, 그러니까 양쪽에서 사람들이 짐을 싣고 내리고 하면서 말이 야. 그게 더 효율적일 거야. 그래, 새집은 어떠니?

달린: 솔직히, 뭐 특별할 건 없어. 그래도 집이 튼튼하게 지어졌고, 위치도 지 금 집보다 훨씬 더 좋아. 시내에서 걸어갈 수 있는 거리니까.

어니: 환상이네!

Ernie: Hey, Darlene, I heard that you and Vince were moving this weekend.

Darlene: Yes, we're looking forward to the new place, but not the moving part! Fortunately, the new place is just across town.

Ernie: Well, you know I have a truck, and I'd be happy to help you guys move a couple loads of stuff.

Darlene: That's so nice, Ernie, but I wouldn't want you to have to ❶ **go out of your way** like that.

Ernie: Oh, it's no problem—I kind of ❷ **get a kick out of** helping friends move. I know it's a drag, but you feel like you really accomplished something at the end of the day.

Darlene: That would be so helpful! It's times like this that a truck is so useful. I feel sort of ❸ **lame** with my little, old Toyota. I had a couple of other friends with small cars who had offered to help, but I think that might be more trouble than it's worth.

Ernie: Yeah, sometimes a lot of cars to move stuff can be ❹ **overkill**. If one or two trucks are going back and forth, we could have people loading and unloading on both ends, and it'll be more efficient. So, what's the new place like?

Darlene: Honestly, it's ❺ **nothing to write home about**, but it's well-built, and the location is so much better than our old place— we'll be within walking distance from downtown.

Ernie: Sweet!

---

**I'd be happy to+동사원형** 기꺼이 ~해 주겠다
**drag** 지겨운 것, 짜증나는 것

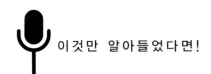

MP3 **132**

## 1 To go out of one's way:
### To make a special effort to do something 굳이 힘들여 ~하다

I'd be happy to help Mariah prepare for her test, but I won't go out of my way for her. Usually when I need her help, she has no time for me.

난 머라이어가 시험 준비하는 걸 기꺼이 도와줄 수도 있어. 그렇지만 굳이 힘들여서는 그렇게 안 할 거야. 대개 내가 걔 도움이 필요할 때면, 걔는 날 도울 시간이 없거든.

## 2 To get a kick out of something:
### To enjoy something very much ~에서 재미(쾌감)를 느끼다

In the fall we visit a local apple orchard and drink fresh cider. It's a really simple thing, but I get a kick out of it every year.

가을이면 우리는 우리 지역 사과 과수원에 가서 신선한 사과 주스를 마셔. 정말 소박한 일이긴 하지만, 매년 내가 큰 재미를 느끼는 일이야.

## 3 Lame: Unoriginal or boring 독창성 없는/재미없는

My sister thinks skinny jeans are so lame because everyone wears them now, and she likes to be different.

내 여동생은 스키니진이 너무 개성이 없다고 생각해. 지금은 누구나 다 입으니까. 내 동생은 다른 사람들과 달라 보이고 싶어 하거든.

## 4 Overkill: Something that is too much or an excessive
### amount 오버/과잉/지나침

I think the cake is fine with the chocolate drizzle and whipped cream, but the raspberry sauce, caramel sauce, and ice cream are overkill.

내 생각에 그 케이크가 초콜릿 시럽과 생크림만으로도 괜찮은데, 라즈베리 소스에 캐러멜 소스, 거기다 아이스크림까지 얹는 건 너무 지나친 것 같아.

## 5 Nothing to write home about:
### Ordinary, not special 특별할 것 없는

I recently got a raise at work, but it's nothing to write home about. After taxes, I think I'll only make another $500 a year.

최근 직장에서 월급이 올랐지만, 별로 내세울 것도 없는 일이야. 세금 내고 나면 연간 겨우 500달러 정도 더 벌 거야.

어니가 마지막에 "Sweet!"이라고 말하는데, 여기서 sweet은 "Great!"이나 "Fantastic!"의 의미를 가진 표현입니다. 이렇게 sweet은 상대방 말에 긍정적으로 답할 때 사용하는 단어인데, 비슷한 의미를 가지고 명사 앞에 놓여 꾸미는 수식어로도 쓰입니다.

Jan: That's a sweet bike!
Mia: Thanks, I just started cycling.
잰: 그거 정말 멋진 자전거네!
미아: 고마워. 나 이제 막 자전거 타기 시작했거든.

이 대화에서 sweet은 달콤하다는 뜻이 아니겠지요? ^^

# **CULTURE** POINT

한국에서는 가구나 무거운 물건을 사면 무료로 배달해 주고 설치까지 해 주는 걸 당연하게 여기지만, 미국은 그렇지 않습니다. 그런 것들을 무료로 해 주는 곳들도 있긴 하지만, 그렇지 않은 곳들이 더 많기 때문에 많은 미국인들은 자신이 직접 사서 옮기고 설치합니다. 그럴 때마다 트럭을 빌리는 것은 비용이 들기 때문에, 미국에서는 pick-up truck이라고 하는 소형 오픈 트럭이 있는 집을 아주 흔하게 볼 수 있습니다. 그래서 가구를 사거나 이사를 할 때 이런 트럭이 없는 사람들은 친구들에게 빌리기도 하고, 트럭이 있는 친구나 이웃이 도와주기도 합니다.

영어로 말하고 싶은, 또는 못 알아들을 것 같은 예문에 체크해 보세요.

라이언: 이거 정말 짜증나는데!

벤: 무슨 일인데?

라이언: 내가 새집으로 이사 들어가서 전기, 가스, 수도 같은 걸 연결해야 하거든. 내 주소를 증명할 수 있는 것 세 가지를 가지고 시내로 가야 해.

벤: 그래, 그런데 그게 힘들어?

라이언: 응. 내가 아직 지난번에 살던 주에서 받은 운전면허증을 가지고 다니는데, 거기 예전 주소가 있으니 내가 그걸 사용할 수가 없어. 주소 증명 서류 중 또 다른 하나가 현재 전기/수도 요금 고지서인데, 지금 내가 거기서 그런 걸 아직 연결 안 했는데 어떻게 고지서가 있을 수 있겠어?

벤: 그러네. 무슨 말인지 이제 알겠다. 완전히 이러지도 저러지도 못하는 상황이네. 참 곤란하겠다.

라이언: 내 말이! 내가 사용 가능한 주소 증명의 다른 방식이 있는지 여기저기 다 다녔거든. 이거 정말 골칫거리야.

벤: 케이블 TV 고지서는 어때? 그런 거 하나도 없어?

라이언: 그게 말이야, 전기 없이는 케이블을 설치할 수가 없잖아.

벤: 아, 맞네. 있잖아, 내가 내일 하루 쉬거든. 그래서 시간 많으니까 이 문제 해결하는 것 도와줄게. 그러니까, 새집으로 이사하는 사람이 네가 처음인 건 아니라는 얘기지. 이게 네 주소라는 걸 증명하는 방법이 있을 거야.

라이언: 너 정말 최고다, 벤! 진심으로 고마워. 이런 상황 때문에 나 정말 미치겠거든.

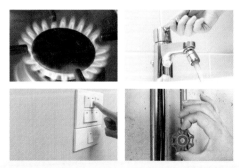

**Ryan:** Oh, this is so frustrating!

**Ben:** What's up?

**Ryan:** So, I just moved into a new house, and I need to get my utilities turned on. I have to go downtown with three forms of proof of my address.

**Ben:** Okay, so is that difficult?

**Ryan:** Well, yes. I still have my old driver's license from the state I lived in last, and that still has my old address on it, so I can't use that. One of the proofs of address can be a current utility bill, but how would I have one of those if my utilities are not turned on yet?

**Ben:** Oh, yeah, I see what you mean. That's a total ❶ **catch-22**. Yeah, ❷ **you're really in a bind**!

**Ryan:** Exactly! ❸ **I've been searching high and low** for any other proof of address that I can use. It's such a pain in the neck.

**Ben:** What about a bill for cable TV? Do you have one of those?

**Ryan:** ❹ **The thing is**, I can't set up my cable yet without electricity.

**Ben:** Oh, right. Well, you know, I've got a day off tomorrow, so ❺ **I've got some time on my hands**. I'd be happy to help you figure this out. I mean, you're not the first person to move to a new house. There has to be some way to prove that this is your address.

**Ryan:** That's so great of you, Ben! I really appreciate that—this whole situation is driving me nuts!

---

**utility bill** 전기, 수도, 가스 요금 고지서
**a pain in the neck** 골칫거리
**a day off** 하루 연차 휴가
**drive someone nuts**
~를 미치고 팔짝 뛰게 하다

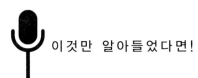 이것만 알아들었다면!

### 1 Catch-22

I need a key to this door, but the key I need is on the other side of this door—what a catch-22!

이 문을 열려면 열쇠가 필요한데, 내가 필요한 그 열쇠가 문 안쪽에 있어. 이거 참 진퇴양난이네!

모순된 상황에 놓인 상태/진퇴양난 /딜레마

### 2 To be in a bind

Can you help me? I'm in a bind. I brought the wrong ID card, and I can't get into the building without it.

저 좀 도와줄래요? 제가 지금 좀 곤란한 상황에 처해서요. 신분증을 잘못 가져와서 지금 건물 안으로 들어갈 수가 없습니다.

힘든 상황(곤경)에 처하다

### 3 To search high and low for something

I searched high and low for that book, and I finally found it under the front seat of my car.

내가 그 책 찾으려고 여기저기 다 뒤졌는데, 결국 내 차 앞 좌석 아래에서 찾았어.

무언가를 찾기 위해 이곳저곳 다니다 /샅샅이 뒤지다

### 4 The thing is

The thing is, I'd really like to go out on Saturday with everyone, but I just don't have any money right now.

사실은, 나도 토요일에 정말 모두와 함께 나가고 싶은데, 지금 돈이 하나도 없어.

그게 말이야…/실은…

어떤 설명이나 해명을 하기 위해 쓰인다.

### 5 To have time on one's hands

When I was a kid, I used to have a lot of time on my hands during summer vacation.

어릴 때, 난 여름 방학 때면 시간이 남아돌았는데.

시간이 남아돌다

라이언이 "This whole situation is driving me nuts!"라고 말할 때, nuts는 crazy의 의미를 가지고 있습니다. 물론 여기서 crazy는 '미친'의 뜻이라기보다는 '극도로 짜증스럽게 하는'(extremely frustrating)에 가깝겠죠? 같은 의미로 쓰이는 다른 단어로 bonkers와 batty가 있는데, 둘 다 '제정신이 아닌'의 의미를 가지고 있습니다.

I had to get my passport renewed, and the process was so complicated that it drove me <u>bonkers</u>.
내가 여권을 갱신해야 했는데, 그 절차가 너무 복잡해서 정말 미치겠더라고.

I'm so bad at math; this algebra homework is driving me <u>batty</u>.
내가 수학을 참 못하는데, 이 대수 숙제가 나를 돌아버리게 하네.

## *Vocabulary Point 2*

라이언이 새 주소를 증명하는 것이 a pain in the neck 이라고 말합니다. 이 표현은 너무나 짜증나거나 지루한 상황에서 쓸 수 있는 말이에요. 사실 이와 똑같은 의미를 가지면서 매우 강한 표현으로 a pain in the butt, 그리고 이보다 더 강한, a pain in the ass도 있습니다. 하지만 이 두 표현은 격식을 갖춰야 하는 자리에서는 절대로 사용해서는 안 되는 말입니다. 굉장히 무례하고 불쾌감을 유발하는 표현이니까요. 하지만 아주 친한 친구들끼리의 술자리 같은 곳에서는 종종 쓰이는 말이긴 합니다. 마지막으로, 어떤 사람들은 이 모든 표현에서 뒷부분을 다 생략하고 그냥 a pain이라고 말하기도 합니다.

Doing my taxes is such <u>a pain</u>!
세금을 정산하는 건 정말 짜증나는 일이야!

랠프: 나 완전 딜레마에 빠졌어!

마리안느: 무슨 일이니, 랠프?

랠프: 내가 집을 좀 수리하고 새 차를 사야 해서 대출을 받아야 하는데, 은행이 나한테 대출을 안 해 주겠다고 하네.

마리안느: 뭐? 하지만 너 재정적으로 굉장히 안정적인 편이잖아, 안 그래?

랠프: 내가 지금 직장을 그만두고 다른 곳으로 옮기는 중이거든. 지난번 직장을 막 그만뒀고, 새 직장은 한 달 후에 시작해. 그래서 지금이 집 좀 여기저기 수리하기 딱 좋은 시기인데, 수리비가 필요하지. 은행에서는 내가 직장이 없고 돈이 없으니, 돈을 하나도 빌려 줄 수가 없다고 하고.

마리안느: 그러니까, 네가 돈을 구하기 위해서는 돈이 필요하다는 거네.

랠프: 그러니까 말이야! 내가 다른 은행이나 대출 기관을 여기저기 다 찾아봤거든. 모두 다 똑같은 말을 해.

마리안느: 휴, 그렇다면 너 정말 힘든 상황이구나.

랠프: 그게 참, 내가 일을 안 하는 동안에는 집을 고칠 시간이 많은데 말이야. 진짜 짜증나!

**Ralph:** I'm in such a ❶ **catch-22**!

**Marianne:** What's going on, Ralph?

**Ralph:** I need a loan to do some work on my house and to get a new car, but the bank won't give me a loan.

**Marianne:** What? But you're in pretty good financial shape, aren't you?

**Ralph:** I'm in between jobs right now. I just quit one, and I'm starting a new one in a month. It's the perfect time for me to do repairs around the house, but I need the money to do the repairs. According to the bank, because I don't have a job, I have no money, so they can't lend me anything.

**Marianne:** So you need money in order to get money?

**Ralph:** Yes! And ❷ **I've searched high and low** for another bank or lender for the money. They all say the same thing.

**Marianne:** Oh, you really ❸ **are in a bind** then.

**Ralph:** And ❹ **the thing is**, while I'm not working, I ❺ **have a lot of time on my hands** to fix things at home. This is really frustrating!

---

**in a month** 한 달 후에 (한 달 안에는 within a month)
**do repairs** 수리하다
**lender** 대출 기관, 돈 빌려 주는 사람

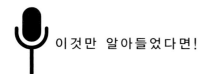

이것만 알아들었다면!

MP3 136

**1**

# Catch-22: A dilemma that is impossible to solve because of inherently illogical conditions or rules

I'm in a catch-22. Depression creates a psychological catch-22. You are sad and tired and don't want to go out or be with people, but in order to get better, you need to socialize with others and get exercise.

나 정말 이러지도 저러지도 못하겠어. 우울증은 심리적인 딜레마를 낳거든. 슬프고 피곤해서 밖에 나가거나 사람들하고 함께 있기도 싫어져. 하지만 나아지려면 다른 사람들과 어울리고 운동을 해야 하니.

**2**

# To search high and low for something: To look everywhere for something

We searched high and low for a house to buy that had features we wanted, but in the end, we decided to rent an apartment.

우리가 원하는 점들을 가진 집을 사려고 여기저기 다 돌아다녔지만, 결국은 아파트에 세 들어 살기로 결정했어.

**3**

# To be in a bind: To be in a difficult situation

I drove my friend to the airport; she was in a bit of a bind and needed to get there immediately but had no other transportation.

내가 친구를 공항에 차로 데려다 줬어. 친구가 좀 곤란한 상황이었는데다 공항에 빨리 갔어야 했는데, 다른 교통수단이 없었거든.

**4**

# The thing is: An informal phrase used to introduce an explanation or excuse

The thing is, I want to help out at the party, but I have to work until 7. Maybe I could stay late and help clean up.

실은, 나도 파티에서 돕고 싶긴 하지만, 7시까지 일해야 하거든. 아마 늦게까지 남아 있다가 치우는 건 도울 수 있을 거야.

**5**

# To have time on one's hands: To have a lot of free time

I have a lunch break each day, but this week, I don't have a lot of time on my hands. We're working on a project, and I will probably eat lunch while I work.

매일 점심 시간을 갖는데, 이번 주는 내가 여유 시간이 별로 없어. 우리가 어떤 프로젝트를 하고 있는데, 아마도 일하면서 점심을 먹어야 할 것 같아.

To be in a bind는 '곤경에 처하다'라는 뜻인데, 이와 같은 의미를 가진 이디엄이 영어에 많이 있습니다. 그중 몇 가지만 예문과 함께 살펴봅시다.

### To be in a pickle

Oh no, my car just ran out of gas; I'm in quite a pickle!
어쩌지, 지금 막 내 차 기름이 다 떨어졌네. 나 엄청 곤란한 상황이 됐어!

### To be in a jam / tight spot

I just transferred some money from my bank to pay my rent, but the transfer hasn't gone through, and the rent is due now; I'm really in a jam (tight spot).
내가 월세 내려고 은행에서 돈을 송금했는데, 송금이 처리가 안 됐어. 월세는 오늘까지 지불해야 하는데. 나 엄청 곤란하게 됐어.

## *Pronunciation Point*

마리안느가 랠프에게 "So you need money in order to get money?"라고 할 때 어떤 억양으로 말할까요? 마리안느는 이때, need와 get 두 단어를 대비시켜 말하고 있기 때문에, "So you NEED money in order to GET money?" 같이 두 단어에 강세(word stress)를 넣어서 말할 것입니다. 이 두 단어에 강세를 넣어서 말한다는 것은 이 두 단어의 모음을 다른 단어보다 길게 발음한다는 걸 의미하기도 합니다.

구어체 영어에서, 어떤 특정 정보에 무게를 싣거나 강조하고 싶을 때, 또는 두 가지 정보를 대조해서 보여주고 싶을 때, 이런 식으로 두 단어를 대비시켜 말하는 현상이 나타납니다. 이런 대비 현상의 또 다른 예를 살펴볼까요?

Mary's birthday is the 15th of MAY, not the 15th of JUNE.
메리의 생일은 5월 15일이야, 6월 15일이 아니고.

**사만다:** 에휴! 나 정말 너무 힘든 상황이야. 진짜 좌절감까지 느끼겠네!

**록산느:** 왜? 무슨 일이니?

**사만다:** 여름 알바 자리 구하려고 여기저기 다 다녔는데, 면접하러 가면, 전부 다 경력 있는 사람을 원한다고 해. 난 경력 쌓으려고 일자리를 구한다고 말하고. 나 이제 21살이야. 그런 대단한 경력을 가지고 있기엔 너무 어리다고.

**록산느:** 완전 딜레마네.

**사만다:** 그러니까!

**록산느:** 나도 네 나이 때는 그런 문제가 있었어.

**사만다:** 그래서 어떻게 했어?

**록산느:** 결국 회사에서 자원봉사했어. 돈은 하나도 못 벌었지만, 경험은 아주 많이 쌓았지.

**사만다:** 그렇다니까. 실은, 나 시간 많은 여름 동안에 정말 돈을 벌어야 해. 일단 학기가 시작하면, 일할 시간이 없을 거야.

---

여기서 "That's the thing."은 "The thing is..."를 살짝 변형한 표현이다.

284

Samantha: Ugh! ❶ **I'm in such a bind**! It's so frustrating!

Roxanne: Why? What's the matter?

Samantha: ❷ **I've been searching high and low for** a summer job, and when I go for interviews, they all say that they want someone with experience. I tell them that this is why I'm looking for a job, for the work experience. I'm just 21 years old. I'm too young to have that much work experience.

Roxanne: That's a ❸ **catch-22**.

Samantha: Exactly!

Roxanne: I had that problem at your age.

Samantha: What did you do?

Roxanne: I wound up volunteering at a company. I didn't earn any money, but I did gain a lot of experience.

Samantha: See, ❹ **that's the thing**—I really need to earn money over the summer while I ❺ **have all this time on my hands**. Once school starts, I won't have time to work.

---

**this is why** 주어+동사 이래서 ~인 것이다
**at one's age** 00 나이에
**wind up** 결국 ~하게 되다

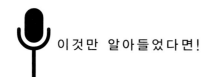

이것만 알아들었다면!

MP3 **138**

**1**

# To be in a bind:

## To be in a difficult situation 힘든 상황(곤경)에 처하다

Tom quit his job without giving notice, and now we're really in a bind without his help at work.

톰이 통보도 없이 일을 그만둬서, 우리 그 사람 도움 없이 일하느라 지금 정말 힘든 상황이야.

**2**

# To search high and low for something:

## To look everywhere for something

**무언가를 찾기 위해 이곳저곳 다니다/샅샅이 뒤지다**

I searched high and low for my glasses and then found them on top of my head!

내가 안경 찾으려고 샅샅이 뒤졌는데, 바로 내 머리 위에 있었지 뭐야!

**3**

# Catch-22: A dilemma that is impossible to solve because of inherently illogical conditions or rules

**모순된 상황에 놓인 상태/진퇴양난/딜레마**

I have two kids, and I need money for them, but if I work, all the money I earn will go towards daycare—what a catch-22!

난 아이가 둘 있고, 걔들을 키우기 위해서 돈이 필요해. 그런데 일을 하면, 내가 버는 돈이 전부 다 어린이집으로 가니 이거 정말 진퇴양난이야!

**4**

# The thing is: An informal phrase used to introduce an explanation or excuse 그게 말이야…/실은…

The thing is, I was planning to come to class on time, but then I realized that I had a flat tire, and I had to stop and fix it.

실은, 제가 수업에 제시간에 오려고 했었는데, 타이어 바람이 빠졌다는 걸 알아차려서 차를 멈추고 고쳐야 했습니다.

**5**

# To have time on one's hands:

## To have a lot of free time 시간이 남아돌다

During the Christmas holidays, I have a whole week off of work and loads of time on my hands.

크리스마스 기간에 나 일주일 내내 휴가라 시간이 남아돌지.

To wind up은 '결국 어떤 상황에 놓이게 되다'라는 의미의 구동사(phrasal verb)입니다. 록샌느가 "I <u>wound up volunteering</u> at a company."라고 했는데, 이 말은 자기도 사만다처럼 일자리를 열심히 찾았지만, 결국에는 자원봉사 활동을 하게 됐다는 거지요. 록샌느의 문장에서 볼 수 있듯이, wind up 뒤에 동사가 올 경우에는 -ing 형태로 옵니다. 하지만 명사가 올 경우에는 전치사 with가 함께 옵니다.

If you keep eating all those sweets, you're gonna <u>wind up with a stomachache</u>.
너 그렇게 단 걸 계속 먹으면, 결국 배 아플 거야.

## Vocabulary Point

Catch-22라는 용어는 조셉 헬러(Joseph Heller)의 소설, 〈캐치 22(Catch 22)〉에서 나온 말입니다. 제2차 세계대전 당시 미군들이 군 내의 비합리적인 관료주의적 규정을 따라야 하는 상황을 다룬 소설이지요. 이 소설에 나오는 Catch-22의 예는 이렇습니다. 매우 위험한 폭격 임무를 면제 받으려면, 자신이 정신이상자라는 사실을 증명해야 합니다. 그렇지만 면제 신청을 한 군인은 모두 제정신인 사람들입니다. 사실 정신이 온전한 사람이라면 그런 임무를 회피하려는 것이 당연하니까요. 오히려 면제 신청을 하지 않은 군인들이 정신이 온전치 못한 상황입니다. 그러니, 결과적으로 정신이 온전하든 온전치 않든 그 미친 폭격 임무에서 면제 받을 방법은 없는 거지요. 그래서 현재 미국 영어에서 이 표현은 '이러지도 저러지도 못하는 상황'을 나타내는 말로 쓰입니다. 같은 의미를 가진 다른 표현들로는 damned if you do, damned if you don't, a no-win situation 등이 있습니다. 록샌느가 "That's a catch-22."라고 말하는 부분 역시 이 둘 중 어느 것으로 대체해도 괜찮습니다.

LESSON 24

영어로 말하고 싶은, 또는 못 알아들을 것 같은 예문에 체크해 보세요.

에비게일: 그래서 우리가 재즈 축제를 시내에서 여는 거야?

엘라: 우리도 아직 몰라. 그 축제에 관해서는 모든 게 아직 미정이거든.

에비게일: 이를 어째. 그런데 축제 때까지 한 달밖에 안 남았잖아. 한 달 안에 어떻게 그 모든 걸 다 해내려고 해?

엘라: 나도 몰라. 그게 말이야, 브라이언 씨가 그 축제 담당자거든, 알지? 그 사람이 우리한테 구체적인 스케줄을 어제까지 주기로 돼 있었는데…

에비게일: 오늘 아침에 완성도 안 된 계획을 당신들한테 이메일로 보낸 거겠지, 안 그래?

엘라: 맞아. 정곡을 찌르는구먼.

에비게일: 너랑 케이틀린이 그런 사람 밑에서 일하다니, 마음이 참 안 좋다.

엘라: 생각해 주는 건 고마운데, 케이틀린은 그 일과는 관련 없어.

에비게일: 케이틀린한테는 잘된 일이네! 그런데 너희 매니저는 왜 난데없이 재즈 축제를 열고 싶어 하는 거야?

엘라: 있잖아, 요즘 다른 회사들이 죄다 무슨 음악 축제를 한다고 하잖아. 그래서 우리 매니저도 그냥 유행에 편승하고 싶었던 것 같아.

**Abigail:** So are we going to hold the jazz festival downtown?

**Ella:** We don't know yet. As for that festival, everything's still ❶ **up in the air**.

**Abigail:** Oh, no, but there's only 1 month left before that festival. How are you going to handle all those things within a month?

**Ella:** I don't know. You know, Brian's in charge of that festival, right? He was supposed to give us a specific schedule yesterday, and…

**Abigail:** I bet he e-mailed you a ❷ **half-baked** plan this morning, right?

**Ella:** Yup, ❸ **you've hit the nail on the head**.

**Abigail:** I feel so bad that you and Caitlin work under that guy.

**Ella:** Thanks for the sympathy, but Caitlin ❹ **is out of the picture**.

**Abigail:** Good for her! By the way, why does your manager want to hold a jazz festival out of the blue?

**Ella:** You know, all the other companies are holding some sort of music festival these days, so I guess he just wanted to ❺ **jump on the bandwagon**.

---

**as for** ~에 관해서
**be in charge of** ~을 책임지다, 담당하다
**be supposed to+동사원형** ~해야 하다
**I bet** 틀림없이
**sympathy** 동정, 연민
**out of blue** 갑자기, 별안간

289

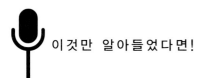 이 것 만 알 아 들 었 다 면 !

## 1 Up in the air

Hey, don't get too excited! It's still up in the air.

저기, 너무 기뻐하지는 마세요. 아직은 결정 난 사안이 아닙니다.

아직 정해진 것이 없는

## 2 Half-baked

I don't understand how he could start that type of business with such a half-baked plan.

난 그 사람이 어떻게 그 어설픈 계획을 가지고 그런 종류의 사업을 시작할 수 있었는지 이해가 안 돼.

섣부른/어설픈/불충분한

## 3 To hit the nail on the head

Peggy was offended by Molly's comment, but I think Molly hit the nail on the head.

페기는 몰리 말에 기분이 상했지만, 난 몰리가 정곡을 찔렀다고 생각해.

정곡을 찌르다

## 4 To be in the picture ≠ To be out of the picture

Jake was in the picture, but he didn't want to be a witness.

제이크는 그 현장에 있었지만, 증인이 되고 싶지는 않았어.

어떤 일에 관련되다 ≠ 어떤 일에 관련되지 않다

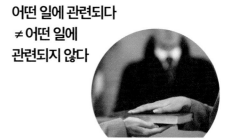

## 5 To jump on the bandwagon

I was going to buy some tech stocks as well, but a credible fund manager said it's too late to jump on the bandwagon.

내가 기술 관련 주도 좀 사려고 했는데, 믿을 만한 어떤 펀드 매니저가 시류에 편승하기엔 너무 늦었다고 하더라고.

시류에 편승하다

에비게일의 첫 번째 문장 "So are we going to hold the jazz festival downtown?"에서 downtown 앞에 전치사가 없다는 사실, 눈치채셨습니까? 영어를 배우는 많은 학생들이 downtown을 명사로만 알고 있는데, 실제 이 단어는 생활 회화에서 부사와 형용사로 쓰이는 경우가 훨씬 더 많습니다. 그러니, 주로 '시내에서' '시내에' '시내로' 등의 의미로 사용됩니다.

I'd like to work downtown. 나는 시내에서 일하고 싶어. (부사: 시내에서)

His Korean restaurant is within walking distance from the downtown area. 그의 한국 식당은 시내 중심 지역에서 걸어갈 수 있는 거리에 있어. (형용사: 시내의)

## Vocabulary Point

To jump on the bandwagon은 18세기부터 미국에서 쓰이기 시작한 이디엄이라고 합니다. Bandwagon이란 말 그대로 음악을 하는 밴드(band)가 타고 있는 마차(wagon)인데, 축제 때 퍼레이드 행렬에 등장합니다. 사람들이 여기에 올라타는 이유는 모두가 흥이 난 축제에서 덩달아 함께 신이 나서겠지요? 그러니, jump on the bandwagon이라는 말은 자신의 신념에 따라서 라기 보다는, 그저 남들 하는 대로 유행을 쫓아가는 행동을 뜻하는 표현입니다. 그리고 어떤 현상에 사회 전체적으로 사람들이 이런 행동을 많이 보일 때, 그것을 bandwagon effect(밴드왜건 효과)라고 합니다.

**LESSON 24**

수: 민영, 난 너랑 홀리가 서울 시내에서 같이 빵집을 여는 줄 알았는데, 홀리가 자기는 더 이상 그 일과 상관없다고 하네.

민영: 걔가 나랑은 더 함께 일하기 싫어하니까.

수: 어머, 이를 어쩌니. 그래서 이제 네 계획은 뭐야?

민영: 내가 걔 대신 제빵사가 될 수도 있겠지.

수: 그렇지만, 너 제빵사 자격증은 있어?

민영: 그게 꼭 있어야 하니?

수: 내가 한국 법은 잘 모르기는 한데, 그래도 너 빵 만드는 것 배운 적은 있어?

민영: 아니. 하지만, 우리 이모한테 레시피 몇 개 달라고 하면 돼. 우리 이모는 모든 종류의 맛있는 페이스트리를 만드시니까.

수: 그렇다면, 어떤 종류의 페이스트리를 팔 거야?

민영: 뭐든 되는 대로? (한숨 쉬며) 그런 것들 전부 다 아직 결정 안 했어.

수: 내 생각에 이렇게 어설픈 계획으로는 전문 제빵사가 될 수 없을 것 같아. 어, 말장난 하려는 거 아니고.

민영: 나도 알아. 그런데 네 말장난이 정곡을 찌르기는 하네.

수: 빵집을 열고 싶은 이유가 뭐였니?

민영: 그게, 요즘 한국인들이 밥보다 빵을 더 많이 먹거든. 그래서 나도 시류에 편승할까 했지.

수: 그렇다면, 홀리랑 화해하는 것 다시 생각해 보지 않을래? 홀리의 페이스트리가 최고라는 건 우리 모두 알잖아.

**Sue:** Min-young, I thought you and Holly were opening up a bakery together in downtown Seoul, but Holly just told me ❶ **she's no longer in the picture**.

**Min-young:** Because she doesn't want to work with me anymore.

**Sue:** Oh, I'm sorry to hear that…so what's your plan now?

**Min-young:** Maybe I could be the baker instead of her.

**Sue:** But do you have a license?

**Min-young:** Do I have to have one?

**Sue:** I don't know about the Korean law, but have you ever learned how to bake?

**Min-young:** No, but I can ask my aunt for some recipes. She makes all sorts of tasty pastries.

**Sue:** Then, what kind of pastries are you going to sell?

**Min-young:** Anything and everything? (Sighing) Well, those things are all ❷ **up in the air**.

**Sue:** I don't think you can become a professional baker with this ❸ **half-baked** plan. Oh, no pun intended.

**Min-young:** I know, but your joke ❹ **hit the nail on the head**.

**Sue:** What was your reason for wanting to open up a bakery?

**Min-young:** Well, Koreans eat bread more than rice these days, so I just wanted to ❺ **jump on the bandwagon**.

**Sue:** If that's the case, do you want to reconsider making up with Holly? We all know Holly's pastries are top-notch.

---

**license** 면허증
**one** 앞에서 말한 명사를 받는 부정 대명사. 여기서는 license를 가리킴.
**anything and everything** 뭐든 다
**pun** 말장난, 언어유희
**make up with** ~와 화해하다
**top-notch** 아주 뛰어난

293

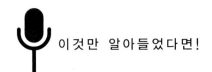

**1**

# To be in the picture: To be involved
# ≠ To be out of the picture: To not be involved

Jennie: How come Jeremy is not helping us with this project?
Lisa: Are you talking about Jeremy Oliver? He's no longer in the picture.

제니: 어째서 제레미는 우리가 이 프로젝트하는 걸 안 도와주지?
리사: 지금 제레미 올리버 말하는 거야? 그 사람 더 이상 이 프로젝트와 관련 없어.

**2**

# Up in the air: Not yet decided

Tina: So when will the information session be held?
Annie: The exact schedule is still up in the air.

티나: 그래서 설명회는 언제 열리니?
애니: 정확한 스케줄은 아직 안 정해졌어.

**3**

# Half-baked: Incomplete

Paul thinks it's going to work out, but I think it's a half-baked idea.
폴은 이 계획이 잘될 거라고 생각하지만, 난 그게 어설픈 생각인 것 같아.

**4**

# To hit the nail on the head:
## To say exactly the right thing

Carrie's column hit the nail on the head.
캐리의 칼럼이 정곡을 찔렀지.

**5**

# To jump on the bandwagon:
## To do something only because it's popular

It would be easy to jump on the bandwagon, but I'll just make my own decision.
시류에 편승하는 게 쉽긴 하겠지만, 난 그냥 내가 알아서 결정할래.

이 책은 철저하게 미국 구어체 영어(spoken English)를 다루고 있지만, 여기서는 구어체와 문어체(written English)의 차이를 한 가지만 짚고 넘어가겠습니다. 민영의 문장, "Because she doesn't want to work with me anymore."는 이 대화 자체가 구어체라서 무리 없이 받아들일 수 있습니다. 하지만 이렇게 because 같은 종속접속사(subordinate conjunction)가 이끄는 종속절(subordinate clause)만 달랑 있는 것은 원칙적으로 불완전한 문장입니다. 그래서 문어체(written English)에서는 이렇게 쓰면 틀린 문장이라는 사실을 기억하세요. 즉, 문어체에서 이런 종속절은 반드시 주절과 함께 써야지 올바른 문장이 됩니다.

She's no longer in the picture because she doesn't want to work with me anymore. (O)

She's no longer in the picture. Because she doesn't want to work with me anymore. (X)

그녀는 이 일에서 이제 손 뗐는데, 왜냐하면 더 이상 나와 함께 일하기 싫어서지.

## Vocabulary Point

수의 마지막 문장, "Holly's pastries are top-notch."를 보세요. 여기서 top-notch 단어는 일상 회화에서 아주 흔히 들을 수 있는 표현입니다. Notch는 동사로는 '높은 점수를 받거나 무언가를 성취하다'라는 의미고, 명사로는 '점수'나 '등급'의 의미로 쓰입니다. 그러니, 당연히 top-notch는 '최고의'라는 뜻이겠지요?

Have you seen Meryl Streep's latest movie? Her acting is top-notch!

메릴 스트립 가장 최근 영화 봤니? 그 사람 연기는 최고야!

**LESSON 24**

카일: 교장 선생님께서 올해는 교사를 더 채용할 여유가 없다고 하시네. 우리 학교가 아직도 재정적인 문제에 직면해 있어서.

하워드: 세상에! 여긴 정말 교사가 더 필요한데. 내 말은 '역사를 바꾼다'던 그 교육 사업은 대체 어떻게 된 거야? 설마 아직까지도 결정 난 게 아무 것도 없는 건가?

카일: 주지사 공약에 대해 말하는 거라면, 그 사람은 그 프로젝트에서 완전히 빠져 있어.

하워드: 그 사업에 관여조차 않을 거면, 왜 선거 유세 동안 계속 그 말을 한 거지?

카일: 왜냐하면, 경쟁 후보들이 모두 어떻게 교육제도를 개선할지에 대해 이야기했으니까.

하워드: 그러니까 그 사람은 그냥 시류에 편승하고 싶었을 뿐이었군.

카일: 정확히 그거지! 게다가, TV에서 자기 계획에 대해 말했을 때도 섣부른 생각 같더라고.

**Kyle:** The principal says we can't afford to hire more teachers this year because our school is still facing financial difficulties.

**Howard:** Oh, my God! We really need more teachers here. I mean… what happened to the education project that's supposed to "change the history"? Is it ❶ **up in the air** after all this time?

**Kyle:** If you're talking about the governor's campaign promise, he's completely out of that project.

**Howard:** If he's not even going to ❷ **be in the picture**, why did he keep talking about it during his campaign?

**Kyle:** That's because his competitors were talking about how they would improve our education system.

**Howard:** So he just wanted to ❸ **jump on the bandwagon**.

**Kyle:** ❹ **You've hit the nail on the head**! Besides, when he was presenting his plan on TV, it sounded like a ❺ **half-baked** idea.

---

**face** 면하다, 마주하다
**besides** 게다가, 그 외에도

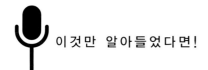

**1**

# Up in the air: Not yet decided 아직 정해진 것이 없는

I wish I could give you more information about it, but things are up in the air.
나도 너한테 그것에 관한 정보를 더 줄 수 있으면 좋겠지만, 모든 게 아직 정해진 게 없어.

**2**

# To be in the picture: To be involved 어떤 일에 관련되다
# ≠To be out of the picture: To not be involved
**어떤 일에 관련되지 않다**

Please don't talk about the project with me. I'm out of the picture.
제발 그 프로젝트에 관해서는 저랑 이야기하지 마세요. 저는 관련이 없습니다.

**3**

# To jump on the bandwagon:
## To do something only because it's popular
**시류에 편승하다**

I can't really trust politicians because oftentimes they jump on the political bandwagon.
나는 정말 정치인들 말을 믿을 수가 없어. 왜냐면, 종종 정치적인 시류에 편승하니까.

**4**

# To hit the nail on the head:
## To say exactly the right thing 정곡을 찌르다

Jenny is usually reticent, but her statement really hit the nail on the head.
제니가 보통은 말수가 적어. 하지만, 걔가 하는 말은 그야말로 정곡을 찔렀지.

**5**

# Half-baked: Incomplete 섣부른/어설픈/불충분한

Kim usually comes up with brilliant ideas, but what she said today was half-baked.
킴은 보통 뛰어난 아이디어를 잘 내지만, 오늘 걔가 한 말은 어설펐어.

구어체 영어(spoken English)와 문어체 영어(written English)의 차이를 한 가지 더 언급할게요. 하워드의 문장, "So he just wanted to jump on the bandwagon." 에서 so는 등위접속사(coordinating conjunction)인데, Lesson 10과 바로 앞의 Grammar Point에서도 언급했듯이 문어체에서는 이렇게 등위접속사로 문장을 시작하면 안 됩니다. 이 밖에도 등위접속사와 관련해 반드시 기억해야 하는 구두법은, 등위접속사가 두 단어(word)나 구(phrase)를 연결할 때는 쉼표(comma)를 사용하지 않지만, 두 절(clause)을 연결할 때는 쉼표를 사용해야 한다는 것입니다.

I like apples and bananas.
나는 사과와 바나나를 좋아해. (두 단어를 연결)

I like apples, and he likes bananas.
나는 사과를 좋아하고, 그는 바나나를 좋아해. (두 절을 연결)

Crispy chicken and icy cold beer sounds fantastic!
바삭한 치킨과 차디찬 맥주는 환상이지. (두 구를 연결)

I want crispy chicken, but he wants icy cold beer.
나는 바삭한 치킨을 원하지만, 그는 찬 맥주를 원해. (두 절을 연결)

## **CULTURE** POINT

하워드가 "What happened to the education project that's supposed to "change the history"?" 라고 할 때 change the history 부분에 왜 큰 따옴표를 썼을까요? 그 이유는 문자 그대로 다른 사람이 한 말을 그대로 인용해서 말했기 때문입니다. 정황상, 주지사가 선거 유세를 하면서 주야장천 했던 말을 그대로 인용한 것이라는 사실을 알 수 있습니다. 미국인들은 대화하면서 이렇게 다른 사람이 한 말을 인용할 때, 손가락으로 인용부호인 큰 따옴표 모양을 만드는 제스처를 자주 사용합니다. 사진을 보면 더 확실히 알 수 있어요.

**LESSON 25**

영어로 말하고 싶은, 또는 못 알아들을 것 같은 예문에 체크해 보세요.

(대학에서 학생 둘이 나누는 대화)

로브: 오케이, 오늘 밤 공부는 다했다. 나가서 뭐 좀 먹자. 어때?

빈스: 좋아, 친구. 하지만 난 공부하고 싶은 챕터가 하나 더 남았어.

로브: 지금 장난하냐, 이 사람아! 우리 지금 6시간째 공부하고 있어. 범생이 노릇 좀 그만해. 내일 더 해도 되잖아.

빈스: 아는데 오늘 해야 할 목표를 정해 놔서 그거 끝내고 싶어.

로브: 제발 좀, 친구야. 오늘 밤늦게 또 열심히 공부하면 되잖아. 조금 휴식 취하는 걸로 실망할 것까지는 없다고. 게다가, 그렇게 쉬어야 나중에 더 공부를 잘할 수 있게 해줄 거라고.

빈스: 그러네, 네 말이 맞아. 나도 뭐 좀 먹고 싶긴 해.

로브: 그리고 맥주도! 그러지 말고, 가서 햄버거하고 맥주 한두 잔 하자. 그리고 돌아와서는 밤새서 공부하는 거야. 뭐 네가 그러고 싶다면 말이지.

빈스: 그럼 난 맥주 딱 한 잔만 하는 게 좋을 것 같아. 나 다음 주에 있는 이 시험 정말 잘 치고 싶거든.

로브: 빈스, 넌 진짜 모범생이야. 뭐 하냐, 네 마음 변하기 전에 빨리 가자!

(Two students at a university)

**Rob:** Okay, I'm done studying for the night. Let's go get something to eat. What do you say?

**Vince:** Sounds good, man, but I've got one more chapter of notes that I want to go over.

**Rob:** You've gotta be kidding me, man! ❶ **We've been at** this for six hours now. Stop being such ❷ **a goody two shoes.** You can study more tomorrow.

**Vince:** I know, but I've set a goal for myself for today, and I want to complete it.

**Rob:** Come on, dude, you can ❸ **hit the books** again later tonight. Don't ❹ **get all bent out of shape over** taking a little break. Plus, it'll help you study better.

**Vince:** Well, that's true. I could definitely use a bite to eat.

**Rob:** And a beer! Come on, let's go get burgers and have a couple beers—then you can come back and ❺ **pull an all-nighter** if it makes you feel better.

**Vince:** Maybe just one beer for me…I really want to nail this exam next week.

**Rob:** Vince, you really are ❷ **a goody two shoes**. Come on, let's go before you change your mind!

---

**go over** 검토하다, 살펴보다
**'ve gotta+동사원형** ～인 게 틀림없다
**set a goal** 목표를 세우다
**could use** ～이 필요하다, ～ 얻으면 좋겠다
**nail** ～을 이뤄 내다, 잘해내다

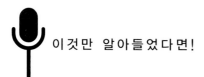 이것만 알아들었다면!

MP3 **146**

## 1 To be at (something)

Seth: Are the painters finished yet?
Mike: Almost. They've been at it all day today.

세스: 페인트칠하는 사람들 아직 안 끝났니?
마이크: 거의 끝나 가. 오늘 하루 종일 (페인트칠) 했거든.

**~를 하고 있다/~에 종사하다**

여기 something 자리에 그 사람이 하고 있는 일/업무(task) 등이 올 수 있다.

## 2 Goody two shoes

My best friend in school was such a goody two shoes. She would never call out an answer in class. She always raised her hand and waited for the teacher to call on her.

학교에서 나랑 가장 친했던 친구는 너무나 범생이었어. 걔는 절대로 수업 시간에 답을 소리쳐 말하지 않았어. 항상 손을 들고 선생님이 불러서 시킬 때까지 기다렸지.

**범생이/도덕군자**

좀 부정적인 뉘앙스를 풍기는 표현이라 친한 친구들 사이에서 서로 놀릴 때 사용한다.

## 3 To hit the books

It's finals week at the university, and the students are hitting the books.

지금 대학은 기말고사 주간이라서 학생들이 열심히 공부하고 있어.

**열심히 공부하다**

## 4 To get bent out of shape over something

I told my mother that we couldn't come for dinner tonight, and she got all bent out of shape over it.

어머니께 우리가 오늘 밤에 저녁 먹으러 못 온다고 말씀드렸더니, 어머니께서 그것 때문에 화를 내셨어.

**~에 대해 화를 내다/불만스러워하다**

## 5 To pull an all-nighter

Our taxes are due tomorrow, and I started them at the last minute. I'll have to pull an all-nighter to finish them on time.

우리 세금 정산이 내일 마감인데, 난 막판에 시작했거든. 이거 제시간에 끝내려면 밤을 새야 할 거야.

**밤을 새워 무언가를 하다**

빈스가 "I really want to nail this exam next week."라고 말합니다. 이때, to nail은 '성공적으로 해내다'라는 의미예요. 그래서 어떤 사람이 뭔가를 잘 해냈을 때, "Nailed it!"이라고 말하는 걸 들으실 수 있을 거예요. 이는 "Yes, I did it!"과 같은 의미라고 보시면 됩니다. To nail something 표현은 다른 많은 상황에서도 사용할 수 있습니다.

I want to nail this presentation. 나 이 발표 잘 해내고 싶어.

참고로, 빈스의 경우, 시험 관련 이야기를 하고 있기 때문에 to nail 대신 to ace를 쓸 수도 있습니다. 이 단어는 수업이나 시험, 혹은 성적을 받기 위한 학교 과제에 대해 말할 때 자주 사용되는 단어입니다.

I really want to ace this test. 나 이 시험 정말 잘 치고 싶어.

## *Pronunciation Point*

롭이 빈스에게 "Let's go get something to eat. What do you say?"라고 말합니다. 구어체 영어에서는 What do you…로 시작하는 질문을 굉장히 자주 들을 수 있어요.

What do you do? 무슨 일 하세요?
What do you mean? 그게 무슨 말이에요?
What do you say? (의견 제시 후) 넌 어떻게 생각해?

그러니 이 What do you를 어떻게 발음하는지 한번 짚고 넘어가 볼까요? What do you가 세 단어로 이루어져 있지만, 보통 축약해서 마치 하나의 긴 단어처럼 발음됩니다. [WHA-duh-ya]처럼 말이죠. 대부분의 미국인들은 대화할 때, 이 세 음절을 자연스럽게 붙여서 함께 발음합니다. 물론 강세는 첫 음절에 있고요. 이 세 음절을 각각 따로 발음하면 미국인들에게는 다소 어색하게 들리기 때문에, 좀 더 유창한 발음을 위해서 붙여서 꼭 연습해 보세요. What do you say?

# UNIT 2

영어로 말하고 싶은, 또는 못 알아들을 것 같은 예문에 체크해 보세요.

린지: 4시 30분이네요. 점심 시간부터 이 일 했으니까, 30분만 더 일하고 오늘 그만하죠.

필리스: 저도 좋아요. 그런데 린지 씨, 개인적으로 뭐 특별한 일은 없어요?

린지: 아, 저희 언니 큰 아들이 지금 대학 갈 준비를 하거든요. 다른 주로 이사 가는데, 언니가 신이 나면서도 어쩔 줄 모르는 것 같아요.

필리스: 보통 그렇죠, 뭐. 조카는 모범생인가요?

린지: 똑똑한 아이지만, 집에서 떨어져 어디 가 본 적은 없거든요. 어떻게 해낼지 궁금하기도 하고요.

필리스: 파티 많이 하는 학교로 가나요?

린지: 실은, 맞아요. 그런 학교에 가요. 제 말은, 좋은 학교이긴 한데, 술을 많이 마신다는 평판도 있는 학교거든요. 조카가 곤란에 처하게 되거나, 성적이 떨어지거나 하면, 우리 언니가 화낼 거예요. 조카 나이였을 때 우리 언니는 완전히 범생이었거든요.

필리스: 맞아요. 저도 그 나이 때 어땠는지 생각이 나네요. 해야 할 땐 어떻게 공부에 매진해야 하는가도 확실히 배웠고요.

린지: (웃으면서) 맞아요. 우리 모두 대학에서 성적 유지하려고 어떨 땐 밤샘을 해야 했던 것 같아요.

**Lindsay:** Well, it's 4:30, and ❶ **we've been at** it since lunch time, let's do another thirty minutes and then stop for today.

**Phyllis:** Sounds good to me. So, is anything interesting going on in your life?

**Lindsay:** Well, my sister's oldest son is getting ready to go to college. He'll be moving to another state, and she's excited, but kind of panicked.

**Phyllis:** Oh, that's to be expected. Is he a good student?

**Lindsay:** He's a smart kid, but he's never been away from home, and I'm wondering how he'll handle it.

**Phyllis:** Is he going to a party school?

**Lindsay:** Actually, yeah, he is. I mean, it's a good school, but they do have a reputation for drinking. If he gets in any trouble, or if his grades slip, my sister will ❷ **get totally bent out of shape**. She was ❸ **a real goody two shoes** when she was his age.

**Phyllis:** Oh yes, I remember those days, myself! I definitely learned how to ❹ **hit the books** when I had to.

**Lindsay:** (Laughing) Yes, I think we all had to ❺ **pull a few all-nighters** in college to keep those grades up!

---

**panicked** 초조해진
**have a reputation for ~** ~라는 평을 얻다, ~로 유명하다

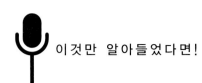

이것만 알아들었다면!

MP3 **148**

## 1 To be at (something):

### To be working on or doing something

Beth: I think you should take a break; you look really hot and sweaty from working in the yard.
Pauline: Yeah, you're right. I've been at it all morning.

베스: 너 좀 쉬어야 할 것 같아. 마당에서 일하면서 너무 덥고 땀을 많이 흘린 것 같거든.
폴란: 그래, 네 말이 맞아. 오늘 아침 내내 이 일에 매달려 있었으니.

## 2 To get bent out of shape over something: To become upset or frustrated about something

I told my boss that we needed an extra day to complete our project, and she got really bent out of shape over it.

사장님한테 프로젝트 끝내려면 하루 더 필요하다고 말씀드렸더니, 사장님이 그걸로 엄청 화를 내셨어.

## 3 Goody two shoes: A person who is overly well-behaved or overly virtuous

My sister is a bit of a goody two shoes. She always dresses nicely, but modestly, she has great grades, and she never stays out too late on the weekends.

우리 언니가 좀 범생이 스타일이거든. 언니는 늘 잘 입으면서도 옷도 얌전하게 입고, 성적도 잘 받고, 주말에도 밖에서 늦게까지 노는 일이 절대로 없어.

## 4 To hit the books: To study hard

My brother is studying for his law school exam. He's been hitting the books every night this month.

우리 오빠는 지금 법학 대학원 입학시험 공부하고 있거든. 이번 달에는 매일 밤마다 아주 열심히 공부하고 있어.

## 5 To pull an all-nighter: To stay up all night

I'm so tired today! I pulled an all-nighter playing my favorite video game with friends last night. We went to bed at 4 A.M.

나 오늘 진짜 피곤해! 어젯밤에 친구들이랑 내가 좋아하는 비디오 게임 하느라 밤을 새웠거든. 우리 모두 새벽 4시에 잤어.

Goody two shoes는 매우 오래된 영어 표현인데, 1700년대 후반 영국에서 출판된 어린이 동화책 「The History of Little Goody Two-Shoes」에서 왔습니다. 이 책의 주인공은 가난한 고아 소녀로 신발이 한 짝 밖에 없었어요. 어떤 부자가 그 아이에게 신발 두 짝이 다 있는 온전한 한 켤레를 선물했는데, 그래서 그녀의 별명이 Two shoes가 되었습니다. 그녀는 착하게 살았고, 결국 부자와 결혼하게 되었죠. 하지만 현대 영어에서 goody two shoes는 지나치게 도덕적인 사람을 말하는데, 그 정도가 너무 지나쳐 자신만 선하다고 생각하는 그 독선적인 면이 다른 사람들을 짜증나게 하는 캐릭터를 말합니다. 동의어로는 goody-goody가 있습니다.

Oh, come on, let's go stay out late and go to a movie. Don't be such a goody-goody and go to bed early.
오, 제발 좀. 밖에서 늦게까지 있으면서 영화도 보러 가자. 너무 범생이처럼 행동하면서 일찍 자지 말고.

## **CULTURE** POINT

대화에서 필리스는 린지의 조카가 party school에 가냐고 묻습니다. Party school은 학생들이 술 많이 먹고 파티 많이 하기로 소문난 대학을 말합니다. 참고로, 미국에서는 만 21세부터 법적으로 음주가 가능한데, 대학생들은 보통 만 18세에서 22세 사이입니다. 실제로 많은 미국 대학들이 학생들을 보호하고 그들이 공부에 집중할 수 있도록 음주를 엄격하게 제한하는 정책을 펼치고 있습니다. 그럼에도 불구하고, 여전히 어떤 학교들은 학생들이 술을 많이 마시는 것으로 유명한데, 이런 학교들이 바로 party school 이라는 평판을 얻게 되지요. 그렇지만, 대화에서 린지가 "좋은 학교이지만, party school"이라고 말하는 것처럼, party school이라는 평판을 얻은 학교 중에서도 랭킹이 높은 좋은 학교들이 많이 있습니다. 그런 것을 보면, 꼭 파티를 많이 한다고 해서 공부를 못하는 것도 아닌가 봅니다. 참고로 2019년 8월에 발행된 「프린스턴 리뷰」에 따르면, 2019년 현재 미국의 탑 5 party school이 Syracuse University, The University of Alabama, University of Delaware, West Virginia University, Tulane University 라고 합니다. 플로리다 주에서는 Florida State University와 University of Florida가 party school로 유명합니다.

# UNIT 3

영어로 말하고 싶은, 또는 못 알아들을 것 같은 예문에 체크해 보세요.

교사 1: 이 시험 나머지는 내일 점수를 매겨야겠어. 그렇지만, 지금까지는 시험 성적이 아주 좋은 것 같아. 우리 학생들이 이 시험 전에 실제로 공부를 열심히 했다는 생각이 드네. 어쨌든, 오늘 점수를 많이 매겼고 난 좀 쉬어야겠다.

교사 2: 난 아냐. 커피 좀 타고, 피로가 확 풀리게 낮잠 좀 짧게 자고서, 오늘 밤에 밤새서 할 거야.

교사 1: 밤새서 하겠다고?

교사 2: 응. 난 좀 올빼미형 인간이거든. 그래서 밤새는 거 나 아무렇지 않아. 게다가, 성적을 되도록 빨리 입력되게 하고 싶어. 그래서 브라운 교장 선생님이 나한테 잔소리하지 않게 말이지. 지난 시험 기간 때 딱 한 시간 늦어졌는데, 엄청 화 내셨거든.

교사 1: 힘 내! 난 밤샘은 하고 싶어도 못해. 난 항상 8시간 푹 자야 해서 커피나 차도 카페인 없는 것만 마셔.

교사 2: 카페인 없는 것? 사람들이 그걸 정말 마신단 말이야?

교사 1: 뭐라고 설명할까, 내가 좀 범생이긴 해.

**Teacher 1:** I think I'll need to grade the rest of these exams tomorrow. But I have to say, so far, the test scores have been quite good. I think my students actually ❶ **hit the books** before this exam. Anyhow, I've graded a lot today, and I need a break.

**Teacher 2:** Not me. I'm gonna make some coffee, take a power nap, and ❷ **I'll be at** it all night tonight.

**Teacher 1:** You're gonna ❸ **pull an all-nighter**?

**Teacher 2:** Yup. I'm more of a night owl anyway, so I don't mind it. Plus, I want to make sure that I get the grades entered ASAP, so Principal Brown doesn't get on my case. I was just an hour late during the last exam period, and she ❹ **got all bent out of shape**.

**Teacher 1:** Well, more power to you! I couldn't pull an all-nighter if I tried. I need a full eight hours of sleep, and I only drink decaffeinated coffee and tea.

**Teacher 2:** Decaf?! People actually drink that stuff?

**Teacher 1:** What can I say, I'm a bit of ❺ **a goody two shoes**!

---

**grade** 등급을 매기다, 채점을 하다
**quite** 꽤
**more of** 오히려
**get on one's case** ~에 대해 간섭하다, 잔소리하다
**More power to you!** 힘 내! 건투를 빌어!
**What can I say** (설명하기 어렵거나 어쩔 수 없는 상황을 말할 때) 뭐라고 설명할까

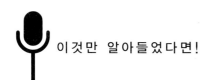

이것만 알아들었다면!

## 1 To hit the books: To study hard 열심히 공부하다

When kids start high school, they sometimes have to learn how to hit the books in order to get good grades.

아이들이 고등학교를 시작하면, 때로 좋은 성적을 받기 위해 열심히 공부하는 법도 배워야 해.

## 2 To be at (something): To be working on or doing something ~를 하고 있다/~에 종사하다

Jane: Are you done with that report yet?

Angela: Almost. I've been at it all week, and I should be done tonight.

제안: 너 그 보고서 이제 다 했니?

안젤라: 거의 다 했어. 일주일 내내 거기에 매달렸으니, 오늘 밤에는 끝낼 수 있을 거야.

## 3 To pull an all-nighter:
### To stay up all night 밤을 새서 무언가를 하다

I remember when I was studying for my nursing licensure. I had to pull a couple of all-nighters to prepare for the exam.

내가 간호사 면허를 따려고 공부했던 때가 생각나. 그 시험 준비하려고 밤을 두세 번 정도 새야 했지.

## 4 To get bent out of shape over something:
### To become upset or frustrated about something
### ~에 대해 화를 내다/불만스러워 하다

Well, guess what? Mike found out that I took those pens without asking, and he got really bent out of shape over it.

너 그거 알아? 마이크 씨가 내가 물어보지도 않고 그 펜 몇 자루 가져간 것 알게 됐는데, 그거 가지고 엄청 화 내더라.

## 5 Goody two shoes: A person who is overly well-behaved or overly virtuous 범생이/도덕군자

Denise: Hey, I just stole a few pens from the storage room.

Erin: Well, don't let Mike see you with them—he's such a goody two shoes. He would never dare take a pen even though we have a lot of them.

드니즈: 저기, 나 창고에서 펜 몇 개 훔쳤다.

에린: 음, 마이크 씨한테는 네가 그 펜 가지고 있는 것 보게 하지 마. 그 사람 대단한 도덕군자거든. 아무리 우리가 많이 가지고 있어도 절대 펜 하나도 가지고 가지 않을 사람이야.

이 대화에 나온 흥미로운 단어 하나 살펴 볼까요? 타샤가 take a power nap이라고 할 때, nap은 아주 짧게 자는 잠(sleep)을 의미합니다.

The baby took a nap for an hour this afternoon.
아기가 오늘 오후에 한 시간 동안 낮잠을 잤어.

A power nap은 충분한 에너지를 주는 10분에서 20분 정도의 아주 짧은 잠을 말합니다. 어떤 사람들은 이런 낮잠이 힘을 내게 해 준다고 생각하니까요. 타샤는 또 night owl이라는 표현을 사용합니다. 이는 '올빼미형 인간'이라는 말로, 밤늦게까지 깨어 있는 걸 좋아하거나, 밤늦게 뭔가를 잘 해내는 사람이라는 뜻입니다.

My friends wanted to go out to a bar after the party ended, but I had to go home; I'm just not a night owl. 내 친구들은 파티가 끝난 후에 나가서 바에 가고 싶어 했지만, 난 집에 가야 했어. 난 밤에 깨어 있는 걸 잘 못하는 사람이거든.

## *Pronunciation Point*

타샤가 말하는 문장에서 ASAP는 여러분도 알다시피 as soon as possible의 줄임말입니다. 이렇게 각 단어의 첫 번째 글자를 딴 표현을 acronym(두음문자)이라고 합니다. 영어에는 이런 acronym이 아주 많아요. Acronym을 말할 때는 글자 하나하나를 또박또박 발음하면서 마지막 글자에 강세를 주면 됩니다. 즉, USA는 A에 강세를 주고, CNN은 마지막 N에 강세를 주면서 발음해야 미국인들이 정확하게 이해합니다. 그러니, ASAP 또한 마지막 글자인 P에 강세가 들어가야 올바른 발음이겠지요? 하지만, 미국인들은 때로 ASAP를 마치 두 음절을 가진 한 단어처럼 [ˈeɪˌsæp]이라고 발음하기도 합니다. 보다시피 이 경우에는 강세가 첫 음절에 있습니다. 그렇다고 해서, 어떤 때 각각의 글자를 따로 말하고, 또 어떤 때 한 단어처럼 말하는지 고민할 필요는 전혀 없어요. 글자 하나하나를 또박또박 발음하면서 마지막 글자에 강세를 주는 건 언제나 정확한 발음법이니까요. 그리고 여러분이 좋은 사전을 가지고 있다면, 하나의 단어처럼 발음해도 괜찮은 acronym의 경우는 그 발음 기호 또한 알려줄 거예요.

INDEX

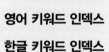

**영어 키워드 인덱스**

**한글 키워드 인덱스**

**일러두기**
단어 앞에 a나 be/get 동사가 들어가는 숙어는
a나 be/get 동사 다음에 나오는 단어를 기준으로 정렬했습니다.
예: a clunker는 A가 아니라 C 섹션에 위치

# INDEX 1 영어 키워드 인덱스

| | | |
|---|---|---|
| be/get in over one's head: have more difficulties than one can manage | ∼가 감당할 수 없는 일을 하는 상태에 있다/버거운 상태에 있다 /힘에 벅차다 | Lesson 2 p. 26/30/34 |
| binge watch: watch multiple episodes of a television series in one sitting | (드라마나 TV쇼 시리즈 등을) 한꺼번에 몰아서 보다 | Lesson 15 p. 182/186/190 |
| bite one's tongue: stop oneself from saying something when one wants to | 하고 싶은 말을 참다 | Lesson 14 p. 170/174/178 |
| bite someone's head off: speak angrily to someone | ∼에게 버럭 화를 내다 | Lesson 18 p. 218/222/226 |
| bring out something (a quality) in something/someone: encourage or enhance a certain trait or quality in someone or something | 어떤 것 또는 어떤 사람의 특성/특징을 끌어내다 | Lesson 11 p. 134/138/142 |
| butter up: flatter | 아부하다 | Lesson 14 p. 170/174/178 |

# C

| | | |
|---|---|---|
| catch one's eye: attract your attention | 눈길을 끌다 | Lesson 15 p. 182/186/190 |
| catch-22: a dilemma that is impossible to solve because of inherently illogical conditions or rules | 모순된 상황에 놓인 상태/진퇴양난 /딜레마 | Lesson 23 p. 278/282/286 |
| (be) caught off guard: be shocked by something because you are not prepared for it | 예상치 못한 일을 당해서 놀라다 | Lesson 18 p. 218/222/226 |
| check something out: examine something | ∼해 보다/확인해 보다 | Lesson 15 p. 182/186/190 |
| a clunker: usually referring to a car or machine that is old and in bad condition | 고물차/고물 기계 | Lesson 1 p. 14/18/22 |
| Cool beans: Great! | 좋았어! | Lesson 7 p. 86/90/94 |
| cool points: the point system that describes how cool a person is | 점수 | Lesson 10 p. 122/126/130 |
| (a) couch potato: a lazy person who doesn't do anything but watch TV on a sofa | 소파에 누워서 TV만 보는 사람 | Lesson 12 p. 146/150/154 |

| crack (someone) up: make someone laugh a lot/start laughing a lot | (누군가를) 몹시 웃기다/몹시 웃기 시작하다 | Lesson 6 p. 74/78/82 |
|---|---|---|
| cringey: embarrassing | 오글거리는/창피한 | Lesson 15 p. 182/186/190 |

# D

| dial something down: reduce something | ～을 완화시키다/누그러뜨리다 | Lesson 21 p. 254/258/262 |
|---|---|---|
| dial something up: amplify/increase something | ～을 증폭시키다/늘리다 | Lesson 21 p. 254/258/262 |
| drop the ball: make a mistake and spoil something | 실수로 망치다 | Lesson 8 p. 98/102/106 |

# F

| feel the pinch: feel discomfort or stress in a situation because of restrictions | 쪼들리다/어려움을 겪다 | Lesson 9 p. 110/114/118 |
|---|---|---|
| figure out: come to understand | ～을 이해하다/알아내다 | Lesson 2 p. 26/30/34 |
| fish something out: find or locate something after searching for it inside of a container | (～ 안에서 ～을) 꺼내다/찾아내다 | Lesson 5 p. 62/66/70 |
| fixer: a person who is good at solving problems for others | 해결사 | Lesson 10 p. 122/126/130 |
| (be) fixing to do something: be going to do | ～할 참이다 | Lesson 21 p. 254/258/262 |
| from the get-go: from the beginning of something | 처음부터 | Lesson 6 p. 74/78/82 |

# G

| get a grip on: gain some control over a situation or emotions | (힘든 상황이 닥쳤을 때) 침착하게 문제를 파악하고 해결 방법을 찾기 시작하다 | Lesson 1 p. 14/18/22 |
|---|---|---|
| get a kick out of something: enjoy something very much | ～에서 재미(쾌감)를 느끼다 | Lesson 22 p. 266/270/274 |

| | | |
|---|---|---|
| get bent out of shape over something: become upset or frustrated about something | ~에 대해 화를 내다/불만스러워하다 | Lesson 25 p. 302/306/310 |
| get into shape (= be in shape): be physically fit | 건강을/몸매를 유지하다 | Lesson 17 p. 206/210/214 |
| get something off one's chest: unburden oneself | 속마음을 말하고 마음의 부담을 덜다/마음의 짐을 털어 버리다 | Lesson 16 p. 194/198/202 |
| get the hang of it: begin to understand how to do it | 감을 잡다/요령을 익히다 | Lesson 8 p. 98/102/106 |
| get/be ripped: have a muscular and athletic body | 근육질의 탄탄한 몸을 가지다 | Lesson 17 p. 206/210/214 |
| get/have cold feet: be timid and afraid | 주눅 들다/초조해지다/겁이 나다 | Lesson 16 p. 194/198/202 |
| give it to someone straight: speak to someone straightforwardly | ~에게 직설적으로 말하다 | Lesson 8 p. 98/102/106 |
| give someone a heads-up: give someone a notice about something that is going to happen | ~에게 미리 알려 주다 | Lesson 20 p. 242/246/250 |
| give someone the cold shoulder (= give the cold shoulder to someone): treat someone in an unfriendly way | ~를 쌀쌀맞게 대하다/냉대하다 | Lesson 14 p. 170/174/178 |
| go out of one's way: make a special effort to do something | 굳이 힘들여 ~하다 | Lesson 22 p. 266/270/274 |
| goody two shoes: a person who is overly wellbehaved or overly virtuous | 범생이/도덕군자 | Lesson 25 p. 302/306/310 |

## H

| | | |
|---|---|---|
| half-baked: Incomplete | 섣부른/어설픈/불충분한 | Lesson 24 p. 290/294/298 |
| hammered: very drunk | 고주망태가 된 | Lesson 20 p. 242/246/250 |
| hang in there: keep trying to do something and not to give up in a difficult situation | (힘든 상황을) 견뎌내다/(역경에도 굴하지 않고) 버티다 | Lesson 4 p. 50/54/58 |
| hang on a second: wait for a short amount of time | 잠깐 기다리다 | Lesson 7 p. 86/90/94 |

| hang out with someone: spend time with other people in a relaxed and informal way | ~와 함께 시간을 보내다 | Lesson 7 p. 86/90/94 |
|---|---|---|
| have a sweet tooth: like sweet things/foods | 단것/단 음식을 좋아하다 | Lesson 12 p. 146/150/154 |
| have got to run: have to leave or have to go somewhere | 가 봐야 하다 | Lesson 7 p. 86/90/94 |
| have time on one's hands: have a lot of free time | 시간이 남아돌다 | Lesson 23 p. 278/282/286 |
| hit the books: study hard | 열심히 공부하다 | Lesson 25 p. 302/306/310 |
| hit the nail on the head: say exactly the right thing | 정곡을 찌르다 | Lesson 24 p. 290/294/298 |
| hold off: delay doing something | 미루다/연기하다 | Lesson 19 p. 230/234/238 |
| be/get hooked on: be addicted to | ~에 중독되다/빠져 있다 | Lesson 16 p. 194/198/202 |
| (be) hung up on something/someone: be extremely interested in something/someone | ~에 빠져 있다/집착하다 | Lesson 10 p. 122/126/130 |

## I

| I'm out of here!: I'm leaving! | 나 간다! | Lesson 12 p. 146/150/154 |
|---|---|---|
| (be) in a bind: be in a difficult situation | 힘든 상황(곤경)에 처하다 | Lesson 23 p. 278/282/286 |
| (be) in good hands: be well taken care of | 보살핌을 잘 받다/잘 관리되고 있다 | Lesson 16 p. 194/198/202 |
| (be) in the picture: be involved | 어떤 일에 관련되다 | Lesson 24 p. 290/294/298 |
| It's all Greek to me.: I can't understand it at all. | 무슨 말인지 하나도 모르겠다. | Lesson 20 p. 242/246/250 |
| It's been ages!: Long time no see! | 정말 오랜만이야! | Lesson 11 p. 134/138/142 |
| It's one's baby: It's a project or task that someone is responsible for | ~가 책임지고 해야 할 일이나 프로젝트이다 | Lesson 3 p. 38/42/46 |
| It's a thing.: It exists. | 그런 게 있어/존재해. | Lesson 17 p. 206/210/214 |

## J

| | | |
|---|---|---|
| jack up (a price): sharply increase (a price) | (가격을) 대폭 인상하다 | Lesson 4<br>p. 50/54/58 |
| jump on the bandwagon: do something only because it's popular | 시류에 편승하다 | Lesson 24<br>p. 290/294/298 |

## K

| | | |
|---|---|---|
| keep something bottled up: keep difficult feelings inside rather than expressing them | (힘든 감정을 드러내지 않고) 억누르다/가슴에 묻어두다 | Lesson 18<br>p. 218/222/226 |

## L

| | | |
|---|---|---|
| laid-back: relaxed | 느긋한/여유 있는 | Lesson 20<br>p. 242/246/250 |
| be/get laid off: lose one's job due to organization restructuring | 정리해고 당하다 | Lesson 9<br>p. 110/114/118 |
| lame: unoriginal or boring | 독창성 없는/재미없는 | Lesson 22<br>p. 266/270/274 |
| lend a hand: help someone | 도와주다 | Lesson 3<br>p. 38/42/46 |
| let oneself go: be careless in one's appearance and/or health | 자제력을 잃고 마음대로 하다/살다 | Lesson 17<br>p. 206/210/214 |
| light-headed: dizzy | 머리가 어지러운/몽롱한 | Lesson 4<br>p. 50/54/58 |
| like two peas in a pod: very similar in appearance or character | 외모나 성격 등이 아주 닮은 | Lesson 10<br>p. 122/126/130 |
| look sharp: look well-dressed/handsome/ attractive/well-designed | 멋져 보이다 | Lesson 11<br>p. 134/138/142 |
| look up to someone: admire | ~를 존경하다/우러러보다 | Lesson 2<br>p. 26/30/34 |
| lose (one's) face: be embarrassed or humiliated | 체면을 잃다 | Lesson 6<br>p. 74/78/82 |
| low-hanging fruit: the easiest problems to solve or goals to attain | 가장 풀기 쉬운 문제/달성하기 쉬운 목표 | Lesson 1<br>p. 14/18/22 |

# M

| make a Starbucks run: go out and buy Starbucks | 스타벅스에 가서 커피 등을 사다 | Lesson 1 p. 14/18/22 |
| --- | --- | --- |
| make ends meet: have or make enough money to cover one's basic living expenses | 겨우 먹고 살 만큼 벌다 | Lesson 13 p. 158/162/166 |
| make of: understand someone/ understand the meaning of something | ~라고 생각하다/~을 이해하다 | Lesson 10 p. 122/126/130 |
| (a) match made in heaven: a match or combination of people or things that go together perfectly | 완벽한 커플/완벽한 궁합 | Lesson 11 p. 134/138/142 |

# N

| nerve-racking (= nerve-wracking): causing lots of stress | 골치 아픈/안절부절 못하게 하는 /신경이 많이 쓰이는 | Lesson 14 p. 170/174/178 |
| --- | --- | --- |
| not have two nickels to rub together: be poor | 아주 가난하다/ 돈이 없다 | Lesson 1 p. 14/18/22 |
| not mince words: speak honestly and directly | 돌려서 말하지 않다 /솔직하고 직설적으로 말하다 | Lesson 17 p. 206/210/214 |
| not one's cup of tea: not what one likes or is interested in | 취향이 아님 | Lesson 6 p. 74/78/82 |
| nothing to write home about: ordinary, not special | 특별할 것 없는 | Lesson 22 p. 266/270/274 |

# O

| off the charts: out of the normal range, beyond expectation | 보통의 범위에서 벗어나 있는/굉장한 | Lesson 18 p. 218/222/226 |
| --- | --- | --- |
| (be) on a roll: have momentum with a project or a process and to make progress with it | 승승장구하다/잘 나가다 | Lesson 9 p. 110/114/118 |
| one's to-do list: a task or obligation on a person's "list of things to do" | 해야 할 일을 적어 놓은 리스트 | Lesson 3 p. 38/42/46 |
| (be) out of shape: not be physically healthy | 건강이 안 좋은 상태다 /몸매가 엉망이다 | Lesson 17 p. 206/210/214 |
| out of the blue: unexpectedly | 갑자기/난데없이 | Lesson 4 p. 50/54/58 |

| (be) out of the picture: not be involved | 어떤 일에 관련되지 않다 | Lesson 24 p. 290/294/298 |
|---|---|---|
| overkill: something that is too much or an excessive amount | 오버/과잉/지나침 | Lesson 22 p. 264/268/272 |

## P

| play it by ear: decide what to do as the situation develops instead of making plans | (계획을 안 세우고) 상황 봐 가면서 하다 | Lesson 8 p. 98/102/106 |
|---|---|---|
| pull an all-nighter: stay up all night | 밤을 새서 무언가를 하다 | Lesson 25 p. 302/306/310 |
| (be) pulling someone's leg: be joking about something by not telling the truth | ~를 놀리다/농담하다 | Lesson 5 p. 62/66/70 |
| put in a good word for someone: recommend someone or say something positive or supportive about them, usually in relation to finding a job | 누군가를 추천하거나 그에 대해 긍정적인 말을 해주다 | Lesson 13 p. 158/162/166 |
| put one's John Hancock on something: put one's signature on a form or document | 서류에 ~의 서명을 하다 | Lesson 7 p. 86/90/94 |
| put someone down: insult someone | ~를 깎아내리다/깔아뭉개다 | Lesson 2 p. 26/30/34 |
| put up with: tolerate | (불쾌한 일 따위를) 참고 받아들이다. | Lesson 2 p. 26/30/34 |

## R

| right off the bat: immediately | 즉시 | Lesson 4 p. 50/54/58 |
|---|---|---|
| ruffle one's feathers: upset or annoy someone | ~를 성가시게 하다/화나게 하다 | Lesson 18 p. 218/222/226 |
| run a tight ship: run or manage an organization or team in a disciplined and orderly way | (어떤 기관이나 팀을) 엄격하고도 능숙하게 운영하다 | Lesson 13 p. 158/162/166 |

# S

| | | |
|---|---|---|
| save face: keep one's reputation/ avoid humiliation | 체면을 살리다/창피를 면하다 | Lesson 6 p. 74/78/82 |
| search high and low for something: look everywhere for something | 무언가를 찾기 위해 이곳저곳 다니다/샅샅이 뒤지다 | Lesson 23 p. 278/282/286 |
| Shake a leg!: Hurry up! | 빨리 빨리 해! | Lesson 21 p. 254/258/262 |
| (be) shaken up by something: be emotionally or psychologically shocked by something | 무언가에 의해 감정적으로나 심리적으로 충격을 받다 | Lesson 19 p. 230/234/238 |
| shoot the breeze: chit-chat | 잡담하다 | Lesson 14 p. 170/174/178 |
| (a) side hustle: an extra, part-time job | 부업 | Lesson 13 p. 158/162/166 |
| So far so good.: Everything has been good up to now. | 지금까지는 좋아! | Lesson 9 p. 110/114/118 |
| spill the beans: reveal the truth | (의도치 않게) 비밀을 누설하다 | Lesson 6 p. 74/78/82 |
| step on someone's toes: get involved in something that is another person's job or responsibility | 다른 사람이 하는 일에 끼어들거나 간섭해 그의 기분을 상하게 하다 | Lesson 3 p. 38/42/46 |
| Suit yourself!: Do whatever you want! | 네 마음대로 해. | Lesson 12 p. 146/150/154 |

# T

| | | |
|---|---|---|
| take a hit: suffer a loss, usually due to an outside force or situation | 타격을 입다 | Lesson 9 p. 110/114/118 |
| take someone to task: scold someone or hold them accountable for something | ~를 비난하다/책망하다/꾸짖다 | Lesson 19 p. 230/234/238 |
| (a) taste of one's own medicine: the same unpleasant experience that someone has given to another person | 다른 사람에게 한 나쁜 짓을 자신도 그대로 돌려 받는 것 | Lesson 12 p. 146/150/154 |
| the thing is: an informal phrase used to introduce an explanation or excuse | 그게 말이야…/실은… | Lesson 23 p. 278/282/286 |

| | | |
|---|---|---|
| throw in the towel: give up/admit defeat | 포기하다/패배를 인정하다 | Lesson 16<br>p. 194/198/202 |
| throw someone under the bus: betray someone | ~를 배신하다/곤경에 빠뜨리다 | Lesson 19<br>p. 230/234/238 |
| (a) train wreck: a disaster | 엉망진창/실패작 | Lesson 19<br>p. 230/234/238 |
| try to find a needle in a haystack: look for something very difficult to find | 찾을 가망이 없는 것을 찾으려 하다 | Lesson 13<br>p. 158/162/166 |

## U

| | | |
|---|---|---|
| up in the air: not yet decided | 아직 정해진 것이 없는 | Lesson 24<br>p. 290/294/298 |

## W

| | | |
|---|---|---|
| What's not to like?: There's nothing I don't like about it. | 안 좋을 게 뭐가 있겠어? | Lesson 5<br>p. 62/66/70 |
| whip something up: make or prepare something very quickly | 빠르게 ~를 준비하다 | Lesson 21<br>p. 254/258/262 |
| work ~ out: end in a successful way | (두 사람 사이의 어떤 문제 등이) 해결되다 | Lesson 2<br>p. 26/30/34 |
| would not miss something for the world: be unwilling to miss an event regardless of other events that are happening | (무슨 일이 있더라도) 절대 놓치지 않을 것이다 | Lesson 11<br>p. 134/138/142 |

## Y

| | | |
|---|---|---|
| Your wish is my command.: I will do as you ask. | 네가 원하는 대로 다 해 줄게. | Lesson 21<br>p. 254/258/262 |

# INDEX
## 2
한글 키워드 인덱스

ㄱ

| | | |
|---|---|---|
| 고물차/고물 기계 | a clunker: usually referring to a car or machine that is old and in bad condition | Lesson 1<br>p. 14/18/22 |
| 고주망태가 된 | hammered: very drunk | Lesson 20<br>p. 242/246/250 |
| (~를) 곤경에 빠뜨리다 | throw someone under the bus: betray someone | Lesson 19<br>p. 230/234/238 |
| 골치 아픈 | nerve-racking (= nerve-wracking): causing lots of stress | Lesson 14<br>p. 170/174/178 |
| 과잉 | overkill: something that is too much or an excessive amount | Lesson 22<br>p. 266/270/274 |
| (어떤 일에) 관련되다 | be in the picture: be involved | Lesson 24<br>p. 290/294/298 |
| (어떤 일에) 관련되지 않다 | be out of the picture: not be involved | Lesson 24<br>p. 290/294/298 |
| (잘) 관리되고 있다 | be in good hands: be well taken care of | Lesson 16<br>p. 194/198/202 |
| 굉장한 | off the charts: out of the normal range, beyond expectation | Lesson 18<br>p. 218/222/226 |
| 굳이 힘들여 ~하다 | go out of one's way: make a special effort to do something | Lesson 22<br>p. 266/270/274 |
| 그게 말이야… | the thing is: an informal phrase used to introduce an explanation or excuse | Lesson 23<br>p. 278/282/286 |
| 그런 게 있어./존재해. | It's a thing.: It exists. | Lesson 17<br>p. 206/210/214 |
| 근육질의 탄탄한 몸을 가지다 | get/be ripped: have a muscular and athletic body | Lesson 17<br>p. 206/210/214 |

## ㄲ

| | | |
|---|---|---|
| (~를) 깎아내리다/깔아뭉개다 | put someone down: insult someone | Lesson 2<br>p. 26/30/34 |
| (~ 안에서 ~을) 꺼내다 | fish something out: find or locate something after searching for it inside of a container | Lesson 5<br>p. 62/66/70 |
| (~를) 꾸짖다 | take someone to task: scold someone or hold them accountable for something | Lesson 19<br>p. 230/234/238 |

## ㄴ

| | | |
|---|---|---|
| 나 간다! | I'm out of here!: I'm leaving! | Lesson 12<br>p. 146/150/154 |
| 난데없이 | out of the blue: unexpectedly | Lesson 4<br>p. 50/54/58 |
| (~를) 냉대하다 | give someone the cold shoulder (= give the cold shoulder to someone): treat someone in an unfriendly way | Lesson 14<br>p. 170/174/178 |
| 네 마음대로 해. | Suit yourself!: Do whatever you want! | Lesson 12<br>p. 146/150/154 |
| 네가 원하는 대로 다 해 줄게. | Your wish is my command. : I will do as you ask. | Lesson 21<br>p. 254/258/262 |
| (~를) 놀리다/농담하다 | be joshing: tease someone or joke with them in a friendly way | Lesson 5<br>p. 62/66/70 |
| (~를) 놀리다/농담하다 | be pulling someone's leg: be joking about something by not telling the truth | Lesson 5<br>p. 62/66/70 |
| (~을) 누그러뜨리다 | dial something down: reduce something | Lesson 21<br>p. 254/258/262 |
| 눈길을 끌다 | catch one's eye: attract your attention | Lesson 15<br>p. 182/186/190 |
| 느긋한/여유 있는 | laid-back: relaxed | Lesson 20<br>p. 242/246/250 |
| (~을) 늘리다 | dial something up: amplify/ increase something | Lesson 21<br>p. 254/258/262 |

## ㄷ

| | | |
|---|---|---|
| 다른 사람에게 한 나쁜 짓을 자신도 그대로 돌려 받는 것 | a taste of one's own medicine: the same unpleasant experience that someone has given to another person | Lesson 12<br>p. 146/150/154 |
| 다른 사람이 하는 일에 끼어들거나 간섭해 그의 기분을 상하게 하다 | step on someone's toes: get involved in something that is another person's job or responsibility | Lesson 3<br>p. 38/42/46 |
| 단것/단 음식을 좋아하다 | have a sweet tooth: like sweet things/foods | Lesson 12<br>p. 146/150/154 |

| 달성하기 쉬운 목표 | low-hanging fruit: the easiest problems to solve or goals to attain | Lesson 1 p. 14/18/22 |
|---|---|---|
| 당장 그 일을 하다 | be on it: complete a task immediately | Lesson 5 p. 62/66/70 |
| (가격을) 대폭 인상하다 | jack up (a price): sharply increase (a price) | Lesson 4 p. 50/54/58 |
| 도덕군자 | goody two shoes: a person who is overly wellbehaved or overly virtuous | Lesson 25 p. 302/306/310 |
| 도와주다 | lend a hand: help someone | Lesson 3 p. 38/42/46 |
| 독창성 없는 | lame: unoriginal or boring | Lesson 22 p. 266/270/274 |
| 돈이 없다 | not have two nickels to rub together: be poor | Lesson 1 p. 14/18/22 |
| 돈이 없다 | be broke: have no money | Lesson 1 p. 14/18/22 |
| 돌려서 말하지 않다 | not mince words: speak honestly and directly | Lesson 17 p. 206/210/214 |
| 딜레마 | catch-22: a dilemma that is impossible to solve because of inherently illogical conditions or rules | Lesson 23 p. 278/282/286 |

□

| 마음의 짐을 털어 버리다 | get something off one's chest: unburden oneself | Lesson 16 p. 194/198/202 |
|---|---|---|
| 말이 되다 | add up: make sense/be logical or believable | Lesson 8 p. 98/102/106 |
| 머리가 어지러운/몽롱한 | light-headed: dizzy | Lesson 4 p. 50/54/58 |
| 멋져 보이다 | look sharp: look well-dressed/handsome/attractive/well-designed | Lesson 11 p. 134/138/142 |
| 모순된 상황에 놓인 상태 | catch-22: a dilemma that is impossible to solve because of inherently illogical conditions or rules | Lesson 23 p. 278/282/286 |
| 몸매가 엉망이다 | be out of shape: not be physically healthy | Lesson 17 p. 206/210/214 |

| | | |
|---|---|---|
| (누군가를) 몹시 웃기다/몹시 웃기 시작하다 | crack (someone) up: make someone laugh a lot/ start laughing a lot | Lesson 6 p. 74/78/82 |
| 무슨 말인지 하나도 모르겠다. | It's all Greek to me.: I can't understand it at all. | Lesson 20 p. 242/246/250 |
| 무언가를 찾기 위해 이곳저곳 다니다 | search high and low for something: look everywhere for something | Lesson 23 p. 278/282/286 |
| 미루다 | hold off: delay doing something | Lesson 19 p. 230/234/238 |
| (~에게) 미리 알려 주다 | give someone a heads-up: give someone a notice about something that is going to happen | Lesson 20 p. 242/246/250 |

## ㅂ

| | | |
|---|---|---|
| 바가지 | a rip-off: something that is too expensive | Lesson 4 p. 50/54/58 |
| 밤을 새서 무언가를 하다 | pull an all-nighter: stay up all night | Lesson 25 p. 302/306/310 |
| (~를) 배신하다 | throw someone under the bus: betray someone | Lesson 19 p. 230/234/238 |
| 버거운 상태에 있다 | be/get in over one's head: have more difficulties than one can manage | Lesson 2 p. 26/30/34 |
| (~에게) 버럭 화를 내다 | bite someone's head off: speak angrily to someone | Lesson 18 p. 218/222/226 |
| (역경에도 굴지지 않고) 버티다 | hang in there: keep trying to do something and not to give up in a difficult situation | Lesson 4 p. 50/54/58 |
| 범생이 | goody two shoes: a person who is overly wellbehaved or overly virtuous | Lesson 25 p. 302/306/310 |
| 보살핌을 잘 받다 | be in good hands: be well taken care of | Lesson 16 p. 194/198/202 |
| 보통의 범위에서 벗어나 있는 | off the charts: out of the normal range, beyond expectation | Lesson 18 p. 218/222/226 |
| 부업 | a side hustle: an extra, part-time job | Lesson 13 p. 158/162/166 |

| | | |
|---|---|---|
| (∼에 대해) 불만스러워 하다 | get bent out of shape over something: become upset or frustrated about something | Lesson 25 p. 302/306/310 |
| 불충분한 | half-baked: incomplete | Lesson 24 p. 290/294/298 |
| (∼를) 비난하다 | take someone to task: scold someone or hold them accountable for something | Lesson 19 p. 230/234/238 |
| (의도치 않게) 비밀을 누설하다 | spill the beans: reveal the truth | Lesson 6 p. 74/78/82 |
| 빈털터리다 | be broke: have no money | Lesson 1 p. 14/18/22 |

## ㅃ

| | | |
|---|---|---|
| 빠르게 ∼를 준비하다 | whip something up: make or prepare something very quickly | Lesson 2 p. 254/258/262 |
| (∼에) 빠져 있다 | be hung up on something/someone: be extremely interested in something/someone | Lesson 10 p. 122/126/130 |
| (∼에) 빠져 있다 | be/get hooked on: be addicted to | Lesson 16 p. 194/198/202 |
| 빨리 빨리 해! | Shake a leg!: Hurry up! | Lesson 21 p. 254/258/262 |

## ㅅ

| | | |
|---|---|---|
| (계획을 안 세우고) 상황 봐 가면서 하다 | play it by ear: decide what to do as the situation develops instead of making plans | Lesson 8 p. 98/102/106 |
| 샅샅이 뒤지다 | search high and low for something: look everywhere for something | Lesson 23 p. 278/282/286 |
| (∼라고) 생각하다 | make of: understand someone/understand the meaning of something | Lesson 10 p. 122/126/130 |
| 서류에 ∼의 서명을 하다 | put one's John Hancock on something: put one's signature on a form or document | Lesson 7 p. 86/90/94 |
| 섣부른 | half-baked: Incomplete | Lesson 24 p. 290/294/298 |

| (~를) 성가시게 하다 | ruffle one's feathers: upset or annoy someone | Lesson 18 p. 218/222/226 |
|---|---|---|
| 소파에 누워서 TV만 보는 사람 | a couch potato: a lazy person who doesn't do anything but watch TV on a sofa | Lesson 12 p. 146/150/154 |
| 속마음을 말하고 마음의 부담을 덜다 | get something off one's chest: unburden oneself | Lesson 16 p. 194/198/202 |
| 솔직하고 직설적으로 말하다 | not mince words: speak honestly and directly | Lesson 17 p. 206/210/214 |
| 스타벅스에 가서 커피 등을 사다 | make a Starbucks run: go out and buy Starbucks | Lesson 1 p. 14/18/22 |
| 승승장구하다 | be on a roll: have momentum with a project or a process and to make progress with it | Lesson 9 p. 110/114/118 |
| 시간이 남아돌다 | have time on one's hands: have a lot of free time | Lesson 23 p. 278/282/286 |
| 시류에 편승하다 | jump on the bandwagon: do something only because it's popular | Lesson 24 p. 290/294/298 |
| 시시한 | basic: boring | Lesson 15 p. 182/186/190 |
| 신경이 많이 쓰이는 | nerve-racking (= nerve-wracking): causing lots of stress | Lesson 14 p. 170/174/178 |
| 신속히 끝내다 | be on it: complete a task immediately | Lesson 5 p. 62/66/70 |
| 실수로 망치다 | drop the ball: make a mistake and spoil something | Lesson 8 p. 98/102/106 |
| 실은… | the thing is: an informal phrase used to introduce an explanation or excuse | Lesson 23 p. 278/282/286 |
| 실패작 | a train wreck: a disaster | Lesson 19 p. 230/234/238 |

## ㅆ

| (~를) 쌀쌀맞게 대하다 | give someone the cold shoulder (= give the cold shoulder to someone): treat someone in an unfriendly way | Lesson 14 p. 170/174/178 |
|---|---|---|

## O

| 아부하다 | butter up: flatter | Lesson 14 p. 170/174/178 |
|---|---|---|
| 아주 가난하다 | not have two nickels to rub together: be poor | Lesson 1 p. 14/18/22 |
| (외모나 성격 등이) 아주 닮은 | like two peas in a pod: very similar in appearance or character | Lesson 10 p. 122/126/130 |
| 아직 정해진 것이 없는 | up in the air: not yet decided | Lesson 24 p. 290/294/298 |
| 안 좋을 게 뭐가 있겠어? | What's not to like?: There's nothing I don't like about it. | Lesson 5 p. 62/66/70 |
| 안절부절 못하게 하는 | nerve-racking (= nerve-wracking): causing lots of stress | Lesson 14 p. 170/174/178 |
| (~을) 알아내다 | figure out: come to understand | Lesson 2 p. 26/30/34 |
| 앞뒤가 맞다 | add up: make sense/be logical or believable | Lesson 8 p. 98/102/106 |
| 어떤 것 또는 어떤 사람의 특성/특징을 끌어내다 | bring out something (a quality) in something/someone: encourage or enhance a certain trait or quality in someone or something | Lesson 11 p. 134/138/142 |
| 어려움을 겪다 | feel the pinch: feel discomfort or stress in a situation because of restrictions | Lesson 9 p. 110/114/118 |
| 어설픈 | half-baked: Incomplete | Lesson 24 p. 290/294/298 |
| (힘든 감정을 드러내지 않고) 억누르다 | keep something bottled up: keep difficult feelings inside rather than expressing them | Lesson 18 p. 218/222/226 |
| (어떤 기관이나 팀을) 엄격하고도 능숙하게 운영하다 | run a tight ship: run or manage an organization or team in a disciplined and orderly way | Lesson 13 p. 158/162/166 |
| 엄청나게 ~하고 싶다 | be jonesing for (= be dying for): have a strong desire or craving for something | Lesson 5 p. 62/66/70 |
| 엉망진창 | a train wreck: a disaster | Lesson 19 p. 230/234/238 |
| 연기하다 | hold off: delay doing something | Lesson 19 p. 230/234/238 |

| 열심히 공부하다 | hit the books: study hard | Lesson 25<br>p. 302/306/310 |
|---|---|---|
| 예상치 못한 일을 당해서 놀라다 | be caught off guard: be shocked by something because you are not prepared for it | Lesson 18<br>p. 218/222/226 |
| 오글거리는 | cringey: embarrassing | Lesson 15<br>p. 182/186/190 |
| 오버 | overkill: something that is too much or an excessive amount | Lesson 22<br>p. 266/270/274 |
| 요령을 익히다 | get the hang of it: begin to understand how to do it | Lesson 8<br>p. 98/102/106 |
| 완벽한 커플/완벽한 궁합 | a match made in heaven: a match or combination of people or things that go together perfectly | Lesson 11<br>p. 134/138/142 |
| (~을) 완화시키다 | dial something down: reduce something | Lesson 21<br>p. 254/258/262 |
| (~를) 우러러보다 | look up to someone: admire | Lesson 2<br>p. 26/30/34 |
| (~을) 이해하다 | figure out: come to understand | Lesson 2<br>p. 26/30/34 |
| (~을) 이해하다 | make of: understand someone/ understand the meaning of something | Lesson 10<br>p. 122/126/130 |
| 일이 너무 많거나 너무 어려워서 버겁다 | be beyond one's compass: be overwhelmed with something because it is too much to do or too difficult to do | Lesson 3<br>p. 38/42/46 |

## ㅈ

| 자제력을 잃고 마음대로 하다/살다 | let oneself go: be careless in one's appearance and/or health | Lesson 17<br>p. 206/210/214 |
|---|---|---|
| 잠깐 기다리다 | hang on a second: wait for a short amount of time | Lesson 7<br>p. 86/90/94 |
| 잘 나가다 | be on a roll: have momentum with a project or a process and to make progress with it | Lesson 9<br>p. 110/114/118 |
| 잡담하다 | shoot the breeze: chit-chat | Lesson 14<br>p. 170/174/178 |
| (~에서) 재미(쾌감)를 느끼다 | get a kick out of something: enjoy something very much | Lesson 22<br>p. 266/270/274 |

| | | |
|---|---|---|
| 재미없는 | lame: unoriginal or boring | Lesson 22<br>p. 266/270/274 |
| (무슨 일이 있더라도) 절대 놓치지<br>않을 것이다 | would not miss something for<br>the world: be unwilling to miss<br>an event regardless of other<br>events that are happening | Lesson 11<br>p. 134/138/142 |
| 점수 | cool points: the point system<br>that describes how cool a<br>person is | Lesson 10<br>p. 122/126/130 |
| 정곡을 찌르다 | hit the nail on the head: say<br>exactly the right thing | Lesson 24<br>p. 290/294/298 |
| 정리해고 당하다 | be/get laid off: lose one's<br>job due to organization<br>restructuring | Lesson 9<br>p. 110/114/118 |
| 정말 오랜만이야! | It's been ages! : Long time no<br>see! | Lesson 11<br>p. 134/138/142 |
| (~를) 존경하다 | look up to someone: admire | Lesson 2<br>p. 26/30/34 |
| (~에) 종사하다 | be at (something): be working<br>on or doing something | Lesson 25<br>p. 302/306/310 |
| 좋았어! | Cool beans: Great! | Lesson 7<br>p. 86/90/94 |
| 주눅 들다 | get/have cold feet: be timid and<br>afraid | Lesson 16<br>p. 194/198/202 |
| (대화 등의) 주제가 여기저기 옆길로<br>새는 | all over the map: unorganized | Lesson 20<br>242/246/250 |
| (~에) 중독되다 | be/get hooked on: be addicted<br>to | Lesson 16<br>p. 194/198/202 |
| 즉시 | right off the bat: immediately | Lesson 4<br>p. 50/54/58 |
| (~을) 증폭시키다 | dial something up: amplify/<br>increase something | Lesson 21<br>p. 254/258/262 |
| 지금까지는 좋아! | So far so good: Everything has<br>been good up to now. | Lesson 9<br>p. 110/114/118 |
| 지나침 | overkill: something that is too<br>much or an excessive amount | Lesson 22<br>p. 266/270/274 |
| (~에게) 직설적으로 말하다 | give it to someone<br>straight: speak to someone<br>straightforwardly | Lesson 8<br>p. 98/102/106 |

| 진퇴양난 | catch-22: a dilemma that is impossible to solve because of inherently illogical conditions or rules | Lesson 23 p. 278/282/286 |
|---|---|---|
| 집착하다 | be hung up on something/ someone: be extremely interested in something/ someone | Lesson 10 p. 122/126/130 |

## ㅉ

| 쪼들리다 | feel the pinch: feel discomfort or stress in a situation because of restrictions | Lesson 9 p. 110/114/118 |
|---|---|---|

## ㅊ

| (불쾌한 일 따위를) 참고 받아들이다 | put up with: tolerate | Lesson 2 p. 26/30/34 |
|---|---|---|
| 창피를 면하다 | save face: avoid humiliation | Lesson 6 p. 74/78/82 |
| 창피한 | cringey: embarrassing | Lesson 15 p. 182/186/190 |
| (~ 안에서 ~을) 찾아내다 | fish something out: find or locate something after searching for it inside of a container | Lesson 5 p. 62/66/70 |
| 찾을 가망이 없는 것을 찾으려 하다 | try to find a needle in a haystack: look for something very difficult to find | Lesson 13 p. 158/162/166 |
| (~를) 책망하다 | take someone to task: scold someone or hold them accountable for something | Lesson 19 p. 230/234/238 |
| (~가) 책임지고 해야 할 일이나 프로젝트이다 | It's one's baby: It's a project or task that someone is responsible for | Lesson 3 p. 38/42/46 |
| 처음부터 | from the get-go: from the beginning of something | Lesson 6 p. 74/78/82 |
| 체계적이지 않은 | all over the map: unorganized | Lesson 20 p. 242/246/250 |
| 체면을 살리다 | save face: keep one's reputation | Lesson 6 p. 74/78/82 |
| 체면을 잃다 | lose (one's) face: be embarrassed or humiliated | Lesson 6 p. 74/78/82 |

| 초조해지다 | get/have cold feet: be timid and afraid | Lesson 16<br>p. 194/198/202 |
|---|---|---|
| (누군가를) 추천하거나 그에 대해 긍정적인 말을 해주다 | put in a good word for someone: recommend someone or say something positive or supportive about them, usually in relation to finding a job | Lesson 13<br>p. 158/162/166 |
| (무언가에 의해 감정적으로나 심리적으로) 충격을 받다 | be shaken up by something: be emotionally or psychologically shocked by something | Lesson 19<br>p. 230/234/238 |
| (힘든 상황이 닥쳤을 때) 침착하게 문제를 파악하고 해결 방법을 찾기 시작하다 | get a grip on: gain some control over a situation or emotions | Lesson 1<br>p. 14/18/22 |
| 취향이 아님 | not one's cup of tea: not what one likes or is interested in | Lesson 6<br>p. 74/78/82 |

## ㅌ

| 타격을 입다 | take a hit: suffer a loss, usually due to an outside force or situation | Lesson 9<br>p. 110/114/118 |
|---|---|---|
| 특별할 것 없는 | nothing to write home about: ordinary, not special | Lesson 22<br>p. 266/270/274 |

## ㅍ

| 포기하다/패배를 인정하다 | throw in the towel: give up/ admit defeat | Lesson 16<br>p. 194/198/202 |
|---|---|---|

## ㅎ

| ~하고 싶어 죽겠다 | be jonesing for (= be dying for): have a strong desire or craving for something | Lesson 5<br>p. 62/66/70 |
|---|---|---|
| 하고 싶은 말을 참다 | bite one's tongue: stop oneself from saying something when one wants to | Lesson 14<br>p. 170/174/178 |
| (~를) 하고 있다 | be at (something): be working on or doing something | Lesson 25<br>p. 302/306/310 |
| (드라마나 TV쇼 시리즈 등을) 한꺼번에 몰아서 보다 | binge watch: watch multiple episodes of a television series in one sitting | Lesson 15<br>p. 182/186/190 |

| | | |
|---|---|---|
| ~할 참이다 | be fixing to do something: be going to do | Lesson 21 p. 254/258/262 |
| ~와 함께 시간을 보내다 | hang out with someone: spend time with other people in a relaxed and informal way | Lesson 7 p. 86/90/94 |
| (두 사람 사이의 어떤 문제 등이) 해결되다 | work ~ out: end in a successful way | Lesson 2 p. 26/30/34 |
| 해결사 | fixer: a person who is good at solving problems for others | Lesson 10 p. 122/126/130 |
| ~해 보다 | check something out: examine something | Lesson 15 p. 182/186/190 |
| 해야 할 일을 적어 놓은 리스트 | one's to-do list: a task or obligation on a person's "list of things to do" | Lesson 3 p. 38/42/46 |
| (~를) 화나게 하다 | ruffle one's feathers: upset or annoy someone | Lesson 18 p. 218/222/226 |
| (~에 대해) 화를 내다 | get bent out of shape over something: become upset or frustrated about something | Lesson 25 p. 302/306/310 |
| 확인해 보다 | check something out: examine something | Lesson 15 p. 182/186/190 |
| 힘든 상황(곤경)에 처하다 | be in a bind: be in a difficult situation | Lesson 23 p. 278/282/286 |
| 힘에 벅차다 | be/get in over one's head: have more difficulties than one can manage | Lesson 2 p. 26/30/34 |